劳动关系与人力资源特色专业规划教材
LAODONGGUANXI YU RENLIZIYUAN TESE ZHUANYE GUIHUAJIAOCAI

劳动关系与人力资源管理跨专业综合实验课教程

主　编·初浩楠

LAODONGGUANXI YU RENLIZIYUAN GUANLI
KUAZHUANYE ZONGHESHIYANKE JIAOCHENG

復旦大學 出版社

目录

1 跨专业综合实践课程体系介绍 …………………………………………… 001
  1.1 课程目的 ………………………………………………………………… 001
  1.2 课程体系 ………………………………………………………………… 002
    1.2.1 体验学习理论 ……………………………………………………… 002
    1.2.2 课程内容 …………………………………………………………… 003
    1.2.3 课程构建 …………………………………………………………… 004
    1.2.4 课程重点和难点 …………………………………………………… 006
    1.2.5 考核方法 …………………………………………………………… 007
  1.3 实践教学的素材来源 …………………………………………………… 008
    1.3.1 判决书的结构 ……………………………………………………… 008
    1.3.2 判例学习的方法 …………………………………………………… 012
    1.3.3 代表性案例的搜寻 ………………………………………………… 013

2 劳动争议协商模拟 ………………………………………………………… 015
  2.1 实践一:劳动争议中的多方协商 ……………………………………… 015
    2.1.1 劳动争议协商的含义与特征 ……………………………………… 015
    2.1.2 劳动争议协商的作用 ……………………………………………… 016
    2.1.3 劳动争议协商的过程 ……………………………………………… 018
  2.2 实践二:企业内申诉机制 ……………………………………………… 023
    2.2.1 员工申诉的概念、特征与分类 …………………………………… 023
    2.2.2 员工申诉的作用 …………………………………………………… 024
    2.2.3 员工申诉程序设计的原则 ………………………………………… 025
    2.2.4 员工申诉处理的程序 ……………………………………………… 027

3 劳动争议调解模拟 ………………………………………………………… 031
  3.1 劳动争议调解模拟的理论基础 ………………………………………… 031

3.1.1　劳动争议调解的概念 ·· 031
　　　3.1.2　劳动争议调解的优势 ·· 031
　　　3.1.3　劳动争议调解的自愿原则 ·· 033
　　　3.1.4　劳动争议调解的组织 ·· 033
　3.2　劳动争议调解模拟的流程及对应文书 ·· 034
　　　3.2.1　劳动争议调解的申请 ·· 035
　　　3.2.2　劳动争议调解的受理 ·· 037
　　　3.2.3　劳动争议调解前的准备 ·· 038
　　　3.2.4　劳动争议调解的实施 ·· 038
　　　3.2.5　制作劳动争议调解协议书 ·· 041
　3.3　劳动争议调解的实战技巧 ·· 042
　　　3.3.1　调解的姿态 ·· 042
　　　3.3.2　选择合适的调解会议形式 ·· 043
　　　3.3.3　调解员应避免陷入偏袒 ·· 043
　　　3.3.4　慎用压力战术 ·· 043
　　　3.3.5　当事人情绪缓解的技巧 ·· 044
　　　3.3.6　寻找当事人之间的共同利益 ·· 044

4　劳动争议仲裁模拟 ·· 045
　4.1　劳动争议仲裁模拟的理论基础 ·· 045
　　　4.1.1　劳动争议仲裁的概念 ·· 045
　　　4.1.2　劳动争议仲裁的特征 ·· 045
　　　4.1.3　劳动争议仲裁组织 ·· 046
　　　4.1.4　劳动争议仲裁参加人 ·· 047
　4.2　劳动争议仲裁模拟的流程及对应文书 ·· 048
　　　4.2.1　劳动争议仲裁申请和受理 ·· 048
　　　4.2.2　劳动争议仲裁开庭前的准备 ·· 060
　　　4.2.3　劳动争议仲裁庭庭审 ·· 063
　　　4.2.4　仲裁裁决 ·· 069
　4.3　裁审衔接 ·· 071
　　　4.3.1　终局裁决 ·· 071
　　　4.3.2　非终局裁决 ·· 071

5　招聘及入职管理 ·· 073
　5.1　实践一：招聘启事的撰写 ·· 073
　　　5.1.1　撰写招聘启事的原则 ·· 073

  5.1.2 招聘启事撰写及修改的实例 …………………………………… 074
  5.1.3 招聘启事引发的争议处理 …………………………………… 075
 5.2 实践二：求职者简历的真实性核实 …………………………………… 077
  5.2.1 用人单位对劳动者信息了解的原则 …………………………… 077
  5.2.2 学历造假引发的争议处理 …………………………………… 077
 5.3 实践三：录用通知的撰写及相关争议 ………………………………… 079
  5.3.1 录用通知的内容和法律效力 …………………………………… 079
  5.3.2 录用通知方面相关争议处理 …………………………………… 080

6 劳动合同的签订和变更管理 ………………………………………………… 082
 6.1 实践一：书面劳动合同的起草 ………………………………………… 082
  6.1.1 劳动合同的必备条款 ………………………………………… 082
  6.1.2 书面劳动合同样例分析 ……………………………………… 083
  6.1.3 签订劳动合同典型判例 ……………………………………… 088
 6.2 实践二：各类不规范劳动合同的处理 ………………………………… 090
 6.3 实践三：未签订书面劳动合同的情况处理 …………………………… 091
 6.4 实践四：劳动合同变更的情况处理 …………………………………… 093
  6.4.1 劳动合同变更的原则 ………………………………………… 093
  6.4.2 劳动合同变更中的争议处理 ………………………………… 093

7 规章制度管理 ………………………………………………………………… 095
 7.1 实践一：规章制度的起草模拟 ………………………………………… 095
  7.1.1 规章制度的起草原则 ………………………………………… 095
  7.1.2 规章制度使用审查的维度考量 ……………………………… 096
  7.1.3 规章制度合理性审查引起的劳动争议 ……………………… 097
 7.2 实践二：规章制度中的劳动纪律设计 ………………………………… 099
  7.2.1 劳动纪律的设计 ……………………………………………… 099
  7.2.2 劳动纪律设计处罚规则的劳动争议问题 …………………… 100
  7.2.3 累计处分上升为违纪处分时的规则设定 …………………… 102
 7.3 实践三：规章制度的制定程序设计 …………………………………… 104
  7.3.1 规章制度制定中民主程序的履行 …………………………… 104
  7.3.2 规章制度民主程序制定要点 ………………………………… 105
 7.4 实践四：严重违反规章制度的处理 …………………………………… 109
  7.4.1 严重违反规章制度的处理原则 ……………………………… 109
  7.4.2 严重违反规章制度的裁判规则 ……………………………… 111
  7.4.3 严重违反规章制度的争议处理 ……………………………… 112

8 薪酬争议与薪酬管理 ··· 115
- 8.1 年终奖的认定 ·· 115
- 8.2 绩效薪酬的争议 ·· 119
- 8.3 加班工资争议 ·· 121

9 绩效管理 ··· 125
- 9.1 绩效考核的程序 ·· 125
  - 9.1.1 制订绩效考核计划 ·· 125
  - 9.1.2 绩效信息收集 ·· 125
  - 9.1.3 绩效评价和绩效考核反馈 ······································ 126
  - 9.1.4 绩效考核结果应用 ·· 126
- 9.2 绩效考核指标的设定 ·· 129
- 9.3 绩效考核结果的应用 ·· 131
  - 9.3.1 绩效考核结果应用于调岗调薪 ·································· 131
  - 9.3.2 绩效考核结果应用于员工解雇 ·································· 133

10 休假管理 ·· 135
- 10.1 法定节假日管理 ··· 135
- 10.2 带薪年休假管理 ··· 138
- 10.3 病假与医疗期管理 ··· 140
- 10.4 事假管理 ·· 144

11 培训管理 ·· 147
- 11.1 实践一:专业技术培训的界定 ······································ 147
  - 11.1.1 培训协议订立的条件 ·· 147
  - 11.1.2 实践中如何界定专业技术培训 ································ 148
- 11.2 实践二:培训协议中服务期的处理 ·································· 150
  - 11.2.1 培训协议 ·· 150
  - 11.2.2 服务期 ·· 151
- 11.3 实践三:培训费用与违约金 ······································· 153
  - 11.3.1 培训费用违约金的具体内容 ·································· 153
  - 11.3.2 试用期员工的违约金 ·· 156
  - 11.3.3 培训费的计算 ·· 156
  - 11.3.4 由于用人单位过错解除劳动合同与违约金 ······················ 158
  - 11.3.5 由于劳动者过错解除劳动合同与违约金 ························ 159

12 灵活用工管理 ········· 161
12.1 实践一：互联网平台经济用工中的用工问题处理 ········· 161
12.1.1 互联网平台经济用工问题 ········· 161
12.1.2 互联网平台经济用工的劳动关系认定问题及其实例 ········· 162
12.2 实践二：劳务派遣用工管理中的问题处理 ········· 166
12.2.1 劳务派遣用工管理问题浅析 ········· 166
12.2.2 劳务派遣用工管理实例 ········· 167
12.3 实践三：实习生用工管理中的问题处理 ········· 170
12.3.1 实习生用工管理中的劳动争议问题 ········· 170
12.3.2 实习生工伤问题认定的实例 ········· 172

13 社会保险管理 ········· 175
13.1 实践一：养老保险待遇认定问题引发的争议处理 ········· 176
13.1.1 养老保险待遇认定 ········· 176
13.1.2 养老保险待遇认定问题引发的争议处理实例 ········· 176
13.2 实践二：医疗保险待遇认定问题引发的争议处理 ········· 177
13.2.1 医疗保险待遇认定 ········· 177
13.2.2 医疗保险待遇认定问题引发的争议处理实例 ········· 177
13.3 实践三：工伤保险待遇认定问题引发的争议处理 ········· 179
13.3.1 工伤保险待遇认定 ········· 179
13.3.2 工伤保险待遇认定问题引发的争议处理实例 ········· 181
13.4 实践四：失业保险待遇认定问题引发的争议处理 ········· 183
13.4.1 失业保险待遇认定 ········· 183
13.4.2 失业保险待遇认定问题引发的争议处理实例 ········· 184

跨专业综合实践课程体系介绍

随着我国经济稳定快速发展,新的用工方式不断出现,新的劳动关系问题与劳动争议也不断出现。企业人力资源管理的日常工作中,有超过50%的时间在管理员工关系、协商劳资矛盾、协商劳动纠纷、处理劳动争议。这些现实问题就给人力资源管理者提出了新的技能与知识要求,即需要熟练掌握劳动争议处理知识与技能。人力资源管理者需要利用掌握的劳动法、社保法专长为企业管控用工风险。

企业的人才需求也给高校人才培养提出了新的要求。劳动关系学科中,如何协调劳动关系一直存在两种不同的专业视角:一种主张从管理者角度进行人本沟通制度建设;另一种主张从员工的角度进行国家法律制度构建,并以此为基础形成了人力资源管理专业和劳动关系专业。它们都是研究企业与员工之间的关系,但由于视角不同,往往带来理论认知和实践的不同,不能完整地看到雇佣关系的全貌,使人才培养和学生专业能力导向不能符合国家构建和谐劳动关系的总体需求。因此,实现跨专业的融合,培养学生全面思维能力,提升专业学生系统素质非常迫切。

1.1 课程目的

本课程培养具有劳动关系管理和劳动争议处理能力的人力资源管理者。围绕这个人才培养目标,本课程的教学目标为:培养学生综合掌握劳动争议处理、社保实务、人力资源管理的技能;形成处理劳动争议协商、调解和仲裁的综合能力,形成人力资源管理各模块综合使用的能力;帮助学生建立综合防控用工风险的思维。通过本课程的学习,使学生两种专业知识都能够熟练掌握。具体来说,课程目标可分为以下4点:

(1) 以真实判例为背景,要求学生掌握劳动争议处理全流程的各个关键点;

(2) 在劳动争议处理全流程模拟中要求学生熟悉、掌握劳动法、社保法的法条与应用;

(3) 综合应用人力资源管理各模块的知识与技能。在劳动争议处理过程中,学生需要熟练掌握并模拟准备争议双方需要的证据,包括人力资源管理过程中的数据、表单、文件、制度等。这些证据的模拟准备能够推动学生系统地掌握招聘录用、岗位设置与分析、培训开发、绩效管理、薪酬管理、员工关系管理、职业生涯管理等专业知识与专业技能;

(4) 学习从制度层面管控用工风险。结合判例,要求学生完成针对判例中企业的人力资源管理改进方案,指导学生制定和完善相关制度、流程、机制,引导学生从制度上管控用工风险。

1.2 课程体系

劳动关系与人力资源学院的人力资源和劳动关系两个专业的学生往往在同期学习人力资源管理概论课程,在大三集中学习薪酬管理、绩效管理、劳动争议处理、劳动关系管理、社保实务等课程。各门课程的知识在现实人力资源管理实践和劳动争议及劳动关系管理中往往以复杂交织的形式出现。为了使得学生能够将各课程知识融会贯通,锻炼综合分析问题和解决复杂问题的能力,有必要探讨在两种专业各自教学内容的基础上,将它们的主要课程融合在一起,进行跨专业、跨课程的综合性实践设计,这样不仅能够丰富课堂教学的内容,更有利于劳动关系及人力资源管理领域高素质应用型人才的培养,也有利于引导学生综合领会、综合运用、综合学习劳动学科的相关理论知识,形成具有劳动学科特色的应用型技能群。

1.2.1 体验学习理论

基于Dewey、Lewin和Piaget的前期研究,Kolb于1984年提出了体验学习理论。Kolb认为,体验学习就是借由经验转化产生知识的过程,知识是由经验转化和掌握组合而成。体验学习理论将学习概括为一个持续的过程,在这个学习过程中加入了不同类型的实践经验。在主动学习中,个体将精力投入到经验中,把经验的知识投射出来,理解其中的含义,并最终加以运用。

学者们对体验学习理论进行了两个方向的综述。Hickcox[1]对体验学习理论模型和学习类型在会计与商业教育、师范教育、高等教育等领域的应用进行了综述。Kolb等人基于实证研究提出体验学习理论已经广泛地应用于以学习方法为核心的教育改革,如教学结构设计、课程方案开发、终身学习等。体验学习理论经常被跨学科运用,应用的学科包括教育、管理、信息科学、心理、医药、财会和法学等[2]。

一些大学已经意识到体验学习的积极作用,并开始要求在传统的学习方式中加入体验式学习的要素[3]。这些大学的老师们已经发现不同个体有不同的学习方式,在现实的教学中,他们必须去了解他们不熟悉的学习方式。传统的学习是一种被动的学习,学生们从课本中被动地吸收知识,并运用这些知识完成多选题或单选题考试[4]。Hickcox指出,在课堂上使用体验式学习能够教会学生成为自我驱动、自我导向型的学习者,这些能力日后能够更容易地迁移到工作中[5]。在学习计划中融入实践性体验要素,学生们就有机会运用不同的学习技术,习得技能。

---

[1] Hickcox, L. K. (1991). An historical review of Kolb's formulation of experiential learning theory (Doctoral dissertation). Retrieved from ProQuest Dissertations and Theses database. (UMINo. 9125144).

[2] Kolb, D. A., Boyatzis, R. E., & Mainemelis, C. (2001). Experiential learning theory: Previous research and new directions. In R. J. Sternberg & L.-F. Zhang (Eds.), Perspectives on thinking, learning, and cognitive styles (pp. 193-210). Mahwah, NJ: Lawrence Erlbaum. Retrieved from http://site.ebrary.com/lib/uiowa/Doc?id=10288559.

[3] Bisoux, T. (2007). The MBA reconsidered. BizEd, 6(3), 44-48. Retrieved from http://www.bizedmagazine.com/.

[4] McKeachie, W. J., & Gibbs, G. (1999). McKeachie's teaching tips: Strategies, research, and theory for college and university teachers (10th ed.). Boston, MA: Houghton Mifflin Co.

[5] Hickcox, L. K. (2002). Personalizing teaching through experiential learning. College Teaching, 50, 123-128. doi: 10.1080/87567550209595892.

一些实践者引导学生团队经历具体经验、反思观察、抽象概括、行动应用四个环节[1][2],形成体验感知、质疑反思、领悟获得、综合应用的学习流程,学生的实践技能在此流程中逐步构建起来。现在的学生不再喜欢静态地、被动地学习,体验式学习可以让学生有机会参与到学习过程,成为主动的学习伙伴。虽然传统上体验式学习理论往往用于个体学习[3],但是它也可以运用到团队学习中[4][5]。该理论指出,学习者在团队学习中担任各自的角色,每个角色都有对应的任务,学习者通过完成这些任务获得具体经验。他们依据具体经验完成任务报告,获得结论,并据此指导自身下一步的学习行为。接下来,学习者观察新的学习行为,并概念化观察的内容,再将概念化的经验运用到新的体验中。依照这样的过程,学习者建立了一个完整的体验式学习循环。

1.2.2 课程内容

劳动争议处理是劳动关系专业必修的实务课,也是人力资源管理中员工关系管理的核心内容。劳动争议是指劳动关系的当事人之间因执行劳动法律、法规和履行劳动合同而发生的纠纷,即劳动者与所在单位之间因劳动关系中的权利义务而发生的纠纷。根据争议涉及的权利义务的具体内容,可将其分为以下6类:因确认劳动关系发生的争议;因订立、履行、变更、解除和终止劳动合同发生的争议;因除名、辞退和辞职、离职发生的争议;因工作时间、休息休假、社会保险、福利、培训以及劳动保护发生的争议;因劳动报酬、工伤医疗费、经济补偿或者赔偿金等发生的争议;法律、法规规定的其他劳动争议。

目前,人力资源与劳动关系两个专业的实践课开设并未形成系统合力。高校人力资源管理专业的实践课通常分为线上和线下两种。线上实践课采用人力资源管理实践软件,线下实操课则是在不同模块的课程中安排相应的实操部分。劳动关系专业的实践课主要集中在劳动争议处理这一课程。实践课采取线下实操的方式,主要包括案例分析、现场观摩、案情撰写、模拟仲裁等形式。学生在实践课中可以得到针对各个模块的技能训练,但仍缺乏综合性的技能开发。如何为学生提供综合性的专业技能实训,是两个专业实践教学需要突破的关键点。

劳动争议的内容和争议处理程序为综合技能实践课提供了可能。劳动争议的6类内容涉及劳动关系和人力资源管理两个专业的核心课程。这些课程中的实务部分都是教学重点和难点。劳动争议处理包括调解、仲裁、诉讼三个程序。借助同时开设人力资源管理和劳动关系两个专业的便利条件,跨专业综合实践课以劳动争议处理过程为主线,借助仿真案件背景,为学生创设综合应用两类专业技能的平台。

---

[1] Kolb D. Experiential Learning. Englewood Cliffs, NJ: Prentice Hall; 1984.
[2] Stocker M, Burmeister M, Allen M. Optimisation of simulated team training through the application of learning theories: a debate for a conceptual framework. BMC Med Educ. 2014; 14: 69.
[3] Bleakley A. Broadening conceptions of learning in medical education: the message from team working. Med Educ. 2006; 40: 150-157.
[4] Stocker M, Burmeister M, Allen M. Optimisation of simulated team training through the application of learning theories: a debate for a conceptual framework. BMC Med Educ. 2014; 14: 69.
[5] Poore JA, Cullen DL, Schaar GL. Simulation-based inter-professional education guided by Kolb's experiential learning theory. Clin Simul Nurs. 2014; 10(5): e241-e247. doi: 10.1016/j.ecns.2014.01.004.

通过综合课程实践设计，学生能够领会处理复杂劳动问题的原则与技巧，提高分析问题、解决问题的能力。劳动学科跨专业大综合实践教学以模拟劳动仲裁全过程为主干，以薪酬管理、绩效管理、劳动争议处理、社会保障、劳动关系管理等课程作为大综合实践教学的匹配模块。模拟处理涉及薪酬、绩效、社保等劳动争议、仲裁和诉讼的全过程。

本课程以线上和线下相结合的形式讲授劳动关系和人力资源管理领域的各类交叉知识，使学生通过切实参与对现实问题的分析，提升解决问题的能力，提高对知识的掌握程度。课程的主要内容包括：

（1）根据实践目标和流程的需要，指导学生团队选取判例资源。

（2）分主题、有计划地安排和指导学生小组整理线上采集的案件场景、案件资料、相关文件文书等。

（3）将实践课所需的资料文件汇编。

（4）根据实践计划，以判例为背景，指导学生团队线上搜集资料，为模拟劳动争议处理和模拟仲裁庭做准备。

（5）依托现实劳动争议的原型案例设计线下实践场景，将真正的现实问题引入实践中，为学生创设仿真的劳动争议、劳动仲裁和诉讼的场景。

（6）将学生分组，分角色引入线下实践。两个专业的学生进行跨专业组队，分别担任劳方、资方和仲裁庭（或法庭），通过对案件的仲裁、诉讼的全过程仿真演练，学会综合处理各类劳动争议案件。实践教学环节要求全年级全员参与。

（7）组织模拟现实劳动争议、人力资源管理、社会保障等问题的解决过程。教师根据案件所属领域，从薪酬管理、绩效管理、社会保障、劳动关系管理等不同角度讲解案例中涉及的知识、技能和经验。

（8）指导学生将专业知识和沟通、协调能力应用到实践中。

（9）结合所实操的判例，针对判例中企业存在的问题，完成人力资源改进方案与制度设计。

1.2.3 课程构建

本课程之所以以体验式学习理论为理论基础，主要是基于如下思考。首先，该理论提供的教学方法要求学生将所学到的知识应用到情景模拟中。在传统学习中，学生通常扮演观察者而不是参与者的角色。但在实践学习中，学生可以通过参与任务练习习得的技能。其次，可以通过体验式学习模式评估跨专业综合实践课设计与实施。最后，可以改变学生的认知过程。借助体验式学习的四个阶段，利用仿真的劳动争议案件的设置，引导学生以团队合作的方式，从申请方、被申请方和仲裁方三个角度改变认知模式，实现多角度认知，调整认知思维和方法。

参加跨专业综合实践课的两个专业学生需要具有相关专业课的学习基础。该课程设置在人力资源和劳动关系两个专业的第五学期。两个专业的学生在前两年已经系统学习了相关专业课程。通过这些专业课程的学习，两个专业的学生基本上掌握了绩效管理、薪酬管理、社会保障实务、劳动争议处理、劳动关系管理等理论知识，同时也系统地学习了劳动法、劳动合同法、社保法等法条。这些专业知识成为他们接受跨专业综合实践课的专业背景,为实践课的实践活动提供基础。

两类专业在课程设置上有交叉点,但在学习重点上各有侧重。劳动关系专业更侧重劳动关系管理、劳动法与劳动合同法的应用、劳动争议处理等方面。人力资源专业更偏重本专业的管理框架建立、人力资源各模块知识点应用和实务技能的实践等。两个专业的学生组建一个团队,共同解决一个劳动争议案件,实现专业互补,为不同专业同学构建跨专业综合技能提供空间。

依据 Kolb 体验式学习阶段理论,跨专业综合实践课共包含 8 个步骤(见表 1.1)。实践课的周期为 32 课时,贯穿 8 周。每一个步骤都必须把控关键点,保障学生习得下一步骤需要掌握的技能与知识。案例学习环节要求学生学习各类劳动争议案例,学会解析案件的关键点。案件的选择涵盖劳动关系确定、劳动合同管理、薪酬、绩效、社保缴纳等领域,便于引导学生熟悉相关法条及其运用。仲裁观摩环节要求学生必须熟悉仲裁庭审流程,了解申请方、被申请方、仲裁方的角色特点。这两个环节的主要目的是帮助学生获得劳动争议处理的经验,为后续实践步骤的开展夯实基础。

表 1.1 跨专业综合实践课框架

步骤	库伯阶段	学习活动	周次
1. 案例学习	具体经验	分组学习劳动争议案例,学习如何对案例中的关键点、争议点进行分析,学习根据争议点选用适用法条。	1
2. 仲裁观摩		组织学生到劳动仲裁委观摩劳动争议仲裁庭庭审过程,观摩申请方、被申请方和仲裁方庭上陈诉与流程。	
3. 案件分配与划分角色	反思观察	按照实践课教师的计划,将全年级两个专业的学生混合分组,每组各负责分析一个案件。每组学生均分为申请方、被申请方、仲裁方三种角色。	2
4. 分角色分析案件		各组从各自角色的角度分析案件,明确争议点、诉求、申请双方的利益点等。	
5. 学习撰写案件与仲裁流程	抽象概括	根据实践课教师提供的案件素材,学习撰写争议案例与案件,归纳总结仲裁三方的流程和所需材料与文件,并学习如何撰写。	3
6. 准备仲裁庭审材料	行动应用	各组的三方角色分别根据案件情节和仲裁需要准备己方材料、证据、文件,准备仲裁庭庭审陈述文本、庭审策略。	4—7
7. 模拟劳动争议仲裁庭审		以案件为单元,各组模拟仲裁庭审。庭审过程,也是比赛过程,专业老师进行评价打分。根据评分结果评奖。	
8. 撰写人力资源管理改进方案和仲裁总结报告	最终综合	模拟仲裁庭审结束,各组学生结合案件情节和争议点,撰写人力资源管理改进方案、仲裁总结报告和实验课总结报告。	8

学生所模拟的课堂案例必须符合以下几点：

（1）案件双方各有道理，争议焦点明确。尽量避免一方独占优势的案例。

（2）案例能较好地反应企业的管理细节，知名企业优先。

（3）优先选择法官在判决书中详细阐述了判决理由、因果关系、计算依据的案例，尽量避免选择强调结果的简单判决。

（4）当事人提交的证据翔实。证据必须包含企业的薪酬管理制度或是企业的绩效管理制度。

（5）有一定的时效性，能较好地反应现阶段劳动关系的特点，不涉及过多已经废止的法规。

（6）最高人民法院公报登载过的案例优先。（无讼案例数据库中会有提示，如选择此种判例，请在判例中表明）

实践所要求提交的卷宗材料包括：

（1）有关劳动争议案件的材料：劳动争议仲裁申请书、当事人的身份证明材料、授权委托书、答辩书、证据材料、劳动争议仲裁受理通知书、应诉通知书、开庭通知书、送达回证、庭审笔录、调解书或裁决书、庭审笔录、结案审批表等。其中，案情所涉及的企业薪酬管理制度和企业的绩效管理制度必须在庭审模拟比赛之前提交给负责讲授绩效管理、薪酬管理的老师审阅通过。

（2）人力资源管理的改进方案：每个小组应当确保在庭审模拟之前向评委老师提交简要材料1份。如果评委老师对模拟材料有疑义并提出改进意见，可将之前提交的材料收回，替换之后交给评委老师。

1.2.4　课程重点和难点

本课程实施中的重点是：

（1）通过一系列的实践参与和场景模拟，帮助学生掌握解决劳动领域专业问题的技巧，提升他们的专业能力、沟通能力和分析问题的能力。

（2）本课程教学效果将以仿真劳动争议调解、仲裁庭审或诉讼庭审方式进行检验。案例可以以"调解"为基础，便于更多地发挥管理手段的作用，模拟的结果也不受制于判决书的结果。

本课程实施中的难点是：

（1）指导学生掌握劳动争议处理的调解流程、环节和调解谈判技巧。课程以判例为抓手，学生每组7人，扮演的角色包括劳动者、劳动者的律师、人力资源管理者、公司法务、三位调解员，三位调解员分别来自工会、企业管理层和普通员工。

（2）组织学生到合作的劳动仲裁委观摩劳动仲裁庭审过程，实地学习劳动仲裁庭审的流程与关键点。

（3）调解阶段结束后，根据案件的情况，进入到仲裁和诉讼环节，指导学生体验劳动争议仲裁和诉讼的各个阶段，帮助学生掌握各阶段的基本流程与所需技能。

（4）模拟仲裁或模拟法庭结束后，要求学生以论文总结的形式对整个综合实践进行总结汇报,在总结中针对案件中资方的人力资源管理实践提出改进建议和方案,对劳方如何更有效地保护自身权益提出可操作的建议,对仲裁或诉讼过程的不足提出改进建议。

1.2.5 考核方法

本课程采用过程性考核和结果性考核相结合的考核方式。根据课程考核需要,综合考核判例与证据材料准备、模拟劳动仲裁庭审、人力资源管理改进方案三方面。具体考核方式如下:

(1) 过程性考核。

对判例选择与劳动争议处理各环节的任务完成情况进行评分,作为课程总评成绩的40%。

(2) 结果性考核。

① 模拟仲裁庭/模拟法庭比赛。教师团队和校外评委对每个判例的模拟仲裁庭/法庭庭审展示进行评价打分,这个分数作为课程总评成绩的40%。

② 人力资源改进方案。各组学生根据判例和劳动争议处理过程,为判例中的企业提出人力资源改进方案,对方案的评分作为课程总评成绩的20%。

注:

△过程性考核中,要求学生对课下小组讨论、调研等工作进行拍照或录制小视频;

△将模拟仲裁庭/模拟法庭过程进行全程录制作为课程资料,供师生回看研讨。

庭审表现的评分标准为:

(1) 庭审程序规范性。

① 是否严格按照劳动争议仲裁的程序进行模拟,仲裁庭审过程是否流畅,有无违反庭审规则和遗漏程序的情况;

② 仲裁员在当事人双方进行陈述、答辩和辩论过程中的控场能力。

(2) 事实分析的清晰性。

① 仲裁员能否紧扣案件焦点进行控场;

② 当事人双方对案件本身的熟悉程度,梳理案件事实的清晰度和条理性;

③ 证据完整性:在证据准备方面是否充分,是否举证有力,质证是否清晰。

(3) 庭审辩论。

① 在法律知识上,学生对劳动法、劳动争议处理制度的掌握和熟悉程度;涉及的法律术语是否表达得当;

② 辩论的逻辑推理:在庭审的攻击与防御中,运用法律分析案情的思路是否清楚,推理是否严密,论证是否有说服力,最终陈述意见是否明确且有系统性;

③ 辩论的策略性:对突发情形的应变能力,比如在质证和辩论中遭遇对方质疑时的反应是否机敏、沉着。

(4) 综合表现。

① 仪表:学生的着装与仪态,现场表现力;

② 语言:语言表达是否准确,是否脱稿,是否有语言攻击行为;

③ 团队合作：团队成员是否配合默契、分工是否均衡；

④ 在庭审表现过程中，一部分学生进行庭审模拟，一部分同学进行打分，一部分同学进行提问。负责提问的小组必须针对每一组模拟小组分别进行提问。

除了考查学生的庭审表现之外，还需要考查学生提交的卷宗材料和人力资源改进方案。

1.3 实践教学的素材来源

本课程教学的素材来源是相关劳动争议司法判决书。同学们要熟悉判决书的结构，掌握判例学习的方法，还要学会搜寻代表性案例。

1.3.1 判决书的结构

这里的判例是指经由法院或劳动争议仲裁机构审理的具有一定法律意义的生效判决或裁决。为促进司法公正，提升司法公信力，最高人民法院发布《人民法院在互联网公布裁判文书的规定》（以下简称《规定》），该《规定》本着"公开为原则，不公开为例外"的精神，确立了"依法、全面、及时、规范"的裁判文书公开原则，明确和扩大了上网公开的裁判文书范围，明确和完善了裁判文书不公开的例外情形，细化和明确了裁判文书公开时的技术处理规则，从制度层面进一步健全了裁判文书公开机制。裁判文书的全文公开为法律学习和学术研究提供了便利的条件，使学生和研究者能够有机会充分了解司法实践的真实状况，展开更有成效的研究。学术研究也可以反作用于裁判文书说理机制的发展，促进司法进步。具体来说，《规定》指出，人民法院在互联网公布裁判文书，应当依法、全面、及时、规范。中国裁判文书网是全国法院公布裁判文书的统一平台，其他援引中国裁判文书网的数据建立起来的数据库还有北大法宝、无讼案例等网站。

判例研究的对象为判决书，在互联网公开的判决书包括案件基本信息和文书正文。案件基本信息包括审理法院、案号、案件类型、案由、裁判日期、合议庭或审判员信息、审理程序、原告、被告、原告代理律师、被告代理律师、文书性质，其中，劳动争议的案件类型可能涉及民事和行政两种。大部分劳动争议为民事争议，当涉及社会保险、工伤认定、劳动监察等情况时会出现行政争议。案由包括追索劳动报酬纠纷、劳动合同纠纷、确认劳动关系纠纷、经济补偿金纠纷、竞业限制纠纷、集体合同纠纷、非全日制用工纠纷、劳务派遣纠纷、社会保险待遇纠纷等不同情况。文书性质主要有判决书、裁定书、调解书、决定书等类别。

判决书的正文包括以下 9 个部分。

（1）当事人的基本情况。

当事人的基本情况包括诉讼地位和基本信息。当事人是自然人的，判决书会写明其姓名、性别、出生年月日、民族、职业或者工作单位和职务、住所。有法定代理人或指定代理人的，会在当事人之后另起一行写明其姓名、性别、职业或工作单位和职务、住所，并在姓名后用括号注明其与当事人的关系。代理人为单位的，会写明其名称及其参加诉讼人员的基本信息。当事人是法人的，会写明名称和住所，并写明法定代表人的姓名和职务。当事人是其他组织的，会写明名称和住所，并另起一行写明负责人的姓名和职务。法人或者其他组织的住所是指法人或者其他组织的主要办事机构所在地；主要办事机构所在地不明确的，法人或者其他组织的注册地或者登记地即为住所。当事人为外国人的,会写明其经过翻译的中文姓名或者名称和住所,并用括号注明其外文姓名或者名称和住所。当事人为港澳台地区居民的,在姓名后写明"香港特别行政区居民""澳门特别行政区居民"或"台湾地区居民"。

(2) 委托诉讼代理人的基本情况。

当事人委托近亲属或者本单位工作人员担任委托诉讼代理人的,会列在第一位;委托外单位的人员或者律师等担任委托诉讼代理人的,列在第二位。当事人委托本单位人员作为委托诉讼代理人的,应写明被委托人姓名、性别及其工作人员身份,其身份信息可表述为"该单位(如公司、机构、委员会、厂等)工作人员"。律师、基层法律服务工作者担任委托诉讼代理人的,写明律师、基层法律服务工作者的姓名、所在律师事务所的名称、法律服务所的名称及执业身份,属于提供法律援助的,会写明法律援助情况。委托诉讼代理人是当事人近亲属的,会在姓名后用括号注明其与当事人的关系,写明住所。代理人是当事人所在社区、单位以及有关社会团体推荐的公民的,会写明姓名、性别、住所,并在住所之后注明具体由何社区、单位、社会团体推荐。

(3) 当事人的诉讼地位。

① 一审民事案件当事人的诉讼地位应表述为"原告"、"被告"和"第三人"。先出现原告,后出现被告,再出现第三人。有多个原告、被告、第三人的,会按照起诉状列明的顺序呈现。当事人提出反诉的,会在本诉称谓后用括号注明反诉原告、反诉被告。反诉情况会在案件由来和事实部分写明。

② 二审民事案件当事人的诉讼地位应表述为"上诉人"、"被上诉人"、"第三人"、"原审原告"、"原审被告"、"原审第三人"。先出现上诉人,再出现被上诉人,后出现其他当事人。其他当事人按照原审诉讼地位和顺序写明。被上诉人也提出上诉的,列为"上诉人"。上诉人和被上诉人之后,会用括号注明原审诉讼地位。

③ 再审民事案件当事人的诉讼地位应表述为"再审申请人"、"被申请人"。其他当事人按照原审诉讼地位表述,例如,一审终审的,列为"原审原告"、"原审被告"、"原审第三人",二审终审的,列为"二审上诉人"、"二审被上诉人"等。再审申请人、被申请人和其他当事人诉讼地位之后,会在括号中写明一审、二审诉讼地位。抗诉再审案件(再审检察建议案件),会写明抗诉机关(再审检察建议机关)及申诉人与被申诉人的诉讼地位。案件由来部分会写明检察机关出庭人员的基本情况。对于检察机关因国家利益、社会公共利益受损而依职权启动程序的案件,还要列明当事人的原审诉讼地位。

(4) 案件由来和审理经过。

案件由来部分包括案件名称与来源。案件名称是对当事人与案由的概括。民事一审案件名称通常表述为"原告×××与被告×××……(写明案由)一案"。诉讼参加人名称过长的,在案件由来部分第一次出现时会用括号注明其简称,表述为"(以下简称×××)"。裁判文书中其他单位或组织名称过长的,在首次表述时也会用括号注明其简称。案由通常反映案件所涉及的民事法律关系的性质。如果经审理认为立案案由不当的,以经审理确定的案由为准,但通常会在"本院认为"部分予以说明。

民事一审案件来源包括:①新收;②有新的事实、证据重新起诉;③上级人民法院发回重审;④上级人民法院指令立案受理;⑤上级人民法院指定审理;⑥上级人民法院指定管辖;⑦其他人民法院移送管辖;⑧提级管辖。在劳动争议中,还会交待劳动争议仲裁的简要情况。

适用程序包括普通程序、简易程序、小额诉讼程序和非讼程序。非讼程序包括特别程序、督促程序、公示催告程序等。

审理方式包括开庭审理和不开庭审理。开庭审理包括公开开庭和不公开开庭。不公开开庭的情形包括:①因涉及国家秘密不公开开庭;②因涉及个人隐私不公开开庭;③因涉及商业秘密,经当事人申请,决定不公开开庭;④因离婚,经当事人申请,决定不公开开庭;⑤法律另有规定的。

(5) 事实。

① 裁判文书的事实主要包括:原告起诉的诉讼请求、事实和理由;被告答辩的事实和理由;法院认定的事实和据以定案的证据。

② 事实首先呈现当事人的诉辩意见。通常按照原告、被告、第三人的顺序依次表述当事人的起诉意见、答辩意见、陈述意见。诉辩意见先出现诉讼请求,再出现事实和理由。二审案件先出现当事人的上诉请求等诉辩意见,再出现一审当事人的诉讼请求、人民法院认定的事实、裁判理由、裁判结果。再审案件先出现当事人的再审请求等诉辩意见,再呈现原审基本情况。生效判决为一审判决的,原审基本情况通常会概述一审诉讼请求、法院认定的事实、裁判理由和裁判结果;生效判决为二审判决的,原审基本情况会先概述一审诉讼请求、法院认定的事实和裁判结果,再呈现二审上诉请求、认定的事实、裁判理由和裁判结果。

③ 在诉辩意见之后,另起一段呈现当事人举证、质证的一般情况,通常表述为:"本案当事人围绕诉讼请求依法提交了证据,本院组织当事人进行了证据交换和质证。"

④ 当事人举证质证一般情况后会直接写明人民法院对证据和事实的认定情况。对当事人所提交的证据原则上不一一列明,有时会附录全案证据或者证据目录。对当事人无争议的证据,会写明"对当事人无异议的证据,本院予以确认并在卷佐证"。对有争议的证据,会写明争议的证据名称及人民法院对争议证据认定的意见和理由;对有争议的事实,会写明事实认定意见和理由。

⑤ 对于人民法院调取的证据、鉴定意见,经庭审质证后,会按照当事人是否有争议分别写明;对逾期提交的证据、非法证据等不予采纳的,会说明理由。

⑥ 争议证据认定和事实认定,有时合并出现,有时分开出现。分开出现的,在证据的审查认定之后,通常会另起一段概括写明法院认定的基本事实,表述为:"根据当事人陈述和经审查确认的证据,本院认定事实如下……"。

⑦ 认定的事实,重点围绕当事人争议的事实展开。按照民事举证责任分配和证明标准,根据审查认定的证据有无证明力、证明力大小,对待证事实存在与否进行认定,通常会说明事实认定的结果、认定的理由以及审查判断证据的过程。此部分一般按时间先后顺序叙述,或者对法律关系或请求权认定相关的事实着重叙述,对其他事实则归纳、概括叙述。综述事实时,会划分段落层次,也会根据情况以"另查明"为引语叙述其他相关事实。

⑧ 有时判决书中会归纳争议焦点。争议焦点中有证据和事实内容的,会在当事人诉辩

意见之后,在当事人争议的证据和事实中出现。争议焦点主要是法律适用问题的,会在"本院认为"的开头部分出现。

(6) 理由。

① 理由部分的核心内容是针对当事人的诉讼请求,根据认定的案件事实,依照法律规定,明确当事人争议的法律关系,阐述原告请求权是否成立,依法应当如何处理。最高人民法院要求民事裁判文书说理要做到论理透彻、逻辑严密、精炼易懂、用语准确。

② 理由部分以"本院认为"作为开头,其后直接写明具体意见。

③ 理由部分会明确纠纷的性质、案由。如果原审确定案由错误,二审或者再审予以改正的,也会在此部分首先进行叙述并阐明理由。

④ 说理通常围绕争议焦点展开,逐一进行分析论证。对于争议的法律适用问题,会根据案件的性质、争议的法律关系、认定的事实,依照法律、司法解释规定的法律适用规则进行分析,作出认定,阐明支持或不予支持的理由。

⑤ 争议焦点之外,涉及当事人诉讼请求能否成立或者与本案裁判结果有关的问题,也会在说理部分一并进行分析论证。

⑥ 理由部分需要援引法律、法规、司法解释时,会写明规范性法律文件的名称、条款项序号和条文内容。

⑦ 正在审理的案件在基本案情和法律适用方面与最高人民法院颁布的指导性案例相类似的,如果将指导性案例作为裁判理由引述,需要写明指导性案例的编号和裁判要点。司法指导性文件体现的原则和精神,可在理由部分予以阐述或者援引。

⑧ 在说理最后,有时会另起一段,以"综上所述"引出,对是否支持当事人的诉讼请求进行评述。

(7) 裁判依据。

① 引用法律、法规、司法解释时,判决会严格适用《最高人民法院关于裁判文书引用法律、法规等规范性法律文件的规定》。

② 引用多个法律文件的,文件引用顺序如下:法律及法律解释、行政法规、地方性法规、自治条例或者单行条例、司法解释;同时引用两部以上法律的,应当先引用基本法律,后引用其他法律;同时引用实体法和程序法的,应当先引用实体法,后引用程序法。

③ 确需引用的规范性文件之间存在冲突,根据《中华人民共和国立法法》等有关法律规定无法选择适用的,应依法提请有决定权的机关作出裁决,法官不能自行在裁判文书中认定相关规范性法律文件的效力。

④ 最高人民法院规定,裁判文书不得引用宪法和各级人民法院关于审判工作的指导性文件、会议纪要、各审判业务庭的答复意见以及人民法院与有关部门联合下发的文件作为裁判依据,但其体现的原则和精神可以在说理部分予以阐述。

(8) 裁判主文。

裁判主文中的当事人名称都应以全称出现。裁判主文内容应明确、具体、便于执行。多名当事人承担责任的,会写明各当事人承担责任的形式、范围。有多项给付内容的,会先写明各项目的名称、金额,再写明累计金额,如:"经济补偿金……元、拖欠工资报酬……

元……,合计……元"。对于金钱给付的利息,会明确利息计算的起止点、计息本金及利率。

(9) 尾部。

尾部会写明诉讼费用的负担和告知事项。诉讼费用包括案件受理费和其他诉讼费用。收取诉讼费用的,写明诉讼费用的负担情况,如:"案件受理费……元,由……负担;申请费……元,由……负担"。诉讼费用不属于诉讼争议的事项,不列入裁判主文,会在判决主文后另起一段写明。

一审判决中具有金钱给付义务的,应当在所有判项之后另起一行写明:"如果未按本判决指定的期间履行给付金钱义务,应当依照《中华人民共和国民事诉讼法》第二百五十三条的规定,加倍支付迟延履行期间的债务利息。"二审判决具有金钱给付义务,属于二审改判的,无论一审判决是否写入了上述告知内容,均应在所有判项之后另起一行写明上述告知内容。二审维持原判的判决,如果一审判决已经写明上述告知内容,可不再重复告知。

对依法可以上诉的一审判决,会在尾部表述为:"如不服本判决,可以在判决书送达之日起十五日内,向本院递交上诉状,并按对方当事人的人数或者代表人的人数提出副本,上诉于××××人民法院。"

最后,判决书还应有落款部分,落款部分包括署名和日期。诉讼文书由参加审判案件的合议庭组成人员或者独任审判员署名,裁判文书落款日期为作出裁判的日期,即裁判文书的签发日期①。

1.3.2 判例学习的方法

我们可以从法源地位上认识判例。如果没有实践的印证,法律就不能成为行动中的活法。判例就是活的法,就像拉贝尔所说:"没有判决的法律,犹如没有肌肉的骨架"。劳动法理论往往需要在对具体问题的分析中,用实践加以印证。法条、理论在实践中的状况如何,需要通过判例研究加以印证或者反证。判例通常是对法律规则的解释和适用,判例研究主要关注现实中是如何理解法律、应用法律的。判例也可能有超出法律解释范围的情况,那就是法的续造,只有少数的判例具有这样的功能。

判例学习的关键是学会读"本院认为"部分的关键性法律论证。"本院认为"部分是判决理由的阐述。在了解争议问题之后,要在判决书中找到为什么用这样的法条或法律原理来解决这个法律纠纷。有些判决书中的"本院认为"部分包含了对法律的发展和对现有法律的补充,以及法律的未来发展方向,这样的判例通常可以成为用于进一步研究的典型判例。有的判决书中没有具体阐述判决理由,这时就需要从结论、案情中进行梳理。在梳理的过程中,应首先学习法律的应用,也就是法律条文、法律理论如何应用在具体争议的解决中。本课程鼓励学生进行一类案例的学习,在一类案件中,如果对于具体的法条、用语等,法官的认识已经比较确定,那么对一个法律概念的认识就是三个要件,那么可以预测在接下来会发生的案件,大致上是这三个要件决定了法律概念。二类案有时也存在有争议的判决,这时还可以关注某个判例引起的法院裁判立场的变化之所在、变化的正当性评价,以及对未来发展的

---

① 最高人民法院关于印发《人民法院民事裁判文书制作规范》《民事诉讼文书样式》的通知(法〔2016〕221号)。

影响。

深入学习劳动法和判例之后,还可以采取比较研究的视角。首先,看判决中是否包含法官对不确定法律概念的解释,通过判决里的解释来关注法律条文的内容。其次,看这个判决有没有把国外的某个理论进行本土化。最后,看法官有没有通过一个判决或判决中的裁判理由阐释中国的法理。应用这种方法的前提是熟悉劳动法的国内外情况和基本理论,这是比较难的案例学习法。

学习判例时,还可以采取统计分析的方法。当某个观点在理论上相持不下的时候,可以通过统计的方式调查一下判决采取的都是怎样的观点。

和管理学相比,法学中的判例研究更关注判例本身,而不是判例背后的可能影响。因为在法律发展史上,判例背后的背景是没有地位的,只有在判决中反映出来,有拘束力的表述才是法学研究的内容。法律研究不会主动讨论法官在判决书背后的动机、目的,而只关注判决书所展现的法律论证本身。但是在管理学意义上,劳动争议判例书中所反映出来的管理问题却是研究的重点。我们可以采用各种社会科学研究方法进行研究,分析管理行为的风险、管理行为的影响力、具体管理行为背后的影响因素,以及劳动者和用人单位的个性特征对争议的影响等。这些都可以成为讨论的对象,与纯粹的法律研究相比,是外部视角的扩展。[①]

1.3.3 代表性案例的搜寻

代表性案例的搜寻方法有很多,可以寻找已掌握的典型判例进行学习和选择,也可以通过关键词检索定位典型判例。具体来说,有以下的资源可供选择:第一、学习最高人民法院指导案例,案例在北大法宝中搜索即可,其中,劳动人事争议项下的指导性案例为"指导案例18号:中兴通讯(杭州)有限责任公司诉王鹏劳动合同纠纷案"(最高人民法院审判委员会讨论通过,2013年11月8日发布);第二、查找最高人民法院公报案例,可以在最高人民法院公报数据库进行检索,将其中与劳动相关的案例筛选出来进行学习;第三、判例类书籍,如历年中国法院年度案例选集,其中,最新出版的选集为《中国法院2020年度案例(劳动纠纷含社会保险)》。判例类书籍种类繁多,可以进行广泛阅读,以便熟悉劳动法领域的典型判例和裁判标准;第四、知网搜索关于判例的评析论文。判例研究相关的刊物有《法律适用》《人民司法——(案例)》《人民法院报》等,可以检索其中和劳动有关的判例研究进行学习;第五、新媒体。知名律师事务所、人力咨询服务公司、劳动法研究者等主办的公众号也经常会有对典型判例的分析文章,可以作为学习参考;第六、在中国裁判文书网上通过关键词搜索,查看原判决书。

在判决书数据库搜集典型判例时,关键词的选取非常重要,研究者往往需要先确定要搜索的研究主题再进行检索,例如,搜索外卖配送员与平台公司之间是否构成劳动关系的认为时,可以尝试多个关键词,比如"外卖""配送员""骑手"等,尝试不同的名称搜索有助于更多

---

① 周伟,李友根,朱芒,章剑生,解亘,朱晓喆,陈越峰,湛中乐. 判例研究六人谈:判例研究及其对中国法学的影响. 华东政法大学学报,2003(5):142-153.

需要的判例。如果关键词搜索完成后还是有成百上千个案例,这时就需要将人工筛选和更多关键词搜索相结合,人工筛选是指按照一定的标准查阅具体的判例内容。研究者通常会按照审级从高到低浏览,在筛选审级的基础上,按照时间顺序浏览各年的案例数量,此时,可以进一步进行关键词检索,比如加上"劳动关系确认"作为关键词,当检索结果数量缩减到几十篇时,即可以逐一阅读,从中筛选出有代表性的案例进行研究分析。在阅读的判决书过程中,应重点研究"本院认为"部分对法律条款的应用和分析,从中选取有详细法律分析、法律解释或法律补充的案例。如果案例能显示未来法律方向,则更具有研究价值。

在选择判例的过程中,还需要对判决书进行提炼,研究者在阅读判决书后要能够用精确的语言提炼出这个判决书到底形成了怎样一个命题,以及这个命题规范是什么。在阅读了足够多的判例后,还可以了解具体判例的历史定位,这样的研究需要综合时间因素进行衡量。

2 劳动争议协商模拟

2.1 实践一：劳动争议中的多方协商

2.1.1 劳动争议协商的含义与特征

（1）劳动争议协商的含义。

劳动争议协商通常是指发生劳动争议的双方当事人在平等自愿的基础上，通过自行协商，或请工会或第三方与用人单位进行协商，达成和解协议的一种争议解决方式。这是处理劳动争议的简易程序，是国家提倡的劳动争议双方当事人自行协商解决劳动争议的基本原则在劳动争议处理制度中的具体体现。劳动争议协商既适用于较为简单的个人和集体劳动争议，也适用于集体劳动合同争议[①]。发生劳动争议后，当事人双方进行协商，有利于劳动争议在比较平和的气氛中得到解决，防止矛盾激化。

虽然协商和解过程一般由争议双方自行完成，但考虑到相对于用人单位劳动者通常处于弱势地位，如果单纯地由劳动者与用人单位进行协商和解，双方容易存在地位上的不平等，通常很难达成和解协议。因此，《劳动争议调解仲裁法》增加了劳动者请工会或者第三方帮助共同与用人单位进行协商的规定，目的是通过工会和第三方的加入，促成用人单位与劳动者能够坐下来协商，进而达成和解协议，充分发挥协商在处理劳动争议方面的作用。协商和解成功后，当事人双方应当签订和解协议。需要指出的是，协商和解过程必须建立在双方自愿的基础上，任何一方或者第三方都不得强迫另一方当事人进行协商。如果当事人不愿协商、协商不成或者达成和解协议后不履行的，另一方当事人仍然可以向劳动争议调解组织申请调解，或者向劳动争议仲裁机构申请仲裁。值得注意的是，协商虽然能使争议双方在友好的氛围中及时、高效、低廉地解决劳动争议，避免劳动者与用人单位关系的僵化，也免去用人单位招录和培养新员工的成本，但是由于双方达成的和解协议没有法律效力且劳动者与用人单位之间的地位不对等，因此，协议是否能得到切实有效的执行主要还是依靠当事人的诚信。如果一方当事人不履行达成的协议，另一方当事人不能申请法院强制执行。

[①] 本教材所讲的劳动争议协商处理，主要是针对权利争议，既包括劳动者个人或集体因劳动合同的履行而发生的争议，也包括因履行集体合同而发生的争议。

(2) 劳动争议协商的主要特征。

作为争议双方自行解决纠纷的重要途径,劳动争议协商和解的特征包括自愿性、双方性、灵活性以及非选择性等。

① 劳动争议协商必须出于当事人双方完全自愿。

没有内、外压力,自愿是劳动争议协商的基础和前提条件。协商的自愿性主要表现在:通过协商消除矛盾、解决争议是当事人双方的共同意愿和要求,是双方主动的自觉行为,不受任何第三者和外界因素的制约和干扰;经协商达成的和解协议是双方意志的体现。当事人不愿协商或协商不成时,一方不能强迫另一方接受其不愿接受的条件;和解协议必须由当事人自觉自愿履行,一方不能强迫另一方履行和解协议;当事人不愿协商或者协商不成时,有权自主决定申请调解或仲裁,任何组织或个人无权干涉。

② 协商应当建立在相互信任和尊重的基础上。

相互信任和尊重是当事人协商和解劳动争议的必要条件。协商能够形成的重要原因之一,就在于劳动争议的双方当事人主观上均不愿意使矛盾扩大,都希望经双方的共同努力,使争议及时、妥善地解决,以便以后更好地合作共事。只有双方当事人在协商的过程中都能坦诚相见,并做到互谅互让,才有助于对彼此解决争议的主张给予充分尊重,使争议在不伤和气的气氛中合理解决,从而维护双方关系的和谐融洽。因此,在协商过程中当事人只有相互信任和尊重,才能坦诚相见、互谅互让,使争议得到圆满解决,达到双方满意的效果。

③ 劳动争议的协商具有灵活性。

争议双方可以在法律规定的范围内就争议事项进行协商,只要其协商的事项不违背法律法规的强制性规定即可。也就是说,劳动争议发生后,当事人双方可以自由选择协商的方式、时间、地点,在达成和解协议后虽然要求制定书面的协议书,但它不像仲裁、诉讼那样要求特定的制作格式。由于劳动争议的解决事关劳动者的就业和家庭生活,关系到用人单位正常有序的经营活动,因此,灵活简便的协商方式充分体现了柔性化的原则,有利于消除对抗,营造和谐的处理气氛。由于不是法定的劳动争议解决步骤,协商本身也就没有严格的程序化规定,劳动争议发生后,当事人双方可即时就具体事项进行协调和商谈,在较短时间内使争议得到妥善解决。

④ 协商不是处理劳动争议的必经程序。

协商是处理劳动争议的简易程序,通过协商可以简便、快捷地使一些争议得到解决,有利于维护企业生产和职工利益。国家提倡劳动关系当事人双方在发生争议后,首先主动协商和解。但是协商并不是处理劳动争议的法定必经程序,当事人双方可以自愿协商,国家提倡但不强迫。不愿意协商和解或者协商和解不成的,争议一方可以向企业劳动争议调解委员会申请调解,或直接向劳动争议仲裁委员会申请仲裁。对于因签订集体合同发生争议,当事人协商不成的,应由劳动行政部门组织有关各方协调处理。

2.1.2 劳动争议协商的作用

(1) 快速解决劳动争议。

劳动争议协商并非解决劳动争议的必经程序,选择协商并达成和解协议都必须基于劳动争议双方当事人的自愿。劳动争议发生后,当事人可以在完全自愿的基础上,通过互谅互让,达成一个双方都愿意接受的和解协议,然后分别履行协议的内容。以协商的方式处理劳动争议,有利于构建和谐的劳动关系,有利于纠纷的迅速解决。当事人在以协商的方式解决劳动争议时,通常没有第三方的参与,不需要经过别人调解,也不需要经过仲裁和诉讼程序,这可以大大节省争议双方的时间、财力和精力。

(2) 引起时效中断。

《最高人民法院关于审理劳动争议案件适用法律若干问题的解释(二)》第一条规定:"劳动关系解除或者终止后产生的支付工资、经济补偿金、福利待遇等争议,劳动者能够证明用人单位承诺支付的时间为解除或者终止劳动关系后的具体日期的,用人单位承诺支付之日为劳动争议发生之日。"因此,如果用人单位与劳动者因工资争议达成和解协议,用人单位又不履行和解协议的,时效就应从和解协议约定的履行日期开始计算,而不再从劳动争议发生之日起计算。《劳动争议调解仲裁法》第二十七条规定:"仲裁时效,因当事人一方向对方当事人主张权利,或者向有关部门请求权利救济,或者对方当事人同意履行义务而中断。从中断时起,仲裁时效期间重新计算。"当事人就劳动争议进行协商,就是"向对方当事人主张权利"的证明。当事人通过协商达成和解协议,就是"对方当事人同意履行义务"的最好证明。因此,争议当事人进行协商,无论是否达成和解协议,都将导致时效的中断。

(3) 转化争议性质。

《最高人民法院关于审理劳动争议案件适用法律若干问题的解释(二)》第三条规定:"劳动者以用人单位的工资欠条为证据直接向人民法院起诉,诉讼请求不涉及劳动关系其他争议的,视为拖欠劳动报酬争议,按照普通民事纠纷受理。"因此,用人单位与劳动者因工资产生争议,通过协商达成和解协议,用人单位为劳动者提供欠条的,如果用人单位又不履行和解协议,劳动者可以持欠条直接向法院起诉。这样一来,原来的劳动争议就直接转化为普通民事争议。争议性质的转变,将带来两个法律后果:一是劳动者可以越过劳动争议仲裁前置程序,直接按照普通债权债务关系向法院起诉;二是时效不再是《劳动争议调解仲裁法》规定的一年,而是《中华人民共和国民法通则》(以下简称《民法通则》)规定的两年。

(4) 协商达成的和解协议可以作为证据使用。

《企业劳动争议协商调解规定》第十一条规定:"协商达成一致,应当签订书面和解协议。和解协议对双方当事人具有约束力,当事人应当履行。经仲裁庭审查,和解协议程序和内容合法有效的,仲裁庭可以将其作为证据使用。但是,当事人为达成和解的目的作出妥协所涉及的对争议事实的认可,不得在其后的仲裁中作为对其不利的证据。"由此可见,当事人双方通过协商达成的和解协议,在劳动争议仲裁审理阶段可以作为证据使用。

案例2-1:通过协商和解解决的劳动纠纷

【案情】 工程师老吴是北京某国有钢铁公司工作了十多年的老员工,也是该公司每年评选的劳动模范。但是最近一段时间,老吴心情不是太好。因为在最近一次公司依照国家新规定的《职工带薪年休假条例》核定年休假的时候,给老吴核定的年休假比他自己认为的休假天数少了5天。原来,老吴在工作期间,曾经被公司外派到在外地的某下属公司工作

5年，作为公司对下属公司的技术支持代表，并担任车间主任。此次公司在核定其工龄时，没有计算其外派期间的工龄。于是，老吴向公司行政部的福利主管小王沟通并反映意见，但是小王说这个核定工龄的办法是公司总办下达的，行政部负责执行，公司的所有外派工龄都不予承认，所以此次核定的工龄不好更改。老吴本来想再向公司总办反映意见，但是考虑到自己的劳模身份，公司每年都给其发放特别津贴，尽管是为自己的合法利益争取，但还是不好自己开口惊动公司领导。正好这天晚上，任公司工会主席的老钱过来串门，老吴把自己的真实想法给老钱讲了，表明自己的为难。谁知老钱说这个不难，一口答应明天就代表这些有外派经历的员工向总办反映。经过老钱的交涉，一周后，公司总办与这些外派员工达成和解，公司承认他们的外派工龄有效，并再次下文对原工龄认定办法进行了补充修改。从本案例可以看出，不仅员工本人可以与用人单位进行交涉，而且工会也可以代表劳动者与用人单位进行协商，达成和解协议，解决纠纷。①

2.1.3 劳动争议协商的过程

（1）劳动争议协商前的准备工作。

① 查明争议事实。

劳动争议发生后，负责协商的人员应及时查明争议产生的原因、规模、性质等，并对争议可能带来的后果作出判断。针对不同原因、不同性质的劳动争议，应采取不同的应对措施和手段。

根据劳动争议性质的不同，我国目前将劳动者一方人数十人及十人以上的劳动争议确立为集体争议，集体争议若解决不好，可能直接影响企业的正常生产经营秩序，甚至影响社会的和谐稳定。劳动争议产生的原因各有不同，一些争议是由于员工的切身利益甚至基本生存权利受到侵害而产生的，如劳动报酬、工伤医疗费、赔偿争议等，负责协商和解的人员应给予充分重视并正确估计事态后果；另一些争议是由于企业无法满足员工职业发展的需要产生的，如培训、福利、升职等，这类争议矛盾冲突相对较小，比较容易通过协商和解的方式解决。

② 熟悉相关法律法规。

我国颁布并实施的与劳动争议相关的法律、法规有很多，如《劳动法》《劳动合同法》《劳动争议调解仲裁法》《劳动人事争议仲裁办案规则》《企业劳动争议协商调解规定》等。发生劳动争议的双方只有充分学习、了解相关的法律法规，才能在协商过程中做到有理、有据、有节，在更有效地维护自身合法权益的同时，也能考虑到对方的利益。这样更有利于双方通过协商的方式解决劳动争议。

③ 选择协商人员。

在个别劳动争议中，劳动者一方一般为发生劳动争议的当事人本人，企业一方选择的协商人员通常应符合三点要求：尽量与该劳动争议无利害关系；具备相应的法律知识、经验；在

---

① 资料来源：中国法制出版社编.中华人民共和国劳动法案例应用版.中国法制出版社，2009.1:156-157.相关文字做了适当删减和处理。

企业和员工中具有一定的声望。在集体争议中,劳动者一方通常选择能够代表员工利益并且沟通、应变能力较强的劳动者作为代表。《劳动争议调解仲裁法》第七条规定:"发生劳动争议的劳动者一方在十人以上,并有共同请求的,可以推荐代表参加调解、仲裁或者诉讼活动。"

《劳动争议调解仲裁法》第四条规定:"发生劳动争议,劳动者可以与用人单位协商,也可以请工会或者第三方共同与用人单位协商,达成和解协议。"由此可见,除了劳动者和用人单位代表外,协商人员中还有可能出现第三方,只不过与劳动争议调解程序相比,这个第三方是由劳动者聘请的,并不是完全保持中立地位,也不主导整个协商过程。

④ 确立协商的目标。

在对劳动争议事件有了一定的了解后,准备进入协商和解过程的双方当事人应初步确立其预期达成的目标。我们可以将劳动争议协商和解的目标划分为三个层次:一是必须达成的目标,是协商不成也不能放弃的目标,即进行协商和解可以接受的底线;二是预期达成的目标,但是在迫不得已的情况下可以选择放弃的;三是期望达成的目标,在必要时可以放弃的。

案例 2-2:协商目标的确定

【案情】 应届毕业生小王 2018 年 4 月份到 A 公司实习,双方约定待小王正式毕业后签订劳动合同。2018 年 6 月底,小王正式毕业,向 A 公司提出签订正式劳动合同,A 公司未予以回应,小王也就不再理会。2018 年 10 月中旬,小王未履行请假手续就离开了公司。2018 年 11 月 5 日,A 公司以小王无故旷工为由,作出了解除小王劳动关系的决定。2018 年 12 月初,小王回到 A 公司,提出如下要求:

(1) A 公司支付 2018 年 10 月、11 月的工资。

(2) A 公司未签订劳动合同,支付 2018 年 7—11 月的双倍工资。

(3) A 公司违法解除劳动关系,应支付一个月工资作为赔偿金。

【思考】 如果小王与 A 公司进行协商,应如何确定各自的协商目标?

【分析要点】 本案中比较明确的事项有:A 公司已经实施用工行为,但未与小王签订劳动合同,这是 A 公司的责任;小王未履行请假手续就离开 A 公司,这是小王的责任。

本案还需进一步明确的事项有:当小王未履行请假手续离开 A 公司时,A 公司是否采取过敦促其上班的措施;A 公司以无故旷工为由,是否有相关的劳动规章制度作为支持;小王离开 A 公司时,领取劳动报酬的截止日期,等等。

协商不是裁判,不一定完全按照仲裁或诉讼的预期结果来确定协商目标。不过,在协商前厘清事实、找出争议发生的原因,更利于合理的协商目标的确定。

(2) 劳动争议协商策略。

在劳动争议协商的过程中,采用适当的协商策略是影响协商一致的重要因素之一。一般来看,协商策略主要包括以下内容:①进攻策略。在协商过程中,双方协商代表势必在一开始就采取进攻性策略,即根据宏观经济形势和本地区、本行业、本企业的经济发展趋势中对自己有利的条件,来证明自己观点的正确性。②退却策略。协商机制最大的特点是具有灵活性和创造性。通常情况下,协商中的一方提出的建议遭到对方拒绝后,前者往往在这一领域退却,作出一些让步而从另一领域提出要求,以达到同样的目的。③坚守策略。当协商双方的意见分歧较大时,必须进行耐心磋商。为此,应特别注意在协商中的语言表达和双方情况的沟通,仍然僵持不下时,可以将一些非原则、影响不大的分歧作为让步条件,从而使协商谈判不至于全面僵化。④迂回策略。在协商过程中,协商双方都要确定意向实现的目标,但也不能一开始就将自己的最终目标全盘托出。对此,应首先选择一般性问题进行协商,并就此达成共识,以便营造良好和谐的协商氛围,然后再谈主要问题。⑤双赢策略。在协商中,虽然在劳动关系上集体协商谈判的双方存在利益差异,但其利益也存在一致性,这就为协商谈判注入了成功的因素,双方如果能在某些方面同时作出让步,缩小差距,努力寻找共同点,最后就能达到双赢的目的。

(3)劳动争议协商的实施。

劳动争议协商的过程就是劳动争议的双方当事人表明各自观点、交换意见,以达成共识的过程,是双方当事人参与协调劳动关系的过程。同其他三种争议处理程序相比,协商和解目前还没有特别严格的程序和时间的规定或要求。《企业劳动争议协商调解规定》只是作了一个简单的规定,实践中的协商和解往往是一个反复的过程,双方需要多次协商才可能达成最终的协议。

① 协商的方式。

《企业劳动争议协商调解规定》第八条规定,发生劳动争议,一方当事人可以通过与另一方当事人约见、面谈等方式协商解决。

② 协商参加人。

在劳动争议的双方当事人中,劳方的力量通常较弱,因此,《企业劳动争议协商调解规定》仅仅对劳方的协商参与人作出了规定。以个别劳动争议为例,劳方可以采用以下4种方式进行协商:

(1)劳动者本人独自参加协商;

(2)劳动者要求所在基层工会参与或者协助其参与协商;

(3)基层工会主动参与协商处理;

(4)劳动者可以委托其他组织或者个人作为其代表进行协商。

③ 协商的过程。

根据《企业劳动争议协商调解规定》,一方当事人提出协商要求后,另一方当事人应当积极作出口头或者书面回应。5日内不作出回应的,视为不愿协商。协商的期限由当事人书面约定,在约定的期限内没有达成一致的,视为协商不成。当事人可以书面约定延长期限。

本着快速方便解决问题的原则,在协商的过程中,参与协商的当事人都应当本着实事求是、相互照顾的精神,摆事实讲道理,力求通过协商达成和解协议。一般来说,协议双方当事人可以首先阐述己方的要求或意见,然后提出可行的具体方案,双方本着诚实善意的原则,将自己的理由和困难如实陈述,以求获得对方的谅解,赢得对方的尊重。需要注意的是,当事人在坚定自己的立场和目标的同时,应当冷静分析,避免不顾一切且于事无补的大吵大闹。

案例 2-3：劳动争议协商的过程

【案情】 陈某与某公司签订了三年期限的劳动合同，合同约定陈某从事秘书岗位工作，工作时间为法定标准工作时间。陈某入职后，工作勤勉，对于当天未完成的任务，通常主动加班完成。陈某经常通过邮件向主管汇报工作完成的进度，并对需要加班完成的工作予以说明。

一年后，陈某主动提出解除劳动合同，但要求公司支付一年的加班费，并出具了一年的上下班打卡记录以及涉及加班的相关工作汇报。

公司表示，公司有具体的加班管理制度，陈某加班是个人自愿行为，不是公司安排的。因此，公司拒绝了陈某要求支付加班工资的请求，并对此表示十分遗憾。

【争议焦点】 本案争议的焦点在于陈某个人自愿加班，是否可以要求公司支付加班工资？

【参与协商人员】
公司派出人力资源经理代表公司与陈某进行协商，陈某邀请了一名公司外部人员作为顾问，参与到协商中。

【协商经过】
人力资源经理首先表示，陈某工作确实很努力，工作未完成的，主动留下来完成再离开；但是公司不鼓励劳动者加班，通常安排的工作任务都是在标准工作时间内能够完成的，如果员工确实需要加班，根据公司的劳动规章制度，需要履行审批手续，经公司同意批准后的加班，公司才能支付加班工资。

陈某认为，自己经常超时工作，有据可查，已经构成加班事实，如果公司以没有经过审批为由拒绝支付加班工资，对自己来说很不公平。

顾问向人力资源经理询问具体的劳动规章制度，人力资源经理出示了《加班管理办法》，该文件规定了加班审批流程，并明确规定没有经过审批的加班行为，公司可以拒绝支付加班工资。

顾问询问陈某是否了解这个《加班管理办法》。陈某表示，入职时接受过劳动规章制度的培训，下发的培训资料中有这个文件，但自己并没有太重视。

人力资源经理表示，组织新员工进行劳动规章制度培训后，每位新员工都签字确认，表示知悉公司劳动规章制度的内容。

顾问向陈某表示，根据目前的情况来看，公司不支付陈某加班费确实有充分的依据，即使陈某因此申请仲裁，败诉的可能性也比较大。但顾问仍建议陈某努力争取一下。

陈某表示，自己经常没有履行审批手续而加班，虽然主要原因是自己的疏忽，但人力资源部门对此也没有任何质疑，上级主管也没有提醒自己应当按照正确的流程来工作，完全让自己承担这个不利后果，确实难以接受，仍希望得到公司的补偿。

人力资源经理表示，公司严格按照劳动规章制度处理并无不妥，如果单纯满足陈某的要求，对公司的其他同事来说会有不好的示范效应。但是考虑到陈某在职期间工作的确勤勉，公司愿意对陈某进行一些补偿，只是不能以加班工资的名义发放，金额也比陈某提出的加班工资数额要少。

看到公司主动让步，陈某十分高兴，立即表示同意。随后，双方签署了和解协议。

【协商启示】
（1）协商人员可能只有双方，也有可能出现第三方，但第三方不是居中裁判者。
（2）协商不能脱离事实依据和法律依据，但也不限于此，还可以进行情理分析。
（3）在双方互谅互让的基础上达成的协商结果，有可能不同于第三方居中裁判的结果。
（4）劳动争议协商的结果。

一般来说，协商和解的结果有三种：第一种为协商失败，双方未能达成有效的协议；第二种为双方达成和解协议，但和解协议未能被有效地执行；第三种为双方达成和解协议，并且和解协议得到双方的积极履行。

劳动争议中签订的协商和解协议，通常是指发生劳动争议的双方当事人在平等自愿的基础上，通过自行协商，或请工会或第三方与用人单位进行的为解决劳动争议达成的协议。和解协议对劳动争议双方当事人具有约束力，当事人应当履行。但是，和解协议并非是在特别正式的情形下达成的，通常没有权威机构的参与，法律上更没有强制执行的效力。当事人如果反悔，不履行调解协议，该劳动争议就没有解决，还得需要其他方式继续解决。当事人可以申请调解，还可以直接申请仲裁。在劳动争议仲裁阶段，《企业劳动争议协商调解规定》第十一条第二款规定，经仲裁庭审查，和解协议程序和内容合法有效的，仲裁庭可以将其作为证据使用。但是，当事人为达成和解的目的作出妥协所涉及的对争议事实的认可，不得在其后的仲裁中作为对其不利的证据。

操作示例：制作和解协议书
制作劳动争议和解协议书
【背景】
某公司与职工因解除劳动合同发生争议，职工到劳动争议仲裁机构申请仲裁。后双方达成协议，劳动合同解除，并由公司支付给职工一定的补偿，职工从劳动争议仲裁机构撤回仲裁申请。
【任务】
制作劳动争议和解协议书。
【方案】
劳动合同协商解除协议书
用人单位：××××有限公司
个人：　　　（身份证号码：　　　　　　　　　　　　　　）
双方就××××有限公司解除劳动合同后的处理，及个人在××××劳动仲裁提出的劳动仲裁请求等事宜，本着平等、自愿、协商一致的原则，达成以下协议：
第一条　双方友好协商，对一切用工期间及结束后产生的争议问题予以谅解并一次性解决。
第二条　公司给予个人一次性补偿费用×××元。
第三条　个人在收到补偿费用后对提出的仲裁申请进行撤回，确认双方劳动关系履行时的权利义务从协议签订之日起即行终止并无任何未了事宜与异议。双方确认对协商解决的补偿费用、协商解除劳动合同程序及结果均无任何异议,保证不再提出任何仲裁和诉讼请求。

协议双方签字确认:

年　　月　　日

协议签字地点:××××

本人已收到本协议第二条约定的补偿费用。

个人补偿费用数额确认签字:

值得注意的是,协商双方当事人通过合意达成和解协议并不意味着协商获得了成功,因为只有当和解协议得到积极有效地履行后才能代表协商获得成功。具体来说,如果在协商的过程中,双方当事人发现分歧较大无法达成和解协议的,则协商结果为失败;如果已经达成了和解协议,但在规定期限内不履行的,则协商结果也为失败。这是因为双方达成的和解协议并不具有法定效力,一方不能申请强制执行和解协议的内容。

2.2　实践二:企业内申诉机制

2.2.1　员工申诉的概念、特征与分类

(1)员工申诉的概念。

员工申诉是指员工认为在工作中遭到不平等待遇或发现用人单位内部的不法行为时,提出要求解决的行为,其内容可以涵盖用人单位管理、用人单位决策以及其他关乎员工切身利益的事项,具体包括:集体合同、工作规则及其他企业内部规则的制定及内容;用人单位根据内部规定,对员工的命令、禁止、许可、免除、认可、受理、通知、确认等各方面的意思表示;用人单位所提出的各项发展计划、生产计划、营销计划、业务计划等的构想与行动;用人单位依有关的内部规定而采取的劝告、诱导等非强制性的事实行为;用人单位给予员工的奖励、实施的惩罚等行为。

(2)员工申诉的特征。

员工申诉具有内部性、直接性和正式性。内部性是指员工申诉是将劳动冲突在用人单位内部解决的处理方式,既可以反映职工的利益,又可以更快、更好地解决冲突,减少劳动冲突对双方产生的不良影响。直接性体现在员工申诉由员工直接向用人单位提出,不涉及第三方,由申诉的双方正面交涉解决。员工申诉的合理解决有助于双方消除隔阂,化解矛盾,增强理解,相互信任,从而推动组织发展,在组织中真正建立起和谐稳定的劳动关系。正式性反映在员工申诉是员工对于劳动关系中所产生的问题通过正式渠道向用人单位进行反映的一种形式,是一种合法解决问题的途径。申诉一般要求员工以书面的形式提交,不同于私下的抱怨和指责。

(3)员工申诉的分类。

员工申诉可以分为个人申诉和集体申诉。个人申诉多是由于管理方对员工进行惩罚而

引起的纠纷,通常由个人或工会代表提出,其内容范围涵盖从管理方发出书面警告,到员工最终被解雇整个过程中可能引发的任何争议。争议的焦点在于管理方是否侵犯了集体合同中规定的个人和团体的权利,如有关资历的规定、工作规则的规定、不合理的工作分类或工资水平等。

集体申诉是为了集体利益而提起的政策性申诉,通常是工会针对管理方(在某些情况下,也可能是管理方针对工会)违反协议条款的行为提出的。集体申诉虽不直接涉及个人权利,但却影响整个谈判单位的团体利益,通常由工会委员会的成员代表工会的利益提出,例如,管理方把协议中规定的本应在企业内部安排的工作任务外包给其他企业,这一做法可能并没有直接影响到某一单个的员工,但它意味着在谈判单位内部雇佣的员工会更少,工作岗位也更少,因而工会可以以团体利益为基础提起申诉。

(4) 员工申诉中涉及的部门。

员工申诉中涉及的部门主要有人力资源管理部门和工会。人力资源管理部门是员工申诉过程中的主要参与部门,它是协调各相关部门的枢纽,其在员工申诉过程中有以下四个方面职责:第一,制定员工申诉制度,规范员工申诉流程;第二,保证员工申诉渠道畅通;第三,深入员工,倾听员工声音,及时了解职工基本的思想动向,预防劳动争议等一系列问题的产生;第四,协调劳动争议各方,积极解决矛盾,妥善处理员工所申诉的问题。工会是企业劳动者的代表,是其合法权益的维护者。在员工申诉过程中,工会必须对员工的合法、合理申诉提供支持。企业工会在员工申诉过程中的职能包括以下四个方面:第一,代表员工与企业、事业单位行政部门建立员工申诉制度,参与协商调解员工申诉问题,协商解决涉及职工切身利益的问题;第二,在员工申诉的过程中,帮助和指导员工与企业进行合法、合理的谈判;第三,为员工提供咨询服务,提供相关法律支持和企业规章制度解释;第四,必要时可代表员工进行相关申诉。

2.2.2 员工申诉的作用

员工申诉制度为处理劳资之间的纠纷、分歧和不满提供了有序的方法。它用一种正式的、事先安排好的方式,为处理纠纷提供了一种机制,有利于劳资双方在不同层次上进行协商,确保员工的问题能够得到及时有效的处理。因此,企业组织内员工申诉制度的建立具有以下作用:

第一,提供员工依照正式程序,维护其合法权益的救济渠道。

申诉程序可以看作是一种处理争议的机制。多层次的申诉程序安排,有助于双方利用一切机会达成共识、解决纷争,而不是被迫接受仲裁者的解决方案。在这一方面,申诉的程序就好像是集体谈判的过程,诉诸仲裁则可以看作谈判失败。

第二,疏解员工情绪,改善工作气氛。

申诉机制为员工提供了一种表达不满的渠道,这种不满可以是一般意义上的不满,也可以是针对管理方提供的具体待遇条件的不满。这样,申诉就为个人或群体表达心声提供了一种机制,它不仅为员工提供了一个释放其不满的机会,而且也是劳资双方进行交流的重要方式,并为管理者了解工作现场所出现的管理问题提供了重要的信息来源,这对于帮助较低层次的管理和监督者提高管理水平具有重要意义。

第三,审视人力资源管理制度与规章的合理性。

申诉可以使管理者关注到其所忽略的一些劳动关系问题,实现对规章制度进一步完善和补充,例如,如果规章制度中没有转包条款,工会就可以对协议中与此有关的其他问题提出申诉。不管是否有根据,这都会给管理方带来极大的不便,甚至引起分裂,从而促使管理方重新思考有关转包合同的决定。

第四,促进组织的内部公平。

申诉程序有助于建立规范的管理制度,在这样的制度下,员工个人可以免受,或者至少有条件使其免受某些方面的不公平对待。这一程序不仅为员工提供了工作场所外的基本民主权利以及自由,而且有利于员工从其管理者那里获得公平的待遇,具有较为积极的意义。在实际的工作过程中,一些比较先进的企业通常采用内部公平系统来解决内部的公平问题。实际上,内部公平系统的本质就是一种申诉制度,二者的只不过是名称的象征性改变而已。

第五,与集体合同结合,保障集体合同的顺利履行。

申诉为集体合同的切实执行提供了法律保障,确保了协议的整体性,对劳动法律制度和集体合同的落实至关重要。申诉为双方进行补充协议的谈判奠定了基础。为了保持一定的灵活性或避免罢工,集体合同在某些条款的措辞和具体内容上有时有意留有余地,申诉程序为解释和运用这些模糊条款提供了一种机制,使得双方在必要时能够将申诉及争议等纳入正常的解决渠道中。

第六,减轻高层管理者处理员工不满事件的负荷。

申诉制度可以使员工的不满通过既定的渠道得到及时处理,有助于减轻高层管理者处理此类事件的负荷。

第七,提高企业内部自行解决问题的能力,避免外力介入或干预,使问题扩大或恶化。

申诉可作为解决组织内部冲突及问题的有效手段。劳资双方通过直接对话,面对面地就申诉内容进行充分的沟通与交流,这一方面避免了第三方的参与所引起的申诉扩大或形势恶化,避免为企业带来不利的影响和不必要的管理成本;另一方面可以使申诉双方有更多互相沟通、表达意愿的机会,消除双方的隔阂与误会,有利于问题的快速解决,促进劳动关系的和谐与稳定。

2.2.3 员工申诉程序设计的原则

企业内部申诉制度的建立,是为了化解员工的不满情绪,解决组织内部不合理的制度安排。除了非正式的申诉处理制度(如当事人之间的私下沟通)外,组织应建立明确的申诉制度,给员工提供正常、合法的申诉渠道。一般而言,内部申诉制度的建立,应当遵循以下五条准则。

第一,申诉规则的制度化。必须对申诉制度和程序明确加以说明,这对于保护员工及企业的合法权益具有重要作用。值得注意的是,在制定申诉制度的过程中,企业应仔细聆听员工意见,不能单方自行制定,否则,将难以为员工所接受和遵行。

第二,申诉机构的正式化。企业内部申诉机构应力求正式化。建立正式的申诉机构,不仅能确保申诉渠道的畅通,而且也能够使管理者通过正式渠道了解员工的工作状况。正式的申诉机构应由劳资双方代表共同组成,以确保申诉处理的客观、公正。

第三,申诉范围的明确化。明确界定申诉问题的范围,有助于准确判断申诉事件是否成立,以及是否值得进一步加以调查。界定员工可以提起申诉的事项范围,可以使组织和员工了解申诉的问题所在,从而使得申诉制度的运作方向更为明确。同时,对申诉问题加以分类,可以使组织尽早发现问题。这样不仅可以及时平息员工的不满,而且有助于发掘组织管理制度中存在的不合理之处。

第四,申诉程序的合理化。虽然申诉制度的设计和运作受组织规模的影响,但一个合理的申诉程序应具备以下特征:员工有机会表达其意见;企业有接受意见并处理的机构或执行者;申诉处理依正式的渠道和程序进行;问题处理必须能反馈给申诉者,明示申诉处理过程及结果;企业应定期整理并公布申诉处理的事件及问题特征,让员工了解申诉问题的重点及处理情形。

第五,申诉处理的技巧化。处理员工申诉,应把握如下原则:切实做好保密工作,减少申诉者的疑虑;摒除本位主义,以超然、公正及客观的立场处理员工申诉;掌握处理时效,避免久拖不决;答复员工问题时,力求精确明示,切忌语意不明,模棱两可。遵循这些原则,可以确保申诉制度的正常运行,并使员工对该制度更有信心。

案例2-4:某公司员工绩效考核结果申诉办法

一、范围

在被考核者对绩效考核结果有异议的情况下,员工进行申诉,由人力资源部协调处理员工的申诉,并给予员工解决的方案。

二、控制目标

1. 确保公司人力资源考核的公平、公正和客观,保障员工的合法权益,培养积极向上的公司氛围。

2. 确保考核质量,对有偏差的员工绩效考核及时纠正并追究相关人员的责任。

三、主要控制点

1. 员工直接上级、员工以及员工直接上级的上级领导签字确认员工申诉调查结果。

2. 人力资源部作为第三方出具处理意见。

3. 人力资源部人事信息档案管理员根据人力资源部作出的最终处理结果更新该员工的个人绩效考评结果。

四、特定政策

1. 员工对绩效考核的结果有异议时,可以提出申诉,人力资源部受理申诉后,必须分不同场合向被考核人、考核人和考核人的上级领导了解情况,以确保所了解的信息真实客观。

2. 人力资源部应作为独立的第三方分别与考核人和被考核人面谈,协商并寻求解决纠纷的办法。

3. 对于提出过申诉的员工,其档案信息中应包含申诉信息备查。

4. 人力资源部应于员工的下一个绩效考评周期结束前解决员工的绩效考核申诉处理。

五、员工绩效考核结果申诉流程说明

步骤	涉及部门	步骤说明
1	员工	员工对本部门主管绩效评定和考核的结果有异议,向人力资源部提出申诉,将申诉原因和理由记入员工申诉表
2	人力资源部经理	受理员工申诉,向员工直接上级的上级领导、员工直接上级和员工了解情况,进行调查核实,并将调查情况写入员工申诉表中
3	员工、员工直接上级、员工直接上级的上级领导	签字确认员工申诉表调查结果
4	人力资源部经理	根据了解到的实际情况和公司制度,出具第三方解决意见
5	人力资源部经理	与考核人面谈解释原因并在员工申诉表上签署意见
6	人力资源部经理	与员工面谈解释原因并在员工申诉表上签署意见
7	人力资源部人事信息档案管理员	将员工申诉表归入员工绩效考核档案中,在作人事决定时结合员工绩效考评得分综合评价员工绩效

2.2.4 员工申诉处理的程序

(1)员工申诉的受理。

员工申诉的受理是指当员工对用人单位的日常管理或者工作情况等方面有建议或者异议并向单位的行政管理部门提出时,单位行政管理部门以及相关人员对上述情况作出积极的回应的一系列的行为的总称。员工申诉的受理主要包括以下4个方面:

① 正面回答员工提出的问题。

员工提出申诉,表明员工对用人单位的有关决定存在不满,如果没有对员工提出的问题作出清晰明确的回答,就会加深员工对企业的成见。如果相关人员不完全了解员工所提出的问题,则应当本着对企业负责的态度,认真听取并记录员工的问题,并尽可能地在最短的时间内予以答复。

② 慎重考虑员工的要求。

对员工提出的要求,相关人员要分别从企业和员工的角度来考虑其是否合理。如果从两方面来看都是合理的要求,通常说明企业的规章制度不尽合理,造成这种要求不能满足,企业应借此机会予以改进和完善。如果该要求对于企业而言不合理,而对于员工是合理的,说明员工个人利益与集体利益产生了矛盾。对此要引导员工理解用人单位的决定,协调解决有关问题。如果从双方看都属不合理的要求,则要在充分调查研究的基础上,采取鲜明的立场,切实维护双方的正当权益。

③ 耐心阐述申诉的解决方案和理由。

在员工申诉的过程中,员工通常更多地是从个人利益出发来考虑问题,要让其理解、接受并支持用人单位的有关决定,必须耐心地向其解释。如果解释得过于简单,员工可能难以接受。尤其是对于因用人单位的错误决定而引发的争议,更应向员工说明原因,以取得对方的谅解和支持。

④ 及时对员工的处境表示关注。

申诉中员工所流露出的各种感情,如愤怒、不满、失望等,都应引起有关管理人员的关注与重视。如果管理人员对此视而不见,可能使简单的问题变得难以解决。对此类问题,管理人员表示关心、同情、赞同,有助于双方形成良好的沟通关系,促进申诉的解决。

(2) 员工申诉的调查。

了解争议事实的真相和员工本人的意愿是解决争议的前提条件之一。一般来说,员工申诉调查的方法有资料检索、直接调查、外部咨询、提出处理建议与方案。

① 资料检索。

资料检索是员工申诉背景调查中一种较为便利的方法,它是指对员工申诉案件中企业现有各项资料的收集与分析,其收集的资料应包括:员工方面的有关资料,如个人档案、人事评价、培训资料、绩效评估等;企业方面的资料,如规章制度、会议文件、企业与员工签订的劳动合同以及国家有关劳动法律法规和劳动政策等。

② 直接调查。

员工申诉案件的协调人员通过直接接触的方法来搜集、整理有关情况。具体形式有很多,例如,直接与员工的亲友或家人接触,了解员工的兴趣、爱好及思想动向;向本企业员工的同事、上级主管了解员工情况等。通过这些调查,协调人员可以较为全面地掌握员工本人的真实资料,以便于妥善解决争议。

③ 外部咨询。

通过购买的方式从有关组织机构、咨询机关等取得相关资料,对所获得的资料应当建立资料库进行分类,归档保管,以便于为解决劳动争议提供有力支持。

总之,协商前的背景调查工作是围绕申诉争议的妥善解决展开的。在调查的基础上,申诉处理人员对员工申诉的解决形成一个基本的方案,并由此确定协商的目标。

④ 提出处理建议与方案。

在调查结束后,员工申诉处理人员应结合申诉事项调查的真实情况给出初步处理建议,并上报主管部门。

业务示例:制定员工申诉制度及流程

标准名称	员工申诉制度及流程	批准	复核	初核	拟稿
标准编号					
版本号		发行日期			

第一条　目的:为维护公司与员工的合法权益,及时发现和处理隐患问题,保障员工与公司管理层的沟通,提高员工工作的积极性,从而建立和谐的劳动关系,增强企业凝聚力,提高员工满意度,特制定本制度。

第二条　适用范围:本制度适用于公司所有在职员工。

第三条　原则:申诉人应根据事实,按照本制度的规定进行申诉,如经查证表明申诉人有欺骗行为的,公司将依据相关规定进行处罚,申诉受理人应在保密的原则下,对申诉事件给予严肃认真对待,保证员工的正当利益不受侵害。

第四条　申诉范围应在人事行政部的职能范围内,包括但不仅限于以下情形:

（续表）

1. 对绩效考核及奖惩有异议的,依据《员工绩效评估反馈及奖惩申诉管理办法》进行申诉;
2. 对岗位、职等职级的调整有异议的;
3. 对招聘、培训方面有异议的;
4. 对薪酬、福利、考勤方面有异议的;
5. 对劳动合同的签订、续签、变更、解除、终止等方面有异议的;
6. 对用餐、用车等行政后勤方面有异议的
7. 认为受到上级或同事不公平对待的;
8. 申诉人有证据证明自己权益受到侵犯的其他事项。

第五条 申诉渠道及方式

1. 公司成立申诉处理委员会,由申诉人直属主管、所在的部门经理及人事行政部相关成员(包括员工关系助理、员工关系及薪酬福利专员、招聘培训专员、绩效专员及人事行政部经理及分管副总)组成。

以上申诉受理人均可在权限范围内对申诉事项进行解答,如果申诉人接受该答复,即可终结申诉。如果申诉受理人无法对申诉作出解答,可按照本制度第六条的申诉处理程序进行处理。如果申诉提交到了人事行政部,人事行政部各模块专员将负责调查、取证、提出初步处理意见、参与研究、反馈答复意见等工作。

2. 申诉时效为10日(法定节假日顺延),即申诉人应在申诉事件发生10日起内申诉,因不可抗力而致逾期者,应向申诉处理委员会申明理由,申请延长申诉期限,但延长期限不得超过10日。
3. 申诉人申诉时需填写人事行政部提供的《员工申诉书》(附件1),描述相关事项。
4. 申诉受理人应记录好《员工申诉书》,记录完成后应要求申诉人签字确认。
5. 申诉人在等待申诉事件处理期间,应严格遵守公司相关规章制度,保证正常上班。

第六条 申诉处理的程序

1. 申诉人应在申诉事项发生之日起10日内到人事行政部领取《员工申诉书》并尽快填写完毕交给申诉受理人,即自己的直属主管。申诉人不可代理申诉,且不得越流程作业。
2. 申诉受理人应在接收《员工申诉书》后详细分析申诉事项是否符合本制度申诉范围的要求,如不符合要求,应当场告知申诉人终止申诉并在《员工申诉书》上注明。如果申诉事项符合要求,申诉受理人应立即告知申诉人自己能否对申诉事项作出解答,如果不能作出解答,则应明确告知申诉人,并在《员工申诉书》上写明由申诉处理程序的后一级进行解答。
3. 在申诉人的直线经理和部门经理两个层面上,二者均可直接对申诉事项进行调查、处理,申诉人对处理结果满意的,即可终结申诉;如果申诉人对二者的处理结果均不满意,则可继续向人事行政部提出申诉,人事行政部各模块专员负责对申诉事项的调查、取证、反馈等工作。
4. 涉及多个模块的,各模块专员应齐心协力共同配合完成。若申诉人对处理结果不满意,可继续向人事行政部经理提交申诉,任一申诉处理人员均应在10日内对申诉事项做好调查、取证等工作并得出最终结论。如果申诉人对人事行政部经理给出的结论仍不满意,可以在知道申诉结论之日起10日内提出再申诉,10日内不提出再申诉,即表示申诉人接受该结论。再申诉时,人事行政部分管副总将负责主导工作,申诉处理委员会所有成员应积极讨论,以最终结果为申诉事件的最终结论,申诉人应无条件遵守,不得再申诉。
5. 涉及跨部门的申诉,由相关部门申诉受理人积极讨论,待达成共识后解决。

第七条 申诉答复

申诉处理结果应记录为一式叁份的《员工申诉书》(附件1),一份交申诉人保存,一份存申诉人人事档案,一份由人事行政部员工关系组汇总并保存。

第八条 在整个申诉处理过程中,相关人员应保守秘密,如有泄密者,将根据相关规定进行处罚;如有对申诉人打击报复者,将根据相关规定从重处罚。

第九条 申诉结论得出后,由人事行政员工关系组负责对结论的执行情况进行跟踪和监督。

第十条 制度实施

1. 本制度自 年 月 日实施;
2. 本制度最终解释权及修改权归××公司人事行政部。

附件1:员工申诉书

附件1：

××公司员工申诉书

申诉人工号		姓名	
所在部门		岗位	
申诉人入职日期		申诉事件发生日期	

申诉事实经过及理由(可附页)：
申诉日期：

申诉人直属主管处理经过及结论：
受理人：　　　　　　　　　　　　　　　　　　　受理日期：

申诉人部门经理处理经过及结论：
受理人：　　　　　　　　　　　　　　　　　　　受理日期：

人事行政部专员处理经过及结论：
受理人：　　　　　　　　　　　　　　　　　　　受理日期：

人事行政部经理处理经过及结论：
受理人：　　　　　　　　　　　　　　　　　　　受理日期：

申诉处理委员会最终结论：
受理人：　　　　　　　　　　　　　　　　　　　受理日期：

申诉人确认：　　　　　　　　　　　　　　　　　日期：

注：1. 表中任一申诉受理人，都有对申诉事项进行调查并得出结论的权利。
　　2. 申诉处理委员会不直接接收申诉，但根据申诉处理程序申诉到达申诉处理委员会时，它作出的结论为最终结论，申诉人应无条件遵守。
　　3. 本申诉书一式三份。申诉人持一份，公司持两份。

参考文献：

[1] 中国法制出版社编. 中华人民共和国劳动法案例应用版. 北京：中国法制出版社，2009.156—157.
[2] 中国就业培训技术指导中心编. 劳动关系协调员（四级），北京：中国劳动社会保障出版社．2020.
[3] 中国就业培训技术指导中心编. 劳动关系协调员（三级），北京：中国劳动社会保障出版社．2020.

3 劳动争议调解模拟

3.1 劳动争议调解模拟的理论基础

3.1.1 劳动争议调解的概念

所谓调解,是在第三方的主持下,依据法律规范和道德规范,劝说争议双方当事人通过民主协商,互谅互让,达成协议,从而消除争议的一种方法和活动。[1] 劳动争议调解是法律规定的劳动争议调解机构或其他第三人周旋于争议当事人之间,调查双方的要求,作成适当的条件,促使当事人妥协的过程。[2] 我国《劳动法》第七十七条规定,"用人单位与劳动者发生劳动争议,当事人可以依法申请调解、仲裁、提起诉讼。调解原则适用于仲裁和诉讼程序。"《劳动争议调解仲裁法》第三条规定,解决劳动争议,应当根据事实,遵循合法、公正、及时、着重调解的原则,依法保护当事人的合法权益。可见,劳动争议调解制度贯穿于劳动争议处理的全过程,调解也是劳动关系双方处理劳动争议的优先方案。

3.1.2 劳动争议调解的优势

与劳动争议仲裁、诉讼的解决方式相比,劳动争议调解制度具有如下优势:

首先,调解注重当事人的意思自由。调解虽然是在第三方的促成下进行的行为,但其本意是一种以合意为核心的解决纠纷的方式,属于私法上意思自治原则的延伸,贯彻的是当事人主义。因此,劳动争议调解的过程充分尊重当事人双方的意愿。

在这样一个真正的、非强制性的对话中,当事人积极参与到纠纷的解决过程,在公正与利益协调中寻求平衡点。这有利于恢复当事人之间的沟通、理解与信任,从而达成一种基于其共有价值观念和共同利益的共识[3],维持劳动关系的后续稳定。

其次,调解可以弥补劳动法治的不足。劳动争议具有复杂性,并不能单纯地依靠法律来解决。从劳动关系运行的外部法律环境来看,我国现阶段对劳动争议进行处理的法律制度依然滞后于现实。而从劳动关系运行所依赖的企业内部制度来看,在长期的劳动关系中用人单位除了建立书面的规章制度(正式规则),明确劳动条件之外,还会形成不能言语或未能

---

[1] 范战江.劳动争议处理概论.北京:中国劳动出版社,2004.82.
[2] 史尚宽.劳动法原论.台湾:正大印书馆重刊版,1978.266.
[3] 陈宏毅.调解、诉讼与公正——对现代自由社会和儒家传统的反思.现代法学,2001(6):3-9.

言语化的劳资双方的相互理解和默契,这种所谓默示性合意有时甚至比正式规则更起到规范劳动关系的作用。

在这种情况下,与劳动争议的仲裁、诉讼相比,调解的目的不在于严格通过法律查明事实、分清是非,从而对案情作出判断,而在于通过让步与妥协,双方重新达到互相理解的情形,从而解决纠纷稳定劳动关系。因此,在促成调解的过程中,第三方并不是严格按照法律的规范进行推理和论证,而是灵活地进行调解。在劳动争议调解过程中,如果面对的是权利争议,调解员应向侵犯权利的一方宣传法律,提高其劳动法律意识,从而避免下一次劳动争议的发生。如果一方愿意采取妥协的方式更快地解决纠纷,调解员则应充分尊重当事人的意愿,即使当事人的自由处分与法律结果有一定的差距,但只要未超越其处分权的界限,调解程序就不应作法律的干预。如果面对的是利益争议,调解员不能一味地强调法律、权利,而应注意倾听当事人的意见,先由当事人就自己主张的正当性进行说明,在当事人准确了解了对方意愿之后,如果双方认为通过暂时地或部分地放弃一部分权益可以获得长远的或更为整体的利益,则可以促成双方的妥协。

再次,调解减轻了劳动争议处理的成本。与仲裁、诉讼相比,劳动争议调解是实现成本最小化的有效方式。从时间成本上来看,仲裁与诉讼要经过申请、受理、调查、开庭审理、裁决或判决、执行等阶段。对于一个劳动争议案件,仲裁程序要求在45天内结案;诉讼程序则要求在6个月内结案,如果还有二审、再审程序,则可能花上数年的时间。在劳动争议处理期间,劳动者往往无法正常提供劳动,而劳动者以工资收入为主要生活来源,这将直接影响到劳动者的正常生活。与此相比,劳动争议的调解在申请、受理、调解阶段上的时间较为紧凑,自当事人申请调解之日起在15①日内应当结束。

从心理成本来看,由于仲裁、诉讼耗时长,劳动关系双方紧张对立,因此,在争议处理过程中他们往往要承受较大的心理压力。而调解通常在争议发生之前或刚刚发生之时,双方互相理解,有利于将矛盾解决在萌芽阶段,从而减缓劳动者的心理压力。

从社会成本来看,我国的仲裁委员会以及人民法院无论是在人力、物力还是财力上都受到国家整体资源的限制。如果大量的案件通过仲裁、诉讼来解决,则有限的资源难以满足案件需要,最终导致案件堆压,不利于劳动争议的及时解决。而劳动争议调解员的资格要求不像仲裁员和法官那么严格,这样可以调动大批社会上的劳动争议处理资源参与调解,从而分流仲裁委员会、人民法院的负担。

最后,调解符合劳动关系的运行规律。劳动关系既有对抗性又有合作性,在劳动关系持续期间以合作性为主,在劳动关系终了时则对抗性会加强。因此,正如人在一生中难免会生病一样,在长期连续的劳动关系中劳动争议的存在也是一种正常现象,是一种客观存在,这种矛盾和冲突不可能完全消失,也不能通过强力予以压制,只能通过规范、引导予以缓和。

与仲裁、诉讼相比,劳动争议调解制度在第三方的周旋下充分尊重当事人的意愿,一般施行于劳动争议将要发生或刚发生的阶段,其温和的处理方式符合中国传统文化中"以和为

---

① 《劳动争议调解仲裁法》第十四条规定,自劳动争议调解组织收到调解申请之日起十五日内未达成调解协议的,当事人可以依法申请仲裁。

贵"的价值观,不仅有利于及时化解矛盾,也有助于事后的预防工作。因此,劳动争议调解模式不仅是解决劳动争议的一种有效方式,也是预防劳动争议的一种长效机制,有助于劳动关系的和谐稳定。

3.1.3　劳动争议调解的自愿原则

进行劳动争议调解,应当遵循自愿原则。自愿原则是指劳动争议调解组织在处理劳动争议的整个过程中,必须尊重当事人的意愿,采用民主劝说的方式,不得压迫、强迫劳动争议当事人。劳动争议调解实行自愿原则是由劳动争议调解组织的性质决定的。劳动争议调解组织是群众性调解组织,没有权力对当事人采取诸如责令、裁决、处罚、执行等强制性措施。

自愿原则主要有以下内容:首先,申请调解自愿。劳动争议发生后,只有在当事人双方都同意并向劳动争议调解组织申请调解时,调解组织才能予以调解。这是调解得以进行的前提条件。如果当事人不同意调解,调解组织和调解人员不得进行强行调解。其次,调解过程民主。在调解过程中,调解主持人要耐心听取双方当事人的意见,寻求双方当事人之间可以妥协的内容,而不只是对当事人进行说服和教育。最后,达成调解协议自愿。调解协议只能在双方当事人自愿的基础上达成,调解协议所明确的内容必须是当事人真实的意思表示,劳动争议调解组织不得强制当事人达成调解协议。劳动争议调解组织自收到调解申请之日起15日内未达成调解协议的,当事人可以依法申请仲裁。劳动争议调解组织不得干涉和阻拦。

值得注意的是,一旦劳动争议双方达成合意,在劳动争议调解协议书上签名或盖章,并经调解员签名加盖调解组织印章后,劳动争议调解协议书就具有了法律效力,当事人应当履行。

3.1.4　劳动争议调解的组织

《劳动争议调解仲裁法》第十条规定,我国的劳动争议调解组织有3种。

① 企业劳动争议调解委员会。

我国《劳动法》第八十条规定,用人单位内的劳动争议调解委员会由职工代表、用人单位代表和工会代表组成,劳动争议调解委员会主任由工会代表担任。《工会参与劳动争议处理试行办法》规定:"工会代表担任劳动争议调解委员会主任,主持劳动争议调解工作"。由此可见,工会在劳动争议调解委员会中应当是主持调解、促成双方合意的第三方。

然而,我国《工会法》第二条规定:"工会是职工自愿结合的工人阶级的群众组织,中华全国总工会及其各级工会组织代表职工的利益,维护职工的合法权益"。工会应是职工利益的代表。可见,《劳动法》与《工会法》的不同规定,使工会的角色有了冲突。

考虑到以上法律规定的冲突,根据工会组织是劳动者利益代表的基本理论,并参照国际劳工组织第92号建议书第2条"任何建立在联合基础上的自愿调解机构应包括同等数目的雇主代表和工人代表"的国际惯例,我国《劳动争议调解仲裁法》第十条对企业劳动争议调解组织进行了重新规定,即企业劳动争议调解委员会由职工代表和企业代表组成。职工代表由工会成员担任或者由全体职工推举产生,企业代表由企业负责人指定。该规定肯定了工会在劳动争议调解委员会中"代表职工的利益,维护职工的权益"的角色,解决了法律规定的矛盾。

与其他调解组织相比,企业劳动争议调解委员会具有的基本优势表现为,劳动争议发生在企业内部时,企业劳动争议调解委员会能够迅速及时地进行处理。另外,企业调解委员会的组成人员对争议发生的情况更为熟悉,了解双方当事人的特点,更易找到促成双方沟通的渠道,搭建双方相互妥协和让步的平台。因此,建立健全企业劳动争议调解委员会是加强劳动争议调解工作的重要基础。

② 依法设立的基层人民调解组织。

《人民调解工作若干规定》第三条规定,人民调解组织的任务是调解民间纠纷,防止民间纠纷激化,其中,民间纠纷包括发生在公民与公民之间、公民与法人和其他社会组织之间涉及民事权利义务争议的各种纠纷。劳动争议作为发生在劳动者与用人单位之间,以劳动关系为中心所发生的争议,属于民间纠纷,因此,属于人民调解组织的调解范围。

人民调解委员会可以采用下列形式设立:(1)农村村民委员会、城市(社区)居民委员会设立的人民调解委员会;(2)乡镇、街道设立的人民调解委员会;(3)企业事业单位根据需要设立的人民调解委员会;(4)根据需要设立的区域性、行业性的人民调解委员会。

《劳动争议调解仲裁法》将依法设立的基层人民调解组织纳入劳动争议调解组织中,充分利用了民间资源,有利于及时解决劳动争议,减少劳动争议带来的成本。

③ 在乡镇、街道设立的具有劳动争议调解职能的组织。

由于有些企业并没有成立企业内劳动争议调解委员会,即使在建立调解委员会的企业中,因理论上和现实中都存在矛盾,调解委员会发挥的作用也有限,因此,我国的劳动争议调解组织的工作模式有了变化和发展。

根据《工会参与劳动争议处理试行办法》第十七条的规定,工会可以在城镇和乡镇企业集中的地方设立区域性劳动争议调解指导委员会。区域性劳动争议调解指导委员会可以邀请劳动行政部门的代表和社会有关人士参加。由于区域性劳动争议调解委员会通常由地方工会代表、劳动行政部门代表和社会有关人士的代表组成,因此具有调解人员的专业性和广泛性特征。这不仅有利于调解本区域内未成立劳动争议委员会的企业的劳动争议,还有利于研究劳动争议的预防政策,指导区域内的劳动争议预防工作。

为了进一步明确区域性劳动争议调解委员会的法律地位,我国《劳动争议调解仲裁法》第十条规定,发生劳动争议,当事人可以到在乡镇、街道设立的具有劳动争议调解职能的组织申请调解。

3.2 劳动争议调解模拟的流程及对应文书

劳动争议的调解程序是劳动争议调解组织处理劳动争议的步骤和方式。学生在已有判例的基础上进行劳动争议调解的模拟。为了确保学生能够切实体会劳动争议调解模拟的整个环节,本章假设:劳资双方都同意调解,劳动争议调解机构受理了该起劳动争议案件,以便学生可以模拟劳动争议调解的流程。

另外,我国虽然有《劳动争议调解仲裁法》和《企业劳动争议调解协商规定》的相关法律法规,但实际上各地劳动争议调解机构所要求的劳动争议调解文书并不完全统一,为了使学生可以在模拟过程中更好地仿照现实中的真实情景,本章的劳动争议调解文书均引自各地人力资源和社会保障部门的官方网站推荐的参考范文。

3.2.1 劳动争议调解的申请

发生劳动争议,当事人可以向劳动争议调解组织申请调解①。当事人既可以书面申请,也可以口头申请。参照《企业劳动争议协商调解规定》,书面申请调解的,应在《劳动争议调解申请书》中写明以下内容:

(1) 申请人和被申请人的基本情况;

(2) 调解请求,即申请人通过调解想达成的目的;

(3) 事实和理由。这部分是调解申请书的重要内容,要求说明争议发生的时间、原因、地点等。

以劳动者作为申请人为例,以下为劳动争议调解申请书的范文②:

调解申请书

申请人:姓名、性别、身份证号码、工作单位、家庭住址、联系方式
委托代理人:姓名、性别、工作单位、住址

被申请人:单位名称,基层类型、住址、联系方式
法人代表:姓名,性别,职务
委托代理人:姓名、性别、工作单位、住址

一、调解请求事项
1.
2.
3.
二、事实与理由
事实部分:可以写明劳动关系建立的时间;是否签订了劳动合同;劳动者从事的具体岗位和工种;参加工作以来的基本情况;争议发生的时间、原因、地点,最后的结果;劳动者可以证明所陈述事实的证据;双方争议的焦点等。
理由部分:可以根据相关的法律规定或者其劳动合同的约定,依法申请调解,以维护自身的权益。
此致
××劳动争议调解组织

申请人:签名
年　月　日

---

① 一般而言,劳动争议调解以当事人申请作为启动调解程序的第一步。但根据司法部《人民调解工作若干规定》第二十三条,当事人虽然没有申请处理争议,人民调解委员会也可以主动调解(但当事人表示异议的除外);另外《企业劳动争议协商调解规定》第二十三条规定,当事人没有提出调解申请,调解委员会可以在征得双方当事人同意后主动调解。

② 该范文参照闽人社办〔2012〕39号的劳动争议调解委员会常用文书规范样本,http://www.jyszfw.gov.cn/cms/html/scdlm/2014-12-14/1193026574.html。

如果劳动者具有代理人,在提交劳动争议调解申请书时还应当提交一份授权委托书。授权委托书的范文如下:

授权委托书①
（劳动者的委托代理人用）

_____劳动人事争议调解委员会：

你会受理_____一案,依照法律规定,兹委托下列人员为我方代理人：

姓名：_____ 性别：____ 年龄：____ 身份证号码：_____

工作单位：_____ 电话：_____

委托事项和权限如下：

委 托 人：（印章）
受委托人：（印章）
　　　　　年　　月　　日

当用人单位作为申请人时,用人单位也需要提交劳动争议调解申请书(略),还需要提交授权委托书和法定代表人的身份证明书。

授权委托书②
（法人或其他组织当事人的委托代理人用）

委托单位名称：

所在地址：

法定代表人或代表人姓名：　　　　　职务：

受委托人姓名：　　　　　性别：

工作单位：

住址：　　　　　　　　　　电话：

现委托_____在我单位与_____一案中,作为我方参加调解的委托代理人。委托权限如下：

特别授权代理。即有权代为承认、放弃、变更调解请求,有权代为参加调解,有权代为提出和接受和解、调解方案,有权代为签署和解协议、调解协议,有权代为签收调解文书等。

委托人(印章)：
　　　　　年　　月　　日

---

① 本范文来自龙岩市人力资源和社会保障局印发的龙岩市劳动人事争议调解委员会常用文书样本,http://rsj.longyan.gov.cn/zwgk/gsgg/201810/t20181009_1402381.htm。

② 本范文来自龙岩市人力资源和社会保障局印发的龙岩市劳动人事争议调解委员会常用文书样本,http://rsj.longyan.gov.cn/zwgk/gsgg/201810/t20181009_1402381.htm。

如果当事人口头申请劳动争议调解,调解组织应当当场记录申请人的基本情况、申请调解的争议事项、理由和时间。

3.2.2 劳动争议调解的受理

劳动争议调解组织接到当事人的申请后,应对提请调解的事项进行分析,决定是否受理。调解组织在受理审查中需确定的内容如下:

首先是争议的主体。劳动争议的申请人和被申请人应是与该劳动争议有直接利害关系的当事人。申请人应明确被申请人的基本情况,以便调解组织及时联系被申请人,确定被申请人是否愿意接受调解。任何一方不属于劳动争议主体的或不愿意调解的,劳动争议调解组织都不得受理。

其次是申请的事由。申请的事由应是以劳动关系为中心所发生的争议,如属于民事纠纷的,则不属于企业劳动争议调解委员会的调解范围。

调解委员会接到调解申请后,对属于劳动争议受理范围且双方当事人同意调解的,应当在3个工作日内受理。对不符合受理条件的争议,调解组织应做好记录,并书面通知申请人。劳动争议调解受理通知书如下:

劳动争议调解受理通知书①

_____调字[ ]第 号

_____:
　　你于___年___月___日送来的_____与因_____劳动争议调解申请书收悉。经征询双方当事人,均同意调解,故决定受理。现将有关事项通知如下:
　　一、请签收本通知书。
　　二、如需要委托代理人的,应在参加调解前填写授权委托书提交本委。授权委托书应当载明委托事项和委托权限。
　　三、定于___年___月___日___时,在___进行调解,请准时参加。

　　　　　　　　　　　　　　　　　　____劳动人事争议调解委员会(章)
　　　　　　　　　　　　　　　　　　　　　___年___月___日

当事人签收:_____　　　___年___月___日　联系电话:_____
当事人签收:_____　　　___年___月___日　联系电话:_____

　　　　　　　　　　　　　　　　　　　　　送达人:
　　　　　　　　　　　　　　　　　　　　　　年　月　日

---

① 本范文来自龙岩市人力资源和社会保障局印发的龙岩市劳动人事争议调解委员会常用文书样本,http://rsj.longyan.gov.cn/zwgk/gsgg/201810/t20181009_1402381.htm。

3.2.3 劳动争议调解前的准备

劳动争议调解组织决定受理当事人的申请后,在调解实施之前需要做好程序性和实体性的准备工作。

程序性的准备工作主要是:

(1) 确定调解主持人。调解人员应根据劳动争议的难易程度和调解员的能力素质综合确定。简单的争议,由1—2名调解员进行调解即可;复杂的争议,则可以由2名以上的调解员进行调解。

(2) 审查调解申请。劳动争议调解组织对申请人的口头申请记录或调解申请书的内容进行审查,如发现内容有欠缺的,应及时通知申请人补充有关材料和证据。

(3) 通知被申请人。劳动争议调解组织应及时通知被申请人准备答辩书和相关证据材料,并在指定时间提交到劳动争议调解组织。

(4) 告知权利和回避事项。劳动争议调解组织应在调解前告知双方当事人调解组织的组成人员、当事人在调解中的权利和义务,征询双方当事人是否申请调解人员的回避。

在劳动争议调解中的实质性的准备工作主要是:

(1) 调查情况。除了情节简单、事实清楚的劳动争议外,在正式进入调解阶段之前,劳动争议调解组织应做好劳动争议的调查。调查的内容一般包括劳动争议发生的时间、原因、经过、双方争执的焦点。调查的方式可以有:听取双方当事人的陈述,了解当事人的意见和要求;向争议知情人和周围的职工群众做访谈,了解群众对争议的基本看法;对涉及的一些专业技术问题,可以咨询专业技术人员。

(2) 分析调查情况和有关证据。在认定一些关键事实时,应当取得必要的证据。经过调查并取得证据之后,调解组织应对调查收集到的材料进行整理和总结,对当事人双方提出的证据材料进行审查和判断,综合分析研究全部的材料和证据,以便掌握劳动争议的事实。

(3) 拟定调解方案。调解员掌握调查材料和证据之后,应重点分析对争议当事人起影响和制约作用的因素,确定双方当事人对争议的态度,寻找双方可能的契合点。在此基础上,拟定调解方案。

3.2.4 劳动争议调解的实施

按照劳动争议复杂程度的不同,调解的方式也不同。简单的争议可以由1—2名调解员主持,以双方当事人共同参加的方式来消除分歧。对于一般争议,则可通过调解会议的方式来解决纠纷。总体而言,中国的劳动争议调解一般具有下列步骤:

(1) 宣布调解开始。

调解主持人首先宣布调解开始,然后依次核对当事人,宣布申请人申请调解的争议事项,宣布劳动争议调解组织的组成人员,宣告当事人在调解中的权利与义务,并询问当事人是否申请劳动争议调解人员的回避。

调解员在宣布调解开始时,应尽量创造一种缓和的气氛,并对调解工作的目的、意义和基本规则进行简单的介绍。

(2) 双方当事人陈述。

申请人先陈述申请事项、理由和调解的请求,被申请人进行答辩。双方当事人可以就争议事实提出自己的意见,出示自己掌握的证据和依据。[1] 值得注意的是,即使在双方当事人有代理人的情况下,由于当事人本人对纠纷更清楚,更了解自己的真实情感和诉求,因此,调解过程中也应当尽可能地由当事人来陈述。如果只有代理人参与,可能会让对方感觉缺乏足够的诚意。[2] 另外,其中一方在陈述的过程中,对方不应打断。

在这个阶段,调解员应耐心地倾听。双方当事人的陈述有助于调解者了解整个纠纷的情况。有时候在陈述的过程中,当事人也会发泄自己的情绪,调解员可以在倾听的过程中,了解到当事人的性格特点,从而确定不同的调解策略。

(3) 确认事实,明确双方存在争议的部分。

调解员应根据当事人双方的陈述对双方争议的事实进行确认,在此基础上明确双方一致的部分及存在争议的部分。

在明确争议的过程中,调解员应该尽量创造有助于沟通的对话氛围,对话应当在当事人之间完成,调解员应当以倾听为主。

(4) 提出调解方案,听取双方意见。

在明确双方争议的事实后,可以确定调解方案。关于调解方案应该由谁来提出,理论上有各种不同的观点。从当事人的角度,一部分观点认为,调解员应该避免推行自己的观点,而鼓励当事人自己明确问题并提出解决方法;但也有观点认为,调解员如果可以仔细倾听当事人采取的立场并对其进行评估,把当事人的想法转化成提议并且在每一方当事人都准备好接受该提议的恰当时期把它提出来的话,那么调解员的方案也可以接受。[3] 事实上,调解方案不应当追求"唯一",调解员可以寻找多种解决方案[4],无论是由哪一方提出,只要是劳资双方协商和博弈的基础上最终形成了相互认可,则该方案就是可行的。

因此,调解员可以听取双方当事人自行提出的调解方案;也可以再对争议的事实与法律法规政策进行考量,以及对劳动者权益与企业秩序、社会利益进行考量后准备调解方案。当事人可以对各方提出的调解意见进行充分协商,直至最终达成一致意见。

值得注意的是,各方在制定调解方案的同时还可以预备调解副案,即在提出调解方案以后,就方案实施的时机、方案实施的阶段以及后续方案等方面准备一些辅助性方案,即调解副案。调解员应当超越法律关系中的权利义务,诚心诚意地面对争议当事人,利用调解方案、调解副案等达成当事人间的合意。在整个劳动争议调解过程中,调解委员会应当制作调解笔录。

---

[1] 罗燕.劳动争议处理.北京:中国劳动社会保障出版社,2005:97.
[2] 谢勇,邬欣言,廖永安.社会心理学在调解中的运用.湘潭:湘潭大学出版社,2016:40.
[3] 约翰巴德.劳动关系:寻求平衡.北京:机械工业出版社,2013:269.
[4] 高建东.由对抗走向对话:劳动争议调解意愿的形成.山东工会论坛,2018(6):10-16.

劳动(人事)争议调解委员会调解笔录①

时间： 年 月 日 时至 时
地点：
案号：劳(人)调案[ ]号
案由：
调解主持人： 调解员：
书记员：
申请人：
委托代理人：
被申请人：
委托代理人：
第三人：
委托代理人：
调解情况：

《调解笔录》说明
一、文书依据
《劳动争议调解仲裁法》第三条规定，解决劳动争议，应当根据事实，遵循合法、公正、及时、着重调解的原则，依法保护当事人的合法权益。
《企业劳动争议协商调解规定》第三十二条规定，调解委员会应当建立健全调解登记、调解记录、督促履行、档案管理、业务培训、统计报告、工作考评等制度。
二、文书使用范围及解决的问题
本文书为对劳动人事争议案件进行调解的笔录。
三、文书填写要求及注意事项
（一）双方当事人同意调解并在调解员的主持下进行调解的，可以使用本笔录记录调解的过程及调查核实的事实等。
（二）本笔录中"案号"一栏应填写本案受理通知书等调解文书的同一个编号。
（三）调解笔录应如实记录调解的全部活动，包括当事人和其他调解参加人的活动。
（四）调解笔录由双方当事人、调解员和其他调解参加人阅后在笔录最后一页的下方签字或盖章，如他们认为记录有误或有遗漏的，应进行补正。
（五）增加的续页应注明页数。

---

① 本范文引自攀枝花市人力资源和社会保障局网站，http://rsj.panzhihua.gov.cn/pzhsldrszyzcy/ybxz/1057037.shtml。

3.2.5 制作劳动争议调解协议书

争议双方达成合意之后,应当制作调解协议书。调解协议书由双方当事人签名或者盖章,经调解员签名并加盖调解组织印章后生效。如果一方当事人在协议约定期限内不履行调解协议的,另一方当事人可以依法申请仲裁。如果因支付拖欠劳动报酬、工伤医疗费、经济补偿或者赔偿金事项达成调解协议,用人单位在协议约定期限内不履行的,劳动者可以持调解协议书依法向人民法院申请支付令。①

劳动人事争议调解协议书②

调字〔 〕第 号

申 请 人:
委托代理人:
被 申 请 人:
法定代表人:
委托代理人:
申请人因　　　　　一案申请调解,经受理并组织调解后,申请人　　　及其委托代理人　　　、被申请人　　　及其委托代理人　　　参加了调解,现已达成如下调解协议:
1.
2.
3.
本协议书双方签字后应共同遵守并认真履行,一方当事人逾期不履行协议,可依法向×××劳动人事争议仲裁委员会申请仲裁。
申请人:　　　　　　　　　　　　　被申请人(盖章):
年　月　日　　　　　　　　　　　　年　月　日
调解员:
　　　　　劳动人事争议调解委员会(盖章)
　　　　　　　　　年　月　日

注:
1. 本协议书一式三份,申请人、被申请人、劳动人事争议调解委员会各一份;
2. 申请人应注明:姓名、性别、身份证号码、工作单位、家庭住址、联系方式;
3. 被申请人应注明:单位名称、地址、联系方式;
4. 委托代理人应注明:姓名、性别、工作单位、住址;
5. 法定代表人应注明:姓名、性别、职务。

但如果在调解过程中,调解申请人撤回调解申请或任何一方当事人不愿意继续调解,则调解组织应尊重当事人的意愿,结束调解。如果双方当事人经过调解组织的劝说,仍然存在

---

① 《劳动争议调解仲裁法》第十五、十六条。
② 本范文来自龙岩市人力资源和社会保障局印发的龙岩市劳动人事争议调解委员会常用文书样本,http://rsj.longyan.gov.cn/zwgk/gsgg/201810/t20181009_1402381.htm。

分歧无法达成协议的,劳动争议调解委员会则制定调解意见书,当事人可依法申请仲裁。

劳动人事争议调解意见书

调字[ ]第 号

申 请 人:
委托代理人:
被 申 请 人:
法定代表人:
委托代理人:

申请人因　　　　　一案申请调解,经受理后并组织调解,申请人　　　及其委托代理人　　　、被申请人及其委托代理人　　　参加了调解,因　　　　　双方未达成一致意见,现终止调解。

双方当事人的争议,如符合劳动人事争议仲裁受理范围和条件的,当事人可依法向×××劳动人事争议仲裁委员会申请仲裁。

申请人:　　　　　　　　　　　　　　　被申请人(盖章):
年　月　日　　　　　　　　　　　　　　年　月　日
调解员:

劳动人事争议调解委员会(盖章)
年　月　日

注:
1. 本意见书一式三份,申请人、被申请人、劳动人事争议调解委员会各一份;
2. 申请人应注明:姓名、性别、身份证号码、工作单位、家庭住址、联系方式;
3. 被申请人应注明:单位名称、地址、联系方式;
4. 委托代理人应注明:姓名、性别、工作单位、住址;
5. 法定代表人应注明:姓名、性别、职务。

3.3 劳动争议调解的实战技巧

在宏观层面上,要积极推进调解,在舆论上着重报道调解成功而非诉讼成功的案例,从而引导当事人信赖调解。在具体的劳动争议调解的过程中,可以考虑以下几项实战技巧和注意事项:

3.3.1 调解的姿态

鉴于调解与仲裁、诉讼的不同之处,调解并不是主张谁的权利义务并作出判决或裁决,而是寻找双方都可以接受的处理方案,无论是调解员还是当事人及其代理人,在调解过程中都需要摆明调解的姿态。

对于调解员而言,最关键之处在于耐心细致地听取双方的意见,取得当事人的信赖。劳动争议的发生多是由于劳资之间不能相互信赖,而调解是帮助劳资双方恢复这种信赖。居中调解的调解员更需要首先取得当事人的信任,从而确保在调解的过程中能够建立一种融洽的关系,最终促成当事人的让步与妥协。①

对于参与调解的代理人而言,长期从事劳动争议处理的实务人员发现,有律师参与的劳动争议往往难以调解。原因在于律师通常熟悉劳动法律规定,强调权利义务,这反而会激化矛盾。因此,一个好的律师的专业技能并不是去评价争议的是非曲直,他的专业技能主要体现在促成当事人与对方进行良好沟通,减少心理对抗的技巧上。②

3.3.2　选择合适的调解会议形式

双方会谈是调解员将双方当事人召集在一起进行当面沟通和协商,双方会谈的好处是当事人可以听到对方的意见,并且直接作出反馈,调解员可以迅速地掌握双方争执的基本要点。双方会谈适用于调解初期和调解合议将要达成的两个阶段。在调解初期,通过双方的会面,调解员可以明确调解规则,当事人一方面可以了解对方的诉求,另一方面也体现出自身参与调解的诚意。在协议将要达成的阶段,双方会谈通常先确定调解协议的大致方向,具体的细节则需要进一步地讨论与敲定。

双方会谈的弊端是可能会存在当事人情绪爆发的场景,情绪的发泄可能会导致当事人之间关系的恶化。此外,并非所有当事人都愿意当着对方的面表明自己的真实意愿。此时,则可以转为单方会谈。通过单方会谈,调解员可以更好地安抚当事人的情绪,并寻找出当事人的真实立场和立场背后的本质原因。③

3.3.3　调解员应避免陷入偏袒

经验表明,调解员很可能会被那些易于交谈、在调解过程中保持合作并且愿意妥协或者道歉的纠纷当事人所吸引。④ 一旦如此,争议的双方当事人就会以一种竞争性的思维来获得评价者的偏爱从而赢得调解中的优势,也会导致另一方当事人认为调解者对他持有偏见,其结果往往是双方又陷入了一种对抗性的框架之中,调解因此而失败。为了避免调解员陷入偏袒,调解员应当尽量减少判断,也即减少对当事人的行为进行对与错的判断。

3.3.4　慎用压力战术

在我国的劳动争议调解中,尤其是在进行单方会谈的过程中,为了促成当事人作出妥协,调解员擅长使用压力战术。即使在美国,大多数调解员也会把压力战术看成不可或缺的成分。但是研究表明,压力战术只在少数情形下与纠纷的整体解决具有积极的相关关系,而主要的效果却是消极的。当调解结果的量度标准是当事人之间的关系时,压力战术的效果就更差了。⑤ 因此,特别是当劳动者的请求是继续履行劳动合同时,调解员在调解过程中应

---

① 约翰巴德.劳动关系:寻求平衡.北京:机械工业出版社,2013:269.
② 曹兴龙.劳动争议案件的律师调解机制研究.工会理论研究.2019(6):46-56.
③ 谢勇、邹欣言、廖永安.社会心理学在调解中的运用.湘潭大学出版社,2016:43.
④ [美]斯蒂芬·B·戈尔德堡等.纠纷解决——谈判、调解和其他机制[M].蔡彦敏等译.北京:中国政法大学出版社,2004.135.
⑤ [美]斯蒂芬·B·戈尔德堡等.纠纷解决——谈判、调解和其他机制[M].蔡彦敏等译.北京:中国政法大学出版社,2004.143.

当慎用压力战术。

3.3.5 当事人情绪缓解的技巧

研究表明,一个棘手的争议难以解决的原因主要不是事实不清,而是一方当事人对对方有偏见,对对方的任何观点都予以情绪化的反对而形成僵局①。尤其是在调解初期,当事人带有愤怒是正常的。对待当事人的情绪,可以通过以下3点进行缓和:

首先,给予当事人情绪发泄的机会。在单方会谈中,调解员首先要做的就是让当事人宣泄情绪,再进行安抚和讨论。情绪和情感的释放对于情绪激动的当事人来讲是重要的。

其次,重视道歉的作用。道歉是一种普遍的冲突解决策略,道歉能有效地促进宽恕和关系和解。冒犯者通过道歉承认错误和表达懊悔,可以减少被冒犯者感知到的不公平,减少被冒犯者的生气和愤怒,增强其安全感,从而使得双方的关系得到修复。②

再次,应当及时肯定当事人作出的每一个微小的让步。有时候双方之所以发生争议是因为当事人缺乏逻辑性认知,当当事人重建认知或在改善关系中具有微小转变时,调解员应该具有敏锐的觉知,及时进行肯定。

3.3.6 寻找当事人之间的共同利益

通过以上技巧平息了双方当事人的情绪,改变了当事人的自我防卫心理后,调解员可以在取得当事人信任的基础上,寻找劳资双方的利益共同点。解决劳资双方的争议问题,不一定要探讨问题的成因,与其讨论问题,不如讨论解决问题之道,寻找到劳资双方的共同利益,从而化解双方的纠纷。

---

① 曹兴龙.劳动争议案件的律师调解机制研究.工会理论研究,2019(6),46-56.
② 吴海艳等.道歉:对冒犯事件的关系补救行为.心理科学进展,2015(4),711-719.

4 劳动争议仲裁模拟

4.1 劳动争议仲裁模拟的理论基础

4.1.1 劳动争议仲裁的概念

仲裁一词源于拉丁语,按字义解释,仲裁的"仲"即中人,是指立足于纠纷当事人之间的人;"裁"即公断,指第三人对纠纷事实和当事人责任的认定和裁决。所以,仲裁是指争议双方无法达成协议,由第三人为其作出决定,同时双方同意遵从该决定。

劳动争议的仲裁制度始于成熟市场经济国家的集体谈判。当劳资双方在集体谈判过程中发生争议的时候,为了避免产业停滞,双方都愿意接纳一个公正的第三方,在争议解决的过程中,双方首先通过举证、质证来达到最终意见的一致;如果双方还争执不下,则由第三方进行裁决。[①] 因此,在很多成熟市场经济国家,劳动争议仲裁更多地适用于利益争议和集体争议的处理,而不是权利争议和个人争议的处理。[②]

仲裁有不同的类型,依照当事人的意愿可以分为自愿仲裁和强制仲裁两种。前者是争议当事人双方同意将分歧和争端交付仲裁,后者则指劳资双方在无法自行达成协议时,由劳资争议的主管机关依据法律,强制将未解决的争议交付仲裁。[③] 以美国为例,大多数争议实行协议劳动争议仲裁制度,由双方自愿选择,在集体合同中约定使用仲裁来解决纠纷。但当某些领域的利益争议关系到国计民生、影响巨大时,则实行强制仲裁,如铁路行业中的争议。[④] 我国目前实行的仲裁申请是由一方提出,另一方根据劳动争议仲裁部门的通知承担应诉义务,它所遵循的基本原则属于强制性原则。

4.1.2 劳动争议仲裁的特征

劳动争议仲裁与调解、诉讼的程序相比,具有下列特点:

(1) 专业性。

劳动争议仲裁往往涉及复杂的劳动标准与劳动关系的制度以及形形色色的"行规"乃至

---

① Sidney Webb and Beatrice Potter Webb. Industrial Democracy, London: Longman, 1920, p222.
② 肖竹. 对劳动争议仲裁的反思与未来改革之基本思路. 中国人力资源开发, 2016(8). 88-94.
③ 卫民、许继峰. 劳资关系与争议问题. 台北:国立空中大学印行, 2005:335.
④ 任卓冉、胡杰. 劳动争议仲裁在美国的兴起与发展——兼评我国的劳动争议仲裁制度. 湖南社会科学, 2015(2), 80-85.

潜规则,要求针对各个职场、企业甚至行业与产业的实际情况进行判断。劳动争议仲裁委员会中的政府部门是劳动政策的制定与劳动关系的管理部门,在对劳动争议的原因分析及劳动政策的解释方面具有很大优势,而劳动争议仲裁委员会中的工会和雇主组织代表在实际中属于劳动关系的其中一方,能切身地感受到劳动关系的特殊性,对劳动争议所产生的企业、行业或是产业也较为熟悉。因此,劳动争议仲裁委员会中的政府、工会、雇主组织的各方代表都是劳动关系方面的专家,使得该组织具备较强的专业性。

(2) 广泛性。

《劳动争议调解仲裁法》第十九条规定,劳动争议仲裁委员会由劳动行政部门代表、工会代表和企业方面代表组成,第二十条进一步明确劳动争议仲裁员可以来自以下人员:曾任审判员的;从事法律研究、教学工作并具有中级以上职称的;具有法律知识、从事人力资源管理或者工会等专业工作满五年的;律师执业满三年的。可见,劳动争议仲裁员既可以是熟悉法律技术的法官和律师,也可以是较具中立公平性的专家、学者,还可以是处于劳动关系双方的人力资源管理或工会工作者。从劳动争议仲裁员的来源可见,劳动争议仲裁具有仲裁人员广泛性的特点。

(3) 权威性。

劳动争议的频繁发生或大型争议的爆发往往会影响到社会稳定,因此,即使是强调劳资自治的国家也无法放弃政府对劳动争议的干预,有时甚至需要政府首脑直接下达停止争议的紧急命令(如日本劳动争议调整法中赋予总理的权限,美国总统可以下令进行行政干预等)。由于有劳动行政部门的参与,劳动争议仲裁机构具有行政作用的联动,因此在争议处理上具有权威性。

4.1.3 劳动争议仲裁组织

(1) 劳动争议仲裁委员会。

根据三方原则来处理劳动争议是国际上通行的惯例,是主要市场经济国家经过多年的实践探索出的处理劳动争议和调整劳动关系的有效形式。我国《劳动争议调解仲裁法》第十九条规定,劳动争议仲裁委员会由劳动行政部门代表、工会代表和企业方面代表组成。由这样的三方代表组成劳动争议仲裁委员会,具有多方的劳动关系立场和背景,能够代表和反应不同方的利益要求,从而给劳动争议当事人带来公平感。为了在仲裁工作中贯彻合议和少数服从多数的组织原则,劳动争议仲裁委员会的组成人员应当是单数。

《劳动争议调解仲裁法》第十九条规定,劳动争议仲裁委员会依法履行以下职责:

① 聘任、解聘专职或者兼职仲裁员。如何选择仲裁员是劳动争议仲裁委员会的一项重要工作,从符合条件的劳动争议处理工作人员及其他有关人员中选择仲裁员,是劳动争议仲裁工作的基础和保证。管理仲裁员是劳动争议仲裁委员会的一项职责。

② 受理劳动争议案件。劳动争议案件的受理至关重要,劳动争议仲裁委员会应全面审查申请的案件,确保符合条件的案件得到受理,而不是相互推诿或将应受理的案件拒之门外。

③ 讨论重大或者疑难的劳动争议案件。在劳动争议的处理中,劳动立法总是滞后于社会现象,实际中可能出现各种法律难以穷尽的疑难劳动争议案件,也可能出现具有重大影响力的案件。劳动争议仲裁委员会在争议处理的过程中,应尽可能地利用组织资源,讨论、分析案件,注意劳动争议判例的积累,将公平价值观念运用到实际案件当中。

④ 对仲裁活动进行监督。劳动争议仲裁委员会的各项日常工作是由办事机构负责的,而劳动争议案件的处理一般是通过仲裁庭进行的,因此,劳动争议仲裁委员会应履行其监督的职责,以确保劳动争议案件的顺利处理。

(2) 劳动争议仲裁庭及仲裁员。

劳动争议仲裁委员会裁决劳动争议案件实行仲裁庭制。一般而言,仲裁庭由3名仲裁员组成,设首席仲裁员。对于权利义务明确、事实清楚的简单争议案件,或经双方当事人同意的其他争议案件,仲裁委员会可指定1名仲裁员独任处理。劳动争议仲裁委员会应当设仲裁员名册。

4.1.4 劳动争议仲裁参加人

劳动争议仲裁参加人,是指为维护劳动争议当事人的合法权益而参加劳动争议仲裁活动,享有仲裁权利,承担仲裁义务的单位或个人,包括劳动争议仲裁当事人、共同当事人、仲裁代理人以及第三人。

(1) 劳动争议仲裁当事人。

劳动争议仲裁当事人是指发生劳动争议之后,以自己的名义参加劳动争议仲裁活动,并受劳动争议仲裁结果约束的用人单位和劳动者。用人单位包括企业、个体经济组织、民办非企业单位等组织,也包括与劳动者建立劳动关系的机关、事业单位、社会团体。

(2) 劳动争议仲裁共同当事人。

当劳动者或用人单位为2人以上,有共同的争议标的,并由同一劳动争议仲裁机构处理时,就形成了共同当事人。《劳动争议调解仲裁法》和2017年人力资源社会保障部颁布实施的《劳动人事争议仲裁办案规则》均规定,劳动者作为共同当事人的情形主要是集体劳动争议,即劳动者一方在十人以上,并有共同请求的争议。此时,劳动者可以推举代表人参加仲裁活动,代表人参加仲裁的行为对其所代表的当事人发生效力。

用人单位作为共同当事人的情形有:①劳务派遣单位或者用工单位与劳动者发生劳动争议的,劳务派遣单位和用工单位为共同当事人。②发生争议的用人单位未办理营业执照、被吊销营业执照、营业执照到期继续经营、被责令关闭、被撤销以及用人单位解散、歇业,不能承担相关责任的,应将用人单位和其出资人、开办单位或者主管部门作为共同当事人。③劳动者和与个人承包经营者发生争议的,应将发包的组织和个人承包经营者作为共同当事人。④参照《最高人民法院关于审理劳动争议案件适用法律若干问题的解释》(2001年)法释第14号第11条,用人单位分立为若干单位后,对于其分立前发生的劳动争议,对承受劳动权利义务的单位不明确的,分立后的单位均为当事人。

(3) 劳动争议仲裁代理人。

劳动争议仲裁代理人,是指在代理权限内,以被代理当事人的名义[①]进行仲裁活动的

---

① 根据《民法典》第十三条规定,自然人从出生时起到死亡时止,具有民事权利能力,依法享有民事权利,承担民事义务。对于死亡的自然人,民事案件中常常是以死者继承人的权利与义务纠纷的形式表现出来的。但在劳动争议案件中,如果劳动者死亡,则其近亲属或者代理人参加仲裁活动。由于劳动争议的主体是特定的,是具有劳动关系的用人单位和劳动者,因此,参加劳动仲裁时,当事人仍可以是已死亡的劳动者。这是劳动争议处理与民事案件处理极为不同的情形。

人。根据代理权产生的依据不同,可将代理人分为法定代理人、指定代理人和委托代理人。

法定代理人是根据法律规定直接取得代理权限的代理人。根据我国《劳动争议调解仲裁法》第二十五条的规定,丧失或者部分丧失民事行为能力的劳动者,由其法定代理人代为参加仲裁活动。

指定代理人是基于劳动争议仲裁委员会的指定,代表劳动者参加仲裁活动的人。指定代理人是法定代理人制度的补充,是在没有法定代理人或法定代理人互相推诿,或法定代理人因故不能行使代理权的情况下,由仲裁委员会指定的代理人。

委托代理人是受当事人、法定代理人的委托代理进行仲裁活动的人。设立委托代理人制度是为给当事人和法定代理人提供仲裁帮助,以弥补当事人或法定代理人有关劳动关系、劳动法律知识的不足,以保护其合法权益。委托他人参加仲裁活动,应向劳动争议仲裁委员会提交有委托人签名或者盖章的委托书,委托书应当载明委托事项和权限。

(4) 劳动争议仲裁第三人。

根据《劳动争议调解仲裁法》第二十三条的规定,与劳动争议案件的处理结果有利害关系的第三人,可以申请参加仲裁活动或者由劳动争议仲裁委员会通知其参加仲裁活动。第三人参加仲裁活动,有权了解仲裁申请人和被申请人申诉和答辩的事实和理由,并向劳动争议仲裁庭递交陈述意见书,陈述自己对该争议的意见。同时,第三人有遵守执行已经生效的仲裁调解书或裁决书的义务。

4.2 劳动争议仲裁模拟的流程及对应文书

为了使学生能够完成劳动争议仲裁模拟的整个过程,本章假设劳动争议仲裁委员会受理了本起劳动争议仲裁案件,且该案件最后作出了裁决处理。为保证劳动争议仲裁相关文书的权威性,本章引用的范文均来自各地人力资源和社会保障部门的官方网站。

4.2.1 劳动争议仲裁申请和受理

(1) 申请的内容。

申请的劳动争议必须符合我国《劳动争议调解仲裁法》,根据该法第二条的规定,当事人的以下劳动争议可以向劳动争议仲裁委员会申请仲裁:①因确认劳动关系发生的争议;②因订立、履行、变更、解除和终止劳动合同发生的争议;③因除名、辞退和辞职、离职发生的争议;④因工作时间、休息休假、社会保险、福利、培训以及劳动保护发生的争议;⑤因劳动报酬、工伤医疗费、经济补偿或者赔偿金等发生的争议;⑥法律、法规规定的其他劳动争议。

申请人申请仲裁时应当提交书面仲裁申请,申请书应载明:①劳动者的姓名、性别、年龄、工作单位和住所、通信地址和联系电话,用人单位的名称、住所、通信地址、联系电话和法定代表人或者主要负责人的姓名、职务;②仲裁请求和所根据的事实、理由;③证据和证据来源、证人姓名和住所。如果书写仲裁申请确有困难的,可以口头申请,由劳动争议仲裁委员会记入笔录,经申请人签名或者盖章确认,并告知对方当事人。以下为广东省劳动人事争议仲裁申请书的范文:

劳动人事争议仲裁申请书[①]

申请人		性别		出生年月	
公民身份证号码				联系电话	
住所					
通信地址	☐ 以《当事人有效送达地址确认书》为准 ☐ 其他:				
被申请人名称					
住所					
通信地址	☐ 与被申请人住所相同 ☐ 其他:				
法定代表人或主要负责人	姓名		联络人及联系电话		
	职务				
申请人签名		提交日期		年 月 日	
注意事项	1. 本申请书应当用黑色钢笔、签字笔书写,或使用打印版; 2. 仲裁请求及请求所依据的事实和理由应当明确并分项填写,仲裁请求应写明涉及的具体期间和数额,事实和理由应如实填写,并写明涉及金额的仲裁请求的计算方法; 3. 本申请书应按被申请人及第三人人数提交副本。				
备注					

[①] 本范文来自广东省人力资源和社会保障厅,http://hrss.gd.gov.cn/ldzyzc/flfg/content/post_2717962.html。

仲裁请求
1. _____ 　　_____ 2. _____ 　　_____ 3. _____ 　　_____
仲裁请求计算公式： _____ _____ _____ _____

基本事实和理由						
入职时间	年　月　日		岗位及职务		有无签订劳动合同	□ 有 □ 无
最后一期劳动合同期限	年　月　日至　年　月　日					
工作地点						
工作时间	□ 每周工作____天，每天工作____小时 □ 其他：					
是否需要考勤	□ 是 □ 否	考勤方式		工资发放方式	□ 现金 □ 转账	□ 需要签收 □ 不需签收
入职时工资标准		工资标准调整情况				
现是否在职	□ 是 □ 否		离职时间 （现仍在职的不需填写此项）		年　月　日	
离职原因 （现仍在职的不需填写此项）						

(续表)

离职前12个月的月平均工资 （现仍在职的不需填写此项）		元/月
其他需要说明的事实和理由		

除了提交劳动争议仲裁申请书之外，仲裁申请人如果是劳动者，则需要提交身份证明；如果是用人单位，则需要提交营业执照、法定代表人或主要负责人身份证明书。

法定代表人（或主要负责人）身份证明书①

    同志，现任我单位   职务，为我单位法定代表人（或主要负责人），特此证明。

（盖单位公章）
二〇 年 月 日

附：

法定代表人（或主要负责人）

住   址：

性   别：

出生年月：

联系电话：

本单位性质（请选择）：

1. 国有企业 2. 集体企业 3. 港澳台及外资企业 4. 私营企业 5. 机关 6. 事业单位 7. 社会团体 8. 军队 9. 其他

注：① 企业、事业单位、机关、团体的主要（行政）负责人为本单位的法定代表人。

② 请随附上《企业法人营业执照（副本）》或其他法人登记资料复印件。

---

① 本范文来自广东省人力资源和社会保障厅，http://hrss.gd.gov.cn/ldzyzc/flfg/content/post_2717962.html。

如果当事人还委托了代理人参加劳动争议仲裁,则需要向劳动争议仲裁委员会提交授权委托书:

授权委托书①

×××劳动人事争议调解仲裁院:

  你院受理　　　　　与我(单位)的劳动人事争议一案,依照法律规定,特委托下列人员为我(单位)的代理人:

  (1)姓名:　　　　　性别:　　　　　民族:
    出生年月:　　　　工作单位:
    职务:　　　　　　电话:
与委托人的关系:

  (2)姓名:　　　　　性别:　　　　　民族:
    出生年月:　　　　工作单位:
    职务:　　　　　　电话:
与委托人关系:

委托事项和权限为下列第　　　项:
  一、一般代理(代为参加仲裁,代签仲裁文书)。
  二、特别授权代理(代为参加仲裁,代为承认、放弃、变更、增加仲裁请求,进行和解、调解,提起反申请,代签法律文书、代为提起诉讼等)。
  代理权限为:

委托　人:　　　　(签章)
受委托人:　　　　(签章)
二〇　　年　　月　　日

附注:1. 本委托书一式两份,一份提交给劳动人事争议调解仲裁院,一份交受委托人。
  2. 委托代理人代为承认、放弃、变更仲裁请求,进行调解、和解,提起诉讼,必须有委托人的特别授权。

如果这是一起集体性的劳动争议,劳动者人数较多,根据《劳动争议调解仲裁法》第七条的规定,发生劳动争议的劳动者一方在十人以上,并有共同请求的,可以推举代表参加调解、仲裁或者诉讼活动。此时,劳动者需要提交推举代表人申请书。

---

① 本范文来自广东省人力资源和社会保障厅,http://hrss.gd.gov.cn/ldzyzc/flfg/content/post_2717962.html。

推举代表人申请书①

_____劳动人事争议仲裁委员会：
　　你委受理_____等_____人_____诉_____
_____劳动人事争议案件，依照法律规定，现推举下列人员为代表人：

序号	姓名	性别	身份证号码	通信地址	联系电话	备注

代表人权限为下列第　　项：
1. 一般权限：代为参与仲裁、代签仲裁文书；
2. 特别授权：除有一般权限外，还有权代为承认、放弃、变更、增加仲裁请求，进行和解、调解，提起反申请等。

申请人签名(加盖指模)：

代表人签名(加盖指模)：

　　　　　　　　　　　　　　　　　　　　　　　　　二〇　　年　　月　　日

　　为了保证劳动争议仲裁申请材料的齐备，仲裁委员会可以准备已收材料清单，清单内容如下②：

已收材料清单(打"√"部分)
□ 仲裁申请书一式____份
□ 个人身份证复印件一份
□ 证据材料复印件一式____份共____页
□ 企业登记资料复印件一份
□ 事业单位法人证书复印件一份
□ 法定代表人(或主要负责人)身份证明书原件一份
□ 授权委托书原件一份
□ 答辩书一式____份
□ 委托代理人身份证复印件一份
□ 律师事务所(法律服务所)函原件一份、相关执业证复印件二份
□ 其他

---

　　① 本清单内容来自江苏省人力资源和社会保障厅，http：//jsrlzyshbz.jiangsu.gov.cn/art/2011/3/16/art_57242_4607.html。
　　② 本清单内容来自江苏省人力资源和社会保障厅，http：//jsrlzyshbz.jiangsu.gov.cn/art/2011/3/16/art_57242_4607.html。

（2）申请的时效。

劳动争议申请仲裁的时效期间为一年。仲裁时效期间从当事人知道或者应当知道其权利被侵害之日起计算。考虑到劳动争议申请过程中存在的特殊情况，《劳动争议调解仲裁法》规定了仲裁时效的中断制度和中止制度。如果一方当事人通过协商、申请调解等方式向对方当事人主张权利；或者向有关部门投诉、向仲裁委员会申请仲裁、向人民法院起诉或者申请支付令等方式请求权利救济；或者对方当事人同意履行义务，则劳动争议的仲裁时效中断。从中断时起，仲裁时效期间重新计算。

如果遇到不可抗力或者有其他正当理由，例如，无民事行为能力、限制民事行为能力劳动者的法定代理人未确定，当事人不能在知道或者应当知道权利被侵害之日起一年内申请仲裁，仲裁时效中止。从中止时效的原因消除之日起，仲裁时效期间继续计算。

时效中断和时效中止的规定完善了劳动争议申请的时效制度，最大限度地保护了当事人的合法权益。

针对现实中可能存在拖欠工资的现象，《劳动争议调解仲裁法》第二十七条规定："劳动关系存续期间因拖欠劳动报酬发生争议的，劳动者申请仲裁不受一年的仲裁时效期间的限制；但是劳动关系终止的，应当自劳动关系终止之日起一年内提出。"

（3）对仲裁申请的审查及其处理。

仲裁委员会应当审查仲裁申请的以下内容：①申请仲裁的争议是否属于劳动争议；②申请是否具有明确的仲裁请求和事实理由；③申请是否在仲裁的法定时效期间内；④该劳动争议是否属于本仲裁委员会管辖，等等。

为了更快速柔和地处理劳动争议，在劳动争议仲裁庭审之前，仲裁委员会通常会对劳动争议进行庭前调解①。此时，仲裁委员会会出具调解征询意见书。

调解征询意见书②

_____：

　　本委于___年___月___日收到_____诉_____争议案，按照"调解为主、简便快捷"的原则，依据《中华人民共和国劳动争议调解仲裁法》第十四条第三款之规定，本委拟进行案前调解，如你（单位）同意接受案前调解，请于___年___月___日前书面告知本委，并准备好具体的调解意见，以便双方达成调解协议。案前调解时间为十五日，如调解不成，本委依法立案处理。

　　　　　　　　　　　　　　　　　　　　　　　　　　　　（盖仲裁委员会公章）

　　　　　　　　　　　　　　　　　　　　　　　　　　　　二〇　　年　　月　　日

调 解 员：

联系地址：

联系电话：

---

① 实际上，劳动争议仲裁部门通常贯彻"优先调解，全程调解"的原则，也即实行案前调解、庭前调解、庭中调解和庭后调解这样的全程调解的处理模式。参见余琴.改革开放40年来的劳动立法、地方调解与争议处置.中山大学学报（社会科学版）.2018;(3) 171-177。

② 本范文来自江苏省人力资源和社会保障厅，苏人社发[2011]108号，http://jsrlzyshbz.jiangsu.gov.cn/art/2011/3/16/art_57242_4607.html。

当事人也需要提交回执,以确定是否接受调解。

调解征询意见书(回执)

_____劳动人事争议仲裁委员会：

你委发出的《调解征询意见书》已收悉,本人(单位)同意(　　)不同意(　　)接受案前调解。

注:请在所选方式括号内打"√"。

当事人：　　　(签名或盖章)
年　月　日

如果当事人不接受调解或者调解不成,仲裁委员会需要立案受理此劳动争议案件,并通知申请人。

劳动人事争议仲裁委员会立案组庭审批表[①]

劳人仲案字〔20　〕第　号

申请人	
被申请人	
第三人	
争议内容	
承办人意见	承办人： 年　月　日

[①] 本范文来自江苏省人力资源和社会保障厅,苏人社发〔2011〕108 号,http://jsrlzyshbz.jiangsu.gov.cn/art/2011/3/16/art_57242_4607.html。

(续表)

仲裁庭组成人员	首席仲裁员： 仲裁员：	仲裁员： 书记员：
审批意见	负责人： 年 月 日	
备注		

如果仲裁委员会批准立案，则劳动人事争议仲裁委员会将向劳动争议仲裁申请人发出受理案件通知书。

劳动人事争议仲裁委员会受理案件通知书[①]

劳人仲案字〔20 〕第 号

_____：

你(单位)于___年___月___日提交的仲裁申请书已收悉。根据《中华人民共和国劳动争议调解仲裁法》和有关规定，经本委审查，你(单位)的申请符合本委案件受理条件，本委决定立案处理。现将有关事项通知如下：

一、请你(单位)在送达回执上签收本通知。

二、申请人系用人单位的，需填写法定代表人(或主要负责人)身份证明书。你(单位)如需委托代理人参加仲裁活动，请按规定填写授权委托书，并于_____年___月___日前提交本委。

三、申请人增加或者变更仲裁请求的，应当在举证期限届满前书面提出。

四、本委指派仲裁员_____组庭(独任)审理此案，联系电话：_____。

(盖仲裁委员会公章)
年 月 日

注：本通知书一式两份，一份存卷，一份送达申请人。

[①] 本范文来自江苏省人力资源和社会保障厅，苏人社发〔2011〕108号，http://jsrlzyshbz.jiangsu.gov.cn/art/2011/3/16/art_57242_4607.html。

同时，劳动人事争议仲裁委员会将向该案件的劳动争议仲裁被申请人发放应诉通知书和劳动争议仲裁申请书副本。

应诉通知书①

劳人仲案字〔20 〕第 号

_____：
_____诉你（单位）_____争议一案，本委已依法受理。现依照《中华人民共和国劳动争议调解仲裁法》等规定，通知你（单位）应诉，并将有关事项通知如下：

一、请你（单位）在送达回执上签收本通知。

二、在收到本通知和仲裁申请书副本十日内，向本委提交答辩书和有关证据。不按时提交答辩书或不提交答辩书的，不影响本委对案件的处理。

三、被申请人是用人单位的，应提交企业法人营业执照副本复印件或事业单位法人证书复印件，提交法定代表人（或主要负责人）身份证明书。如委托代理人参加仲裁活动，应提交授权委托书。于   年   月   日前提交本委。

四、被申请人如提出仲裁反申请的，需在收到本通知书之日起十日内向本委提交书面仲裁反申请书。

五、本委指派仲裁员_____组庭（独任）审理此案，联系电话：_____。

（盖仲裁委员会公章）
年   月   日

注：本通知书一式两份，一份存卷，一份送达被申请人。

被申请人收到仲裁申请书副本后，应当在十日内向劳动争议仲裁委员会提交答辩书。劳动争议仲裁委员会收到答辩书后，应当在五日内将答辩书副本送达申请人。被申请人逾期未提交答辩书的，不影响仲裁程序的进行。

---

① 本范文来自江苏省人力资源和社会保障厅，苏人社发〔2011〕108号，http://jsrlzyshbz.jiangsu.gov.cn/art/2011/3/16/art_57242_4607.html。

答辩书[①]

案号	粤劳人仲案字〔　　〕　　号			
答辩人				
住所				
通信地址	□ 以《当事人有效送达地址确认书》为准 □ 其他：			
法定代表人 （或主要负责人）		职务		
联系人		联系电话		
答辩人盖章		提交日期	年　　月　　日	
注意事项	1. 本答辩书应当用黑色钢笔、签字笔书写，或使用打印版； 2. 答辩书应针对申请人提出的仲裁请求及事实理由分项进行答辩，表明是否同意申请人的仲裁请求，不同意的应说明理由； 3. 本答辩书应按被申请人及第三人人数提交副本；本答辩书应加盖答辩人公章，并由答辩人的法定代表人或经答辩人依法授权的代理人向仲裁委提交。			
备注				

[①] 文书范文来自广东省人力资源和社会保障厅，http://hrss.gd.gov.cn/ldzyzc/flfg/content/post_2717962.html。

基本事实						
申请人的入职	年　月　日	岗位及职务		有无签订劳动合同	☐ 有 ☐ 无	
最后一期劳动合同	年　月　日至　年　月　日					
工作地点						
工作时间	☐ 每周工作＿＿天，每天工作＿＿小时 ☐ 其他：					
是否需要考勤	☐ 是	考勤方		工资发放方式	☐ 现金　☐ 需要签收	
入职时的工资标准			工资标准调整情况			
现是否在职	☐ 是 ☐ 否	离职时间 （现仍在职的不需填写此项）		年　月　日		
离职原因 （现仍在职的不需填写此项）						
离职前12个月的月平均工资 （现仍在职的不需填写此项）				元/月		

答辩意见

（答辩意见应针对申请人提出的仲裁请求及事实理由分项进行答辩，表明是否同意申请人的仲裁请求，不同意的应说明理由）

_____
_____
_____

4.2.2 劳动争议仲裁开庭前的准备

(1) 组成仲裁庭。

劳动争议庭并非常设机构,它是根据每个案件的不同情况临时组成的,因此,组成仲裁庭是仲裁活动中的重要阶段。根据《劳动争议调解仲裁法》的规定,仲裁委员会或其办事机构受理仲裁申请后,应当在受理仲裁申请之日起五日内组成仲裁庭,并将仲裁庭的组成情况书面通知当事人。① 回避原则是仲裁庭组成时应遵守的基本原则。当仲裁员发现自己符合法律规定应当回避的情况时,应自行申请回避,以保证劳动争议仲裁的公正性。

(2) 了解案情,进行取证。

仲裁庭成立后,仲裁员应立即审阅案卷,掌握争议焦点,弄清事实,在初步了解案情的基础上,拟定切实可行的调查提纲。确定调查提纲之后,办案人员应根据调查提纲展开调查,收集证据,查明事实。仲裁委员会在处理劳动争议时,有权向有关单位查阅与案件有关的档案、资料和其他证明材料,并有权向知情人调查,有关单位和个人不得拒绝。查明争议事实是整个劳动争议仲裁活动的基础,是正确处理劳动争议案件的前提和基础。在调查取证的过程中,要注意证据的客观性、关联性和合法性,也即调查取得的证据必须是通过符合法律规定的程序收集到的与劳动争议有联系的客观存在的证据。

为此,劳动争议仲裁委员会应当给劳动争议当事人发出举证通知书,确保当事人能够及时提交证据。

广东省劳动人事争议调解仲裁院

举证通知书②

为保证仲裁活动的正常进行,依法维护双方当事人的合法权益,根据《劳动争议调解仲裁法》及有关规定,现将当事人举证要求通知如下:

一、发生劳动人事争议,当事人对自己提出的主张,有责任提供证据。如:
1. 证明劳动关系发生、变更、消灭等事实的证据;
2. 证明当事人仲裁主体资格的证据;
3. 确定争议标的数额的证据;
4. 证明案件是否已由其他仲裁委员会受理或审理过的证据;
5. 其他与案件争议事项有关的证据。

用人单位应当在规定期限内提供其掌握管理的与争议事项有关的证据,以及仲裁庭要求用人单位提供的证据,逾期不提供的,应当承担不利后果。

二、当事人应当在**第一次开庭三日前**完成举证。确需延长举证时限的,须经仲裁庭批准并在规定的时限内举证。

三、证据分为书证、物证、证人证言、视听资料、当事人陈述、鉴定结论、勘验笔录等。
1. 当事人应当对其提交的证据材料逐一分类编号并制作证据清单,对证据材料的来源、证明对象和内容做简要说明,签名盖章,并按仲裁庭和对方当事人人数提交副本。
2. 证据应当在仲裁庭审理时出示,由当事人质证,未经质证的证据,不能作为认定事实的依据。

---

① 参见《劳动争议调解仲裁法》第三十二条。
② 范文来自广东省人力资源和社会保障厅, http://hrss.gd.gov.cn/ldzyzc/flfg/content/post_2717962.html。

3. 当事人提供的证据系在中华人民共和国领域外形成的,该证据要经所在国公证机关予以证明,并经中华人民共和国驻该国使领馆予以认证,或者履行中华人民共和国与该所在国订立的有关条约中规定的证明手续;当事人提供的证据是在香港、澳门、台湾地区形成的,要履行相关的证明手续。

4. 书证与物证应当提交与原件、原物核对无异的复印(制)件、照片、副本、记录本;当事人提供外文书证或者外文说明的资料,应当附有中文译本;仲裁庭审理时,当事人对书证与物证的原件、原物进行质证。

5. 证人应当出庭作证,接受当事人的质询。证人出庭作证的,当事人要在开庭审理前提交证人名单,证人确有困难不能到庭的,经仲裁委员会同意,可以提交书面证言;不能正确表达意思的人,不能作证;证人作证时不得使用猜测、推断或者评论性的语言;仲裁员和当事人要对证人进行询问,证人不得旁听仲裁庭审理,询问证人时,其他证人不得在场,仲裁庭认为有必要的,可以让证人进行对质。

四、当事人应当客观、全面地提供证据,不得伪造、毁灭证据,不得以暴力、威胁、贿买等方法阻止证人作证或指使、贿买、胁迫他人作伪证。否则,当事人要承担法律责任和败诉后果。

当事人在提交证据时,可以拟一份证据清单,以便劳动争议仲裁委员会清晰地了解案情中涉及的证据。

证据清单①

序号	名称	证明内容	页数

提交人: 　　　　　　　　　　　　　　　　　提交时间:20　 年　 月　 日

---

① 范文来自广东省人力资源和社会保障厅,http://hrss.gd.gov.cn/ldzyzc/flfg/content/post_2717962.html。

（3）准备开庭。

仲裁庭应当在开庭五日前,将开庭日期、地点书面通知双方当事人。当事人有正当理由申请延期开庭的,劳动争议仲裁委员会根据实际情况决定是否延期。仲裁庭应准备好劳动争议案件审理时所需的与案件有关的各种材料,包括案件的事实、证据材料、有关的法律法规和规章等规范性文件。

劳动人事争议仲裁委员会
开庭通知①

劳人仲通字[   ]第   号

被通知人	
所在单位名称	
通知事由和事项	1. 开庭 2. 组庭人员：
应到时间	年　　月　　日　　午　　时
应到场所	×××市劳动人事争议仲裁庭
	地址：×××
注意事项	1. 被通知人应持本通知准时到达应到场所； 2. 开庭地点： 3. 当事人接到通知,无正当理由拒不到庭的,对申请人按撤诉处理,对被申请人作缺席裁决。

×××市劳动人事争议仲裁委员会（印章）
年　　月　　日

---

① 范文来自襄阳市人力资源和社会保障局,http://rsj.xiangyang.gov.cn/ztzl/ldrszc/bgzl/201710/t20171012_492254.shtml?dbaimohlnglnophd。

4.2.3 劳动争议仲裁庭庭审

(1) 宣布开庭。

开庭审理时,由仲裁员宣布开庭,然后依次查明双方当事人、代理人及有关人员是否到庭,确认人员缺席情况。在申请人到庭后,宣布仲裁庭纪律和注意事项。如果申请人无正当理由拒不到庭的,则按撤回仲裁申请处理;若被申请人接到书面通知,无正当理由拒不到庭的,则按缺席裁决处理。

确认身份完毕之后,仲裁员宣读仲裁庭人员组成及分工,宣布首席仲裁员、仲裁员、书记员名单。仲裁员当庭告知当事人、证人和其他参加人的权利和义务,并询问当事人是否申请回避。

仲裁员是当事人或者当事人、代理人的近亲属的;或者仲裁员与本案有利害关系的;与本案当事人、代理人有其他关系,可能影响公正裁决的;或者仲裁员私自会见当事人、代理人,或者接受当事人、代理人的请客送礼的,当事人也有权以口头或者书面方式提出回避申请。① 当事人提出回避申请②,应当说明理由。

回避申请书③

案号		申请人	
回避人			
申请回避理由			
		申请人: 20 年 月 日	
备注			

除案件需要采取紧急措施的情况外,被申请回避的人员在仲裁委员会作出是否回避的

---

① 参见《劳动争议调解仲裁法》第三十三条。
② 若回避事由是在案件开始审理后才知道的,当事人也可以在庭审辩论终结前提出。但当事人在庭审辩论终结后提出的回避申请,不影响仲裁程序的进行。参见《劳动人事争议仲裁办案规则》第十一条。
③ 本范文来自江苏省人力资源和社会保障厅,苏人社发〔2011〕108号,http://jsrlzyshbz.jiangsu.gov.cn/art/2011/3/16/art_57242_4607.html。

决定前,应当暂停参与本案的处理。仲裁员是否回避,由仲裁委员会主任或其授权的办事机构负责人决定。仲裁委员会主任担任案件仲裁员时是否应回避,由仲裁委员会决定。

(2) 申请人陈述与被申请人答辩。

仲裁庭庭审时,首先应当听取当事人的陈述。先由申请人陈述案件发生的事实、经过、争议的问题、观点、对被申请人的主张及证据;然后由被申请人陈述自己的答辩主张及事实和证据;如涉及第三人的,还应由第三人陈述自己参加仲裁的理由、事实和证据。当事人陈述后,仲裁员可以就案件中涉及的重要情节和事实,按照先申请人、后被申请人的顺序要求当事人作补充陈述。在一般情况下,申请人在陈述案情时,除仲裁员提问外,被申请人不能随意打断或进行辩驳。当事人一方经仲裁庭许可后,可以就有关问题向对方提问。

(3) 当事人举证。

当事人有责任对自己提出的主张提供证据。证据类型除了当事人陈述之外,还有:

① 书证、物证和视听资料。

凡是用文字、符号在物体上表达人的思想,其内容能够证明待证事实的一部分或全部的证据,称为书证。书证在劳动争议仲裁活动中的使用非常普遍,如劳动合同、违纪处分通知书、辞退证明、工资单、病假条、考勤记录等都是常见的书证。能够用以查明案件真实情况的所有物品和痕迹,称为物证。采用录像或录音、照片、计算机等手段记录下来的,能够证明劳动争议事实的材料为视听资料。劳动争议当事人可通过出示书证、物证、视听资料等不同形式的证据来确定事实。

② 证人证言。

不是本案仲裁活动的参加人而知道本案的有关情况,应仲裁机关通知到庭作证的人,称为证人。证人就自己知道的案件事实作出的陈述为证人证言。对于不到庭的证人的书面证言,应当庭宣读,听取申请人和被申请人的意见。证人作证和宣读书面证言后,当事人和第三人可以向证人发问,要求证人如实作答。

③ 鉴定结论。

鉴定结论是指具有专门知识的鉴定人,利用专门的设备和材料,对案件中出现的专门问题所作的结论性意见。仲裁庭对专门性问题认为需要鉴定的,可以交由当事人约定的鉴定机构鉴定;当事人没有约定或者无法达成约定的,由仲裁庭指定的鉴定机构鉴定。根据当事人的请求或者仲裁庭的要求,鉴定机构应当派鉴定人参加开庭。当事人经仲裁庭许可,可以向鉴定人提问。① 如果鉴定人未能到庭,应当庭宣读鉴定人提供的鉴定结论及进行鉴定的依据和理由。

④ 勘验笔录。

勘验笔录是劳动争议仲裁人员为了查明事实,对与案件有关的现场或者物品进行检验、分析观察时所作的笔录。凡是需要勘验取证并已取得且制作了勘验笔录的劳动争议案件,应对勘验证据当庭宣读或说明要点,听取当事人的意见。

以下是仲裁委员会需要作出鉴定、勘验时的所发的委托函范文:

---

① 参见《劳动争议调解仲裁法》第三十七条。

```
          劳动人事争议仲裁委员会
               委托鉴定/勘验函
                              劳人仲鉴/勘字〔20  〕第  号
_____：
    本委受理_____诉_____劳动人事争
议一案,因_____提出鉴定申请。
根据《中华人民共和国劳动争议调解仲裁法》第三十七条的规定,当事人约定(或当事人未就鉴定机构达
成约定,本委指定)由你单位进行鉴定/勘验。申请鉴定人_____于___年___月___
日前向你单位预交鉴定费用,逾期不交,视为放弃鉴定申请。鉴定/勘验内容及要求如下：
    _____
    _____
    _____
    _____

                                        ×××仲裁委员会
                                        二〇   年   月   日
```

处理民事争议的案件通常实行"谁主张,谁举证"的原则。但基于劳动争议案件双方主体地位的特殊性,劳动争议仲裁庭将视案件的具体情况而要求双方承担举证责任。其中,与争议事项有关的证据属于用人单位掌握管理的,用人单位应当提供;用人单位不提供的,应当承担不利后果。在法律没有具体规定,也无法确定举证责任承担时,仲裁庭则应根据公平原则和诚实信用原则,综合当事人举证能力等因素确定举证责任的承担方。承担举证责任的当事人应当在仲裁委员会指定的期限内提供有关证据。当事人因客观原因不能自行收集的证据,仲裁委员会可以根据当事人的申请,对证据予以收集。[①]

（4）当事人质证和辩论。

根据《劳动争议调解仲裁法》第三十八条的规定："当事人在仲裁过程中有权进行质证和辩论"。当事人提供的证据和仲裁庭收集到的证据,都应当在开庭时出示,并让当事人辨别真伪,并允许当事人对证据作辩解。当事人对证据有不同意见的,应当由当事人当庭质证,即一方当事人对仲裁庭所出示证据提出疑问时,由提供证据的另一方当事人或证人负责解释或说明。仲裁庭对庭审调查时当事人对证据的不同意见,应如实记录。

仲裁庭辩论是指庭内调查结束后,在仲裁员的主持之下,劳动争议的当事人在已调查清楚的事实和核实的证据的基础之上,围绕争议的主要分歧进行辩论。辩论的目的首先是为了进一步地查明案件的事实,区分当事人的责任;其次是为当事人提供一个重要的协商沟通的平台,为达成和解和仲裁庭的调解作铺垫。仲裁员在主持辩论的过程中应注意保持第三方的角色,不能介入到双方当事人的辩论中去。仲裁员一般不应当限制当事人在辩论中所提出的看法和对对方问题的回答,也不应当对双方辩论内容发表个人意见。

---

① 参见《劳动人事争议仲裁办案规则》第十三条至十六条。

（5）仲裁庭的调解。

劳动争议的庭中调解方式和程序非常灵活，通常需要根据具体案件的争议原因和争议类型选择不同的调解方式。除了将仲裁庭调解作为仲裁庭裁决前的必经程序外，法律法规中没有对劳动争议仲裁庭调解的方式或程序作强制性的规定。仲裁庭调解结束后，如果双方达成协议的，仲裁庭应当制作调解书。调解书应写明仲裁请求和当事人协议的结果。调解书由仲裁员签名，加盖劳动争议仲裁委员会印章，送达双方当事人。① 除了仲裁庭促成双方调解外，仲裁庭也认可双方当事人自行和解，并可根据当事人的请求将和解协议制作成调解书。

调解书经双方当事人签收后，发生法律效力，当事人应当依照规定的期限履行。一方当事人逾期不履行的，另一方当事人可以依照民事诉讼法的有关规定向人民法院申请执行，受理申请的人民法院应当依法执行。② 如果双方调解不成或调解书送达前一方当事人反悔，则劳动争议仲裁委员会应停止调解，及时以裁决的方式结案。

以上劳动争议仲裁的开庭庭审过程，仲裁庭都应当记录在案。当事人和其他仲裁参加人认为仲裁庭对自己陈述的记录有遗漏或者差错的，有权申请补正。如果不予补正，应当记录该申请。笔录由仲裁员、记录人员、当事人和其他仲裁参加人签名或者盖章。③ 劳动争议仲裁的庭审笔录可以参照如下范文：

劳动人事争议仲裁委员会
庭审笔录④

劳人仲案字〔20　〕第　号
20　年　月　日　时

一、书记员查明当事人、委托代理人是否到庭，宣读仲裁庭纪律。书记员向仲裁员（组庭为首席仲裁员）报告当事人、委托代理人的到庭情况。仲裁员核对当事人、委托代理人身份：

申请人：

被申请人：

被申请人：

第三人：

仲裁员：对当事人的身份有无异议？

申请人：有/无。

被申请人：有/无。

被申请人：有/无。

第三人：有/无。

二、仲裁员宣布开庭

（一）宣布开庭

本委受理＿＿＿＿＿＿＿＿＿＿＿＿诉＿＿＿＿＿＿＿＿＿＿＿＿劳动人事争议案件，现在开庭！

---

① 参见《劳动争议调解仲裁法》第四十二条。
② 参见《劳动争议调解仲裁法》第五十一条。
③ 参见《劳动争议调解仲裁法》第四十七条。
④ 本范文来自江苏省人力资源和社会保障厅，苏人社发〔2011〕108 号，http://jsrlzyshbz.jiangsu.gov.cn/art/2011/3/16/art_57242_4607.html。

(续表)

　　根据《中华人民共和国劳动争议调解仲裁法》第三十一条的规定,本庭由_____组庭(独任)审理,_____担任书记员。
　　(二)告知当事人的权利和义务
　　根据我国法律的有关规定,当事人在仲裁活动中享有如下权利:有委托代理人、申请回避的权利;有申诉、申辩、质询、质证的权利;有请求调解、自行和解、要求裁决的权利;有依法向人民法院提起诉讼、申请强制执行的权利;申请人有放弃、变更、撤回仲裁请求的权利;被申请人有承认、反驳申请人仲裁请求的权利。
　　当事人在仲裁活动中承担如下义务:有遵守仲裁程序和仲裁庭纪律的义务;有如实陈述案情、回答仲裁员提问的义务;有对自己提出的主张举证的义务;有尊重对方当事人及其他仲裁参加人的义务;有自觉履行发生法律效力的调解、裁决文书的义务。
　　仲裁员:当事人听清楚了吗?
　　申请人:听清楚了。
　　被申请人:听清楚了。
　　被申请人:听清楚了。
　　第三人:听清楚了。
　　仲裁员:根据《中华人民共和国劳动争议调解仲裁法》第三十三条的规定,如果当事人认为本庭组成人员与本案有利害关系,可能影响到本案的公正审理,可以申请本庭组成人员回避。
　　仲裁员:当事人是否申请本庭组成人员回避?
　　申请人:申请/不申请。
　　被申请人:申请/不申请。
　　被申请人:申请/不申请。
　　第三人:申请/不申请。
　　三、仲裁庭审理
　　(一)申诉与答辩
　　(1)申请人陈述仲裁请求和事实与理由。(详见申请书)
　　(2)被申请人对申请人的申诉进行答辩。(详见答辩书)
　　(3)第三人对申请人的申诉进行答辩。(详见答辩书)
　　(二)质证与调查
　　仲裁员:现在进行证据的质证。质证时,当事人应当围绕证据的真实性、关联性、合法性,针对证据证明力以及证明力大小进行质疑、说明和辩驳。质证按如下程序进行:
　　申请人举证。
　　被申请人、第三人对申请人提供的证据进行质证。
　　被申请人:
　　第三人:
　　被申请人举证。
　　申请人、第三人对被申请人提供的证据进行质证。
　　申请人:
　　第三人:
　　第三人举证。
　　申请人、被申请人对第三人提供的证据进行质证。
　　申请人:
　　被申请人:

(续表)

仲裁员:现在由证人出庭作证,证人作证时,应当如实向本庭提供证言,不得隐瞒和歪曲事实真相,不得作伪证,否则,将承担法律责任,经仲裁庭许可,当事人和委托代理人可以向证人发问,证人可以拒绝回答与本案无关的提问。

仲裁员:

证人:

仲裁员:当事人对证人证言进行质证。

申请人:

被申请人:

被申请人:

第三人:

证人:

仲裁员:根据规定,未经庭审质证的证据,不能作为定案的依据。本庭通过质证,对当事人的证据将在闭庭后予以审查认定或不予认定。

仲裁员:对案件事实进一步调查询问或当事人相互询问:

仲裁员:

申请人:

被申请人:

被申请人:

第三人:

(三) 仲裁庭辩论

仲裁员:下面进行仲裁庭辩论,当事人应围绕争议的焦点发表自己的辩论意见。仲裁员予以归纳辩论焦点。申请人先发言。

申请人:

被申请人:

被申请人:

第三人:

仲裁员:征询当事人的最后意见。

申请人:

被申请人:

被申请人:

第三人:

(四) 调解与裁决

仲裁员:根据《中华人民共和国劳动争议调解仲裁法》第四十二条第 1 款的规定,仲裁庭处理劳动人事争议案件应当先行调解,在查明事实的基础上促使当事人自愿达成协议。现在,征询当事人的意见,当事人是否愿意在本庭主持下进行调解?

申请人:愿意/不愿意。

调解方案:……

被申请人:愿意/不愿意。

调解方案:……

第三人:愿意/不愿意。

调解方案:……

(续表)

> 仲裁员：在本庭主持下，经过调解，当事人达成调解协议的，本庭将根据调解协议制作调解书。由于当事人未能达成调解协议的，根据《中华人民共和国劳动争议调解仲裁法》第四十二条第4款规定，本庭将根据事实和法律法规择日对本案作出裁决。
> 　　当事人在闭庭后校阅庭审笔录，证实无误后签字。如有遗漏或差错，可向书记员提出补正。
> 　　现在闭庭！
> 　　当事人签名：　　　　　　年　月　日
> 　　仲裁员签名：　　　　　　年　月　日
> 　　书记员签名：　　　　　　年　月　日

4.2.4 仲裁裁决

当事人不愿调解或者调解不成时，即转入合议庭裁决程序。仲裁庭合意裁决阶段是仲裁庭审理劳动争议案件的实质性工作，合议时必须做好合议笔录，对合议的事项、合议中的各项意见和合议结论都要详细记录。基于仲裁庭的合议，仲裁的裁决将按照多数仲裁员的意见作出，少数仲裁员的不同意见应记入笔录。仲裁庭不能形成多数意见时，裁决应当按照首席仲裁员的意见作出。① 合议笔录在合议结束后由合议参加人署名。

> **劳动人事争议仲裁委员会**
> **仲裁庭合议笔录**②
> 　　　　　　　　　　　　　　　　　　　　劳人仲案字〔20　〕第　号
> 时间：20　年　月　日
> 地点：
> 参加人员：
> 现就＿＿＿＿诉＿＿＿＿劳动人事争议案进行合议庭评议：
> 首席仲裁员：（简单介绍案情，归纳焦点问题）
> 评议意见：
> 评议结果：
> 参与评议人员签名：　　　　　　　年　月　日
> 记录人员签名：　　　　　　　年　月　日

仲裁庭根据合意结论，依法作出裁决。合议庭作出裁决后应及时制作裁决书，裁决书应当载明仲裁请求、争议事实、裁决理由、裁决结果和裁决日期。裁决书由仲裁员签名，加盖劳动争议仲裁委员会印章。对裁决持不同意见的仲裁员，可以签名，也可以不签名。③ 根据《劳动争议调解仲裁法》第四十三条的规定，仲裁庭裁决劳动争议案件，应当自劳动争议仲裁

---

① 参见《劳动争议调解仲裁法》第四十三条。
② 本范文来自江苏省人力资源和社会保障厅，苏人社发〔2011〕108号，http://jsrlzyshbz.jiangsu.gov.cn/art/2011/3/16/art_57242_4607.html。
③ 参见《劳动争议调解仲裁法》第四十六条。

委员会受理仲裁申请之日起四十五日内结束。案情复杂需要延期的,经劳动争议仲裁委员会主任批准,可以延期并书面通知当事人,但是延长期限不得超过十五日。逾期未作出仲裁裁决的,当事人可以就该劳动争议事项向人民法院提起诉讼。

劳动人事争议仲裁委员会仲裁裁决书

劳人仲案字〔20 〕第 号

申请人:
被申请人:
被申请人:
第三人:
案由:

　　申请人＿＿＿＿＿＿诉被申请人＿＿＿＿＿＿＿＿＿＿＿＿劳动人事争议一案,本委受理后,依法组成仲裁庭,并公开开庭进行了审理,申请人＿＿＿＿、委托代理＿＿＿＿人、被申请人的法定代表人(或主要负责人)＿＿＿＿、委托代理人＿＿＿＿＿＿、第三人＿＿＿＿、委托代理人＿＿＿＿到庭参加仲裁活动,本案现已审理终结。

申请人诉称:

被申请人辩称:

第三人辩称:
本委查明:

上述事实有当事人陈述及相关书证(或证人证言)等证据证明。
本委认为:
　　根据＿＿＿＿＿＿＿＿＿＿的规定,裁决如下:
一、
二、
三、
　　(仲裁终局适用)根据《中华人民共和国劳动争议调解仲裁法》第四十七条、第四十八条的规定,本仲裁裁决为终局裁决。劳动者对本裁决不服的,可以自收到仲裁裁决书之日起十五日内向人民法院起诉。被申请人有证据证明本裁决有《中华人民共和国劳动争议调解仲裁法》第四十九条第一款规定情形之一的,可自收到本裁决书之日起三十日内向当地中级人民法院申请撤销裁决,申请人逾期不起诉的,仲裁裁决书自作出之日起发生法律效力。一方当事人拒不履行生效仲裁裁决的,另一方当事人可以向人民法院申请强制执行。
　　(非仲裁终局适用)根据《中华人民共和国劳动争议调解仲裁法》第五十条的规定,当事人对本裁决不服的,可以自收到仲裁裁决书之日起十五日内向人民法院提起诉讼;不起诉的,本仲裁裁决书发生法律效力。
　　一方当事人拒不履行生效仲裁裁决的,另一方当事人可以向人民法院申请强制执行。

　　　　　　　　　　　　　　　　　　　　　　　首席仲裁员:
　　　　　　　　　　　　　　　　　　　　　　　仲 裁 员:
　　　　　　　　　　　　　　　　　　　　　　　仲 裁 员:
　　　　　　　　　　　　　　　　　　　　　　　书 记 员:
　　　　　　　　　　　　　　　　　　　　　　　　年 月 日

送达日期: 年   月   日

4.3 裁审衔接

4.3.1 终局裁决

除了《劳动争议调解仲裁法》另有规定的,"追索劳动报酬、工伤医疗费、经济补偿或者赔偿金,不超过当地月最低工资标准十二个月金额的争议"和"因执行国家的劳动标准在工作时间、休息休假、社会保险等方面发生的争议"的仲裁裁决为终局裁决,裁决书自作出之日起发生法律效力。[①] 这些争议属于权利争议,是法律适用的问题,其特点是案件本身并不复杂,但严重影响到劳动者的基本生活。终局裁决限制了用人单位在这些劳动争议案件中的诉权,防止其恶意拖延,可以促使劳动争议的快速解决。

如果劳动者对以上仲裁裁决不服的,可以自收到仲裁裁决书之日起十五日内向人民法院提起诉讼;但用人单位对以上仲裁裁决不服的,只能在执行裁决书的同时,自收到仲裁裁决书之日起三十日内向劳动争议仲裁委员会所在地的中级人民法院申请撤销裁决。仲裁裁决被人民法院裁定撤销的,当事人可以自收到裁定书之日起十五日内就该劳动争议事项向人民法院提起诉讼。在这类争议案件中,用人单位提起劳动争议诉讼的诉权受到限制。

用人单位可以申请撤销仲裁裁决的法定条件包括:适用法律、法规确有错误的;劳动争议仲裁委员会无管辖权的;违反法定程序的;裁决所根据的证据是伪造的;对方当事人隐瞒了足以影响公正裁决的证据的;仲裁员在仲裁该案时有索贿受贿、徇私舞弊、枉法裁决行为的。[②]

终局裁决是 2008 年 5 月 1 日施行的《劳动争议调解仲裁法》的重要内容,提高了劳动争议仲裁的结案率,降低了进入到劳动争议诉讼程序中的争议数量,有利于劳动关系的和谐稳定。

4.3.2 非终局裁决

对于《劳动争议调解仲裁法》第四十七条规定以外的劳动争议案件,当事人双方对仲裁裁决不服的,可以自收到仲裁裁决书之日起十五日内向人民法院提起诉讼;期满不起诉的,裁决书发生法律效力。当事人对发生法律效力的裁决书,应当依照规定的期限履行。一方当事人逾期不履行的,另一方当事人可以依照民事诉讼法的有关规定向人民法院申请执行,受理申请的人民法院应当依法执行。

受到我国司法制度的影响,劳动争议仲裁在很大程度上具有诉讼化的特征[③]。从劳动争议处理的流程来看,无论是仲裁还是诉讼,都是设立立案窗口接收当事人的申请和证据资料;设立庭审对案件进行审理,审理过程中都采取回避、举证、辩论等程序和规则;最终形成裁决或判决。仲裁和诉讼的机构和程序设置高度同质化,仲裁庭和法院对同一案件几乎按

---

① 参见《劳动争议调解仲裁法》第四十七条。
② 参见《劳动争议调解仲裁法》第四十九条。
③ 肖竹.对劳动争议仲裁的反思与未来改革之基本思路.中国人力资源开发,2016(8),88-94.

照同样的模式进行运作。① 劳动争议仲裁符合司法的基本特征,劳动争议仲裁庭与传统司法机关的区别仅在于其裁决结果不具有完全的终局性。②

  鉴于我国劳动争议仲裁与诉讼在处理流程上的相似性,且考虑到劳动争议处理课程课堂时间的有限性,劳动争议处理模拟的环节仅模拟劳动争议仲裁,而略去劳动争议诉讼的流程。

---

① 张军荣.劳动争议司法制度的重构——域外劳动司法的比较和借鉴.中国劳动,2016(3),22-25.
② 沈建峰,姜颖.劳动争议仲裁的存在基础、定性与裁审关系.法学,2019(4),146-158.

5 招聘及入职管理

招聘是用人单位根据生产经营状况决定到底录用什么样的人成为其员工的过程,也是人力资源管理者的一项重要工作。招聘中应体现公平性原则,对公平的最基本和底线性的要求是没有歧视,无歧视原则可以保障招聘候选人不因自身的固有特征而损失工作机会,也可以体现出用人单位规范化的管理风格并提升其社会影响力。

5.1 实践一:招聘启事的撰写

5.1.1 撰写招聘启事的原则

现实中,为了能够高效地招聘所需人才,用人单位在招聘中不可避免地会对应聘者提出各种各样的要求,这些要求由于把人分成不同的群体而可能带有歧视的风险。招聘中常见的要求有学历要求、工作经历要求、年龄要求、长相要求、身高要求、健康要求、性别要求、婚育状况要求、户籍要求、性格要求以及被媒体报道出来的很多更个性化的要求,如血型要求、属相要求、星座要求、"姓名"要求等。每一个具体要求都可能将某一类特殊的群体排除出候选人范围。在各种要求中哪些要求会被认定为歧视,哪些又属于正常要求呢?歧视是主观感受还是有客观标准?歧视的定义目前还是个有争议且待明确的问题。简单来说,工作中的歧视是与工作有关的,没有客观或正当理由的待遇或机会上的(往往是不利的)差异。

目前,我国并没有专门的反就业歧视的法律,反就业歧视的相关法律条文散见于各类法律规范中。《中华人民共和国劳动法》第十二条规定:"劳动者就业,不因民族、种族、性别、宗教信仰不同而受歧视。"具体说来,法律明确规定了四种歧视类型。(1)民族歧视,各民族劳动者享有平等的劳动权利,用人单位招用人员,不仅应避免因民族而拒绝雇佣,而且应当依法对少数民族劳动者给予适当照顾。(2)种族歧视,也就是由于种族不同而导致的就业差别待遇,这种歧视在我国的劳动力市场上并不常见。(3)性别歧视,主要指劳动者因性别不同而遭受的差别待遇。这在《中华人民共和国妇女权益保障法》中也有规定,女性享有与男性平等的就业权利。(4)宗教信仰歧视,每个公民都有宗教信仰自由,任何单位不能因为宗教信仰而对劳动者产生歧视。这四种法定歧视在《中华人民共和国就业促进法》[①]中得到了重

---

① 《中华人民共和国就业促进法》第三条规定:"劳动者依法享有平等就业和自主择业的权利。劳动者就业,不因民族、种族、性别、宗教信仰等不同而受歧视。"

申，略有不同的是，《中华人民共和国就业促进法》在四种法定歧视情形后加了"等"字，有利于扩大保护范围。同时，《中华人民共和国就业促进法》对传染病病原携带者①等特殊群体加以保护，在实质上扩大了法定歧视的范畴，尤其是对于艾滋病病毒携带者②和乙肝表面抗原携带者③更是有专门的立法保护。除此之外，在《中华人民共和国就业促进法》和《中华人民共和国残疾人保障法》以及《残疾人就业条例》中也有关于禁止对残疾人进行就业歧视的规定。

国际劳工组织1958年通过的《消除就业和职业歧视公约》(第111号公约)提出，歧视指"基于种族、肤色、性别、宗教、政治见解、民族血统或社会出身等原因，具有取消或损害就业或职业机会均等或待遇平等作用的任何区别、排斥或优惠"，而"一项特定职业基于其内在需要的任何区别、排斥或优惠"，则不应当被视为歧视。④ 我国全国人大常委会于2006年1月批准了该公约，批准通过该公约虽然并不意味着它可以直接在我国的司法实践中适用，但是也表明我国愿意不断通过对国内法进行完善和修改以达到公约要求的水平。这些都应该成为人力资源管理者拟定招聘条件的参考依据。

5.1.2 招聘启事撰写及修改的实例

招聘启事的撰写是招聘中的重要工作。现实中的招聘启事形式多样，虽然根据投放渠道不同，会有详略上的差异，但大体来说包括三个部分：(1)用人单位以及薪酬福利等方面的介绍，如所在行业、主要业务、员工福利等，这里的介绍往往是企业文化的体现，没有统一的格式，个性化较强；(2)岗位描述，也就是让潜在的应聘者知晓此处招聘的职位是具体做什么工作的，这里主要通过与工作分析相结合的方式来进行准确描述；(3)任职资格，也就是此岗位大概想招什么样的人，这是对于劳动者的具体要求，也是容易引起歧视的部分。当然，企业招聘也不能为了无歧视而没有要求，那样将会使得大量不适合此岗位的人被纳入招聘候选范围，降低招聘的效率。

我国法律规定了特定的法定歧视类型，但是没有被纳入到法律范畴中的区别对待也可能构成歧视，如身高歧视、年龄歧视、户籍歧视等。用人单位如果想树立良好的雇主形象，在招聘时也应尽量避免各种可能涉嫌歧视的区别对待。因为这些带有主观色彩的人群划分，不仅可能将真正适合工作的候选人排除在外，还可能招致舆论质疑甚至消费者抵制。所以，招聘中需要贯彻无歧视原则，管理者要根据工作本身的特点提出对劳动者的要求。⑤

总之，撰写招聘启事要把握职业的内在要求，通过准确表达工作本身的要求来避免歧视性的区别对待。

---

① 《中华人民共和国就业促进法》第三十条规定："用人单位招用人员，不得以是传染病病原携带者为由拒绝录用。但是，经医学鉴定传染病病原携带者在治愈前或者排除传染嫌疑前，不得从事法律、行政法规和国务院卫生行政部门规定禁止从事的易使传染病扩散的工作。"
② 《艾滋病防治条例》(2006年)第三条规定："任何单位和个人不得歧视艾滋病病毒感染者、艾滋病病人及其家属。艾滋病病毒感染者、艾滋病病人及其家属享有的婚姻、就业、就医、入学等合法权益受法律保护。"
③ 对于乙肝表面抗原携带者，原劳动和社会保障部于2007年专门发布了《关于维护乙肝表面抗原携带者就业权利的意见》来保障其平等就业权。
④ 林燕玲.《国际劳工标准与中国劳动法比较研究》，北京：中国工人出版社，2015.
⑤ 刘晓倩.劳动关系中的管理权边界：以司法判例为视角，北京：中国社科文献出版社，2017.

5.1.3 招聘启事引发的争议处理

目前,在各种法定就业歧视中,最常见的应属性别歧视。虽然法律为了保护女性的就业权,在《宪法》《妇女权益保护法》《劳动法》《就业促进法》等多部法律中规定了女性的平等就业权,要求用人单位在招用人员时,除国家规定的不适合妇女的工种或者岗位外,不得以性别为由拒绝录用妇女或者提高录用的标准。然而,现实中,对女性劳动者的歧视依然俯拾皆是。在判例中,用人单位在招聘广告中明确写明只招男性。这种情况下,如果用人单位不能证明其所招聘的岗位有内在职业需要,只能适用于男士的话,那将承担就业歧视的法律后果。

判例 5-1:性别歧视索赔判例——北京市某速递物流有限公司就业歧视案①

劳动者:邓某,女性,以下简称 X;

用人单位:北京市某速递物流有限公司,以下简称 Y。

① 案情简介。

1. 某劳务公司是一家劳务派遣公司,2013 年 12 月 30 日,Y 公司(甲方)与某劳务公司(乙方)签订《劳务派遣协议》,约定乙方于本协议有效期内向甲方提供劳务派遣服务,派遣员工人选由乙方办理录用手续……协议有效期为两年。该招聘信息注明该职位系某劳务公司介绍、代招,工作单位为 Y 公司。

2. 某劳务公司在网上发布招聘信息,标题为"某速递员三千加计件",内容为:岗位职责:北京邮政快递员;任职资格:男,年龄:18—45 岁,身体健康、无纹身、无前科。X 为女性,看到后在线投递简历申请该职位,并于 2014 年 9 月 25 日到 Y 公司进行了面试。

3. X 面试后在 Y 公司酒仙桥营投部试干了两天,之后双方达成于 10 月 8 日签约的意向,Y 公司酒仙桥营投部主任戴某要求其先做入职体检。

4. 因 10 月 8 日未能签约,故 X 于 10 月 16 日询问 Y 公司工作人员,戴某让 X 联系李某。10 月 19 日,X 给李某打电话询问不能签合同的原因,李某确认因为 X 是女性所以总公司(Y 公司)不批准签合同。

5. 2015 年 3 月 31 日,X 向北京市长安公证处申请保全某劳务公司在其官网上发布快递员招聘单位及条件的网页。

6. X 以就业歧视为由诉至法院,请求判令:Y 公司、某劳务公司书面赔礼道歉,赔偿 X 精神损害抚慰金人民币 50 000 元。

7. Y 公司主张:一、我方不存在歧视原告就业的客观条件,也无歧视 X 就业的实际行为。就广告发布而言,X 诉称是在 58 同城网站看到的劳务派遣公司发布的招聘广告,向派遣公司投送的简历。如果该广告存在就业性别歧视,应当由派遣公司承担责任。二、投递员是法律法规禁止女性从事的负重体力劳动。投递邮件属于邮件运输范围。投递员都是计件工资,每天路程一、二百余公里,递送的邮件大小不一,重量超过二十五公斤的邮件是常见

---

① 邓某申请一般人格权纠纷申诉案,北京市高级人民法院(2016)京民申 3472 号,裁判日期 2016 年 10 月 31 日;北京市顺义区人民法院(2015)顺民初字第 03616 号。

的。搬运邮件十分辛苦,而且要与社会形形色色的人接触,对女性而言危险性更大。三、存在恶意制造诉讼陷阱。

② 法院裁判要旨(一审)。

1. 依据《中华人民共和国劳动法》第三条、第十二条及第十三条的规定,劳动者享有平等就业和选择职业等权利,劳动者就业,不因民族、种族、性别、宗教信仰不同而受歧视,妇女享有与男子平等的就业权利;在录用职工时,除国家规定的不适合妇女的工种或者岗位外,不得以性别为由拒绝录用妇女或者提高对妇女的录用标准。《中华人民共和国就业促进法》也在相关条款中作出相似规定。

2. 戴某作为Y公司酒仙桥营投部主任,在招录人员上显然能够代表Y公司。X在Y公司面试后,戴某已经代表Y公司表明其有意愿聘用X,虽然聘用形式是直接聘用还是劳务派遣在2014年9月28日的谈话中并未明确,但能肯定Y公司给予X获得在Y公司担任快递员的机会。在X未能如期签约的情形下,戴某告知X联系李某,且李某在电话中也表明X的应聘资料在其处,故法院认定李某能够代表Y公司。Y公司在答辩意见中援引的相关规定并不能证明快递员属于国家规定的不适合妇女的工种或者岗位。对于X询问丧失应聘机会的原因是否因其为女性时,李某作了肯定的答复,能够证明Y公司拒绝聘用X的原因在于其为女性,侵犯了X平等就业的权利。Y公司对其侵权行为给X造成的合理损失应予以赔偿。

3. 虽然某劳务公司在其网站上及在某同城网站上发布的涉诉岗位的招聘信息均表明任职资格为男性,但某劳务公司并未因X系女性而拒绝提供就业机会,仍通知X进行面试。本案中,X并未举证证明某劳务公司对其实施了就业性别歧视的行为,故X要求某劳务公司承担责任,法院不予支持。Y公司对X实施了就业歧视,给X造成了一定的精神损害,故判决Y公司支付X精神损害抚慰金2 000元。

③ 法院裁判要旨(再审)。

1. 根据查明的事实,某劳务公司与Y公司系用人单位与用工单位关系,某劳务公司负责与劳动者建立劳动关系。虽然某劳务公司在其网站上及在58同城网站上发布的涉诉岗位的招聘信息均表明任职资格为男性,但某劳务公司并未因X系女性而拒绝提供就业机会,仍通知X进行面试。X在面试、业务观摩、洽谈过程中直接与Y公司进行接触,某劳务公司并未参与其中,最后,X与Y公司未建立用工关系,也并非因某劳务公司所致。因此,现有证据不足以证明某劳务公司对其实施了就业性别歧视行为,X要求某劳务公司承担责任的再审理由不能成立。

2. 法律规定,承担侵权责任的方式可以单独适用,也可以合并适用。前述各种责任形式的适用均旨在保护受害人的利益,是否存在侵权责任聚合,应当结合侵权行为、损害后果等因素进行综合判断。本案中,二审法院结合Y公司的侵权情况以及X受损情况,酌定Y公司赔偿X精神损害抚慰金2 000元,该损害赔偿和X受到的伤害程度能够匹配,X要求Y公司书面赔礼道歉,依据不足。

就业歧视案属于典型的侵权之诉,如果单位的招聘行为侵害了求职者平等就业的权利,求职者可以要求赔偿因被侵权而遭受的损失。现实中,求职者因不被雇佣而遭受的损失,尤其是机会成本的损失,有时是不易计算的。判例中的女性求职者要求单位道歉,并承担5万元精神损害抚慰金,但是并没有完全得到法院的支持,法院根据单位的过错程度及给劳动者造成的损害后果综合判定了2 000元的精神损害赔偿。虽说远低于劳动者的要求,但在此类判决中,这也算是近年来一个基本的行情标准。这也让我们看到,在招聘启事的撰写中一旦涉及法定歧视类项目,用人单位则会面临被诉讼并承担损失的风险,而且潜在的应聘者都可能成为权利主张者,所以,管理者在进行招聘启事的撰写时一定要遵循无歧视的招聘原则。

5.2 实践二:求职者简历的真实性核实

5.2.1 用人单位对劳动者信息了解的原则

用人单位在招用劳动者时,需要通过各种方式了解劳动者相关的个人信息,这些信息有些会涉及劳动者的个人隐私,所以,这里的核心问题是在招聘中劳动者的哪些信息是用人单位可以获取的。法律明确规定,用人单位的了解权仅限于与劳动合同相关的劳动者基本情况,如知识技能、工作经历、学习经历等。如果劳动者没有向用人单位如实告知这些信息,或者有虚假告知,后果将是劳动合同无效,其中,劳动者的学历和职业经历是管理者应该重点核实的内容。

背景调查是指通过各种合法妥当的渠道,对应聘者以往的教育经历、工作情况、职业道德等方面进行核实了解的行为。信息的来源一般是从前单位的管理者、同事、其他了解应聘者的人员以及能够验证资料准确性的机构等。在背景调查中,电话调查最常见,部分企业也通过问卷进行调查。

随着各种信息库的完善,利用网络信息库进行调查也是一种便捷有效的调查方式,例如,通过全国公民身份证号码查询服务中心来核实身份信息;通过中国高等教育学生信息网(学信网)查询2001年至今的各种教育学历证书,包括研究生、普通本专科、成人本专科等;通过查询个人公开的自媒体(如博客、微博等)来进一步了解应聘者。任何形式的背景调查,都要在应聘者本人知晓并同意的情况下进行。调查者在调查中应注意技巧,不问及个人隐私,不涉及被调查人尚未离职的单位,遵守保密义务,保证信息仅作招聘决策用,避免调查中的偏见和歧视。对于目前非常流行的社交工具(如微信、领英等),用人单位是否有了解的权力,这是一个新出现的有争议的问题。朋友圈的内容能在一定程度上反映应聘者的生活和工作状态,基本价值观等。了解朋友圈的内容,确实有助于用人单位综合判断劳动者的各方面情况,但是由于涉及个人隐私,如果劳动者拒绝也是情理之中,用人单位不应强制查看并以此作为不雇佣的理由。

5.2.2 学历造假引发的争议处理

如果在建立劳动关系以后发现劳动者个人信息造假,用人单位可以此主张劳动合同无效,解除和劳动者的劳动合同。但是并不是只要劳动者存在学历或经历造假,就必然导致劳动合同无效,这里还需要单位证明劳动者的欺诈行为和用人单位的雇佣决策之间有因果关系,具体可以参考刑事法律中对欺诈的判断要件。所谓欺诈,是指行为人故意告知对方虚假情况或者故意隐瞒真实情况,诱使对方做出错误意思表示的行为[①],法律上的欺诈,应符合

---

① 参见《最高人民法院关于贯彻执行〈中华人民共和国民法通则〉若干问题的意见(试行)》第六十八条。

以下四个要件:(1)行为人主观须出于故意。此处的故意有两层含义,其一是使对方陷入错误认识的故意,其二为使对方基于错误认识做出错误意思表示的故意。二者相互结合,共同构成欺诈的主观心理状态。(2)行为人客观上做出了欺诈的行为。通常表现为行为人虚构事实或隐瞒真相,比如伪造学历、伪造律师执业证书、伪造金融行业从业经历等。(3)相对人做出错误意思表示。如相对人仅在主观上陷入错误认识,未实际做出不符合真实意思的行为或表示,则也不能成就欺诈。(4)行为人的欺诈行为与相对人的错误意思表示之间具有直接的因果关系,即没有行为人的欺诈,相对人根本不会为之。如相对人基于其他错误认识而为错误意思表示,则行为人也不构成对相对人的欺诈。在劳动者学历欺诈的认定中也需遵从此要素分析原则,并不是说只要劳动者造假就一定构成了欺诈,但是劳动者的不诚实行为也不应该被鼓励。

判例 5-2:劳动者学历问题判例——北京某网络科技有限公司解雇案[①]

劳动者:于某,以下简称 X;

用人单位:北京某网络科技有限公司,以下简称 Y.

① 案情简介。

1. 2015 年 5 月 5 日,X 入职 Y 公司工作,试用期为 2 个月,职务为 JAVA 工程师。

2. 2015 年 5 月 5 日,X 向 Y 公司提交了《普通高等学校毕业证书》,并填写《员工入职履历表》,载明在 2007—2011 年,X 在上海信息管理专修学院取得本科学历,并签字确认如下声明:"我对每一个问题的回答及所提供的资料都是真实的,同意公司获取关于我过去及目前雇主的所有信息及其他合适的资料,公司已经告知本人工作内容、工作条件、工作地点、职业危害、安全生产状况、劳动报酬、员工手册等相关制度,已知晓其内容,我知道歪曲这份求职申请表上任何信息都是可以无偿解聘的。"

3. 2017 年 3 月,X 的职务调整为技术部门项目经理,月工资由 12 000 元调整为 25 000 元。

4. 在职期间,X、Y 双方订立期限为 2 年的劳动合同书。2017 年 5 月 5 日,双方再次订立了劳动合同,约定合同期限为 2017 年 5 月 5 日至 2019 年 5 月 4 日止,岗位为技术部门项目经理,……乙方(X)所提供的各种与甲方(Y)招聘要求有关的证件的真实性有疑义的,甲方可以解除本合同……。

5. X 正常出勤至 2017 年 11 月 1 日,当日,Y 公司以 X 学历造假、构成欺诈与其解除劳动合同,X 办理了离职交接手续。

6. X 就违法解除劳动合同赔偿金向海淀区劳动争议仲裁委员会申请仲裁,仲裁委员会认可其提供虚假学历。X 还就拖欠工资等事项提出诉讼请求。

② 法院裁判要旨(一审)。

1. X 提供的所有关于其学习、工作履历等相关的证明材料,系 Y 公司能否录用 X 担任

[①] 于某与北京某网络科技有限公司劳动争议二审民事案,北京市第一中级人民法院(2018)京 01 民终 7258 号,裁判日期为 2018 年 9 月 6 日。

相关岗位的重要考量依据。现 X 自认其在入职之时,向 Y 公司提交的毕业证书为虚假证书,其行为显然属于以欺诈手段使得 Y 公司与其建立劳动关系的行为。

2. X 虽表示其学历并非 Y 公司录用其所考虑的因素,且其工作能力已经得到了该公司的认可并续签了劳动合同书,但诚信入职本就是劳动者入职的最基本的要求,X 本应如实向 Y 公司告知其真实的学历状况并提供真实的证明材料,但其并未向 Y 公司说明此情况,足见其提供虚假信息的主观过错。

综上,法院对 Y 公司提出的 X 提供虚假的学历证明采用欺诈手段与其建立劳动关系的主张予以采信,依法确认 X 与 Y 公司之间在 2015 年 5 月 5 日至 2017 年 11 月 1 日期间建立的劳动关系属于无效劳动关系,双方订立的劳动合同无效。鉴于此,劳动合同关系无效系 X 个人原因所致,Y 公司因 X 提供虚假学历证明而与其解除劳动关系并无不当,故 Y 公司无需支付 X 违法解除劳动关系赔偿金。

③ 法院裁判要旨(二审)。

诚实信用原则是劳资双方均应当遵守的基本原则。X 在入职时向 Y 公司提交虚假的毕业证书,其行为显然属于以欺诈手段使得 Y 公司与其建立劳动关系的行为。X 入职时也签署了有关如实陈述的声明,其应当明知其欺诈行为的危害后果。X 在职期间,虽然双方又续签了劳动合同,但两份劳动合同系双方一直存续的劳动关系在书面劳动合同文本中的体现,而不能割裂开来分而治之。因此,一审法院的判决并无不当,Y 公司无需支付 X 违法解除劳动合同赔偿金。

5.3 实践三:录用通知的撰写及相关争议

5.3.1 录用通知的内容和法律效力

录用通知是用人单位向拟录用人员发出的通知,用以告知其已经被录用的情况,是用人单位与拟录用人员签订正式劳动合同的要约,录用通知应该是书面且正式的,用人单位在录用通知中应该以诚恳、明确的态度告知被雇佣者相关信息,使得求职者收到通知后能够对未来的工作状况、入职流程以及录用通知的效力和实效等有基本的了解,是促进劳动关系的重要交流活动。在内容上,录用通知中应包括:(1)对劳动条件的预说明,包括雇佣的主要特征、具体的工作岗位、工作职责、工作地点、薪酬情况、试用期状况以及试用期薪酬、福利待遇、社会保险、股权激励状况等方面;(2)答复录用通知的具体说明,如应聘者接受或者拒绝的时间范围、答复方式、逾期未答复的后果;(3)明确传递关于如何报到的信息,也就是入职时间,入职地点,入职需要准备的材料,是否需要体检等方面的信息。在体检方面,有时用人单位会指定体检机构,需要说明的是,入职体检是由于用人单位的招录行为而起,所以,单位应承担体检费用;(4)其他事项,如在工作或者组织上有没有特殊要求。

在法律性质方面,录用通知不同于劳动合同,它是用人单位单方发出的,具有要约的性质。关于录用通知的性质与法律效力问题,我国劳动法律中并无相关规定,实践中往往要结合《民法典》的规定来考虑和判断。从劳动合同缔结程序来看,员工的录用过程完全符合《民法典》中关于合同缔结过程中有关要约与承诺的规定。因此,录用通知从法律性质上讲是一种要约。对于用人单位来说,录用通知一经发出到达劳动者后即生效,用人单位不得撤销;对于劳动者来说,其收到录用通知书,既可以选择承诺,也可以选择放弃;如果选择承诺,双方劳动关系预期成立,应尽快进入到入职并签订劳动合同阶段。

录用通知一旦发出,如想撤回或撤销需符合一定的要求,撤回录用通知一定要先于录用通知到达拟录用人员或同时到达,撤销通知必须在拟录用人员作出承诺之前到达,且不具备下列不可撤销的情形:(1)用人单位确定了拟录用人员作出答复的期限或者以其他形式明示该录用通知不可撤销;(2)拟录用人员有充分合理的理由认为该录用通知是不可撤销的,并已经为履行合同做了准备工作,如向原单位辞职。① 同时,录用通知要明确规定录用通知失效的条件,便于劳动者出现某种情况时拒绝其入职。有时候,录用通知中也会约定双方达成合意后的违约责任。被雇佣者答复录用通知明确接受工作要约后,应及时与用人单位签订劳动合同,将录用通知中的劳动条件以及相关细节最终确定下来,如果最终双方确认的相关权利义务事项中有与录用通知不一致的,以最终签订的劳动合同条款为准。劳动合同可以包括录用通知中的部分内容,也可以对其进行变更。劳动合同签订后,用人单位可以将其内容直接写入劳动合同中以进一步保证其效力,也可以通过明确说明使录用通知失效。如果劳动合同和录用通知中的条款有不一致,应当以劳动合同的约定为准。

5.3.2 录用通知方面相关争议处理

录用通知的法律效力虽然属于要约,但是由于现实中双方有时会在录用通知中明确说明各项劳动合同中应该约定的条款,如工作岗位、劳动报酬、工作地点、工作时间和社会保险等各项劳动条件,所以,司法实践中也有将其认定为属于劳动合同的判例。因为劳动合同的核心功能是对劳动关系中双方的具体权利义务进行明确,而在这种情况下,经过劳动者承诺的录用通知发挥了这种功能,司法实践中也有判例从实际功能的角度出发,将录用通知认定为劳动合同。但当录用通知与劳动合同约定不相符时,劳动合同是确定双方权利义务的最终依据。

判例 5-3:录用通知认定为劳动合同判例——某基金管理有限公司劳动争议案②

劳动者:熊某,以下简称 X;

用人单位:某基金管理有限公司,以下简称 Y。

① 案情简介。

1. Y 公司于 2017 年 3 月 27 日发送《Y 公司人员录用通知书》,记载到:薪酬(基本工资+岗位工资+绩效工资)是税前 25000 元/月,绩效工资为工资总额的 10%,在半年度考核合格后发放;试用期是 1 个月,试用期内工资按 90% 发放,另包括通讯费、交通费、午餐标准等。该通知书备注处第 3 项记载:劳动关系正式确立后,双方的权利义务以劳动合同约定为

---

① 鲁志峰.中国人力资源社会保障,2014(12):48-49.
② 熊某与某基金管理有限公司劳动争议二审民事案,北京市第二中级人民法院(2019)京 02 民终 15262 号,裁判日期为 2019 年 12 月 30 日。

准。X认为工资薪酬应以录用通知为准。

2. 后X与Y公司签订了期限自2017年4月12日至2018年4月30日止的固定期限劳动合同,约定X在Y公司的主动管理事业部担任基金经理助理职务,试用期为2017年4月12日至2017年5月11日。双方关于劳动报酬的约定为:试用期内工资按90%发放。劳动报酬为基本工资11 250元/月,岗位工资11 250元/月,以上薪酬均为税前标准等内容。

3. 2018年3月30日,Y公司给X发送《终止劳动合同通知书》的电子邮件,记载:双方于2017年4月12日签订的劳动合同将于2018年4月30日期限届满,单位决定不再与你续订劳动合同。上述劳动合同将于期限届满之日终止。

4. 当日X收到《终止劳动合同通知书》,但希望继续履行劳动合同,并主张由于受伤一直未好,2018年4月30日时医疗期尚未结束,双方劳动合同应当顺延。2018年5月9日,X向Y公司发送标题为《关于顺延劳动合同的申请》的电子邮件,但显示邮件未被接收。

5. X就工资薪酬、加班费等向法院提起上诉,并根据Y公司出具的录用通知书要求Y公司按录用通知支付绩效工资32 500元,以及交通费、通讯费、过节费。(其余各项请求此处省略)

② 法院裁判要旨(二审)。

X依据Y公司发送的录用通知书主张绩效工资以及过节费,但该录用通知书中已经明确:"劳动关系正式确立后,双方的权利义务以劳动合同约定为准,"故X与Y公司之间的劳动关系具体内容,应当以双方在录用通知书之后签订的书面劳动合同书作为依据。双方在书面劳动合同中并未对X所主张的绩效工资和过节费进行确认,X也无其他证据证明Y公司应当向其另行支付绩效工资和过节费用,故一审法院驳回X的上述请求处理正确,本院对此予以确认。

③ 法院裁判要旨(再审)。

X系依据Y公司发送的录用通知书主张其绩效工资及过节费,但根据录用通知书所载,其与Y公司之间的权利义务约定应由双方订立的书面劳动合同予以规制。双方订立的书面劳动合同未据此作出约定,X也未能提供充分证据证明其主张,故一、二审法院关于此部分请求的认定也无不妥。

6 劳动合同的签订和变更管理

6.1 实践一：书面劳动合同的起草

6.1.1 劳动合同的必备条款

劳动合同的条款需要在法律的基础上由双方协商确定。《中华人民共和国劳动合同法》对劳动合同的必备条款作出了规定,即用人单位与劳动者签订书面劳动合同,应当具备以下条款:"(一)用人单位的名称、住所和法定代表人或者主要负责人;(二)劳动者的姓名、住址和居民身份证或者其他有效身份证件号码;(三)劳动合同期限;(四)工作内容和工作地点;(五)工作时间和休息休假;(六)劳动报酬;(七)社会保险;(八)劳动保护、劳动条件和职业危害防护;(九)法律、法规规定应当纳入劳动合同的其他事项。"对比《中华人民共和国劳动法》,必备条款由7项变为9项。保留了4项,增加了6项。保留的4项分别是劳动合同期限、工作内容、劳动保护和劳动条件、劳动报酬;取消的3项分别为劳动纪律、劳动合同终止条件、违反劳动合同的责任;增加的6项分别为用人单位和劳动者的基本信息、工作地点、工作时间和休息休假、社会保险、职业危害防护。

条款变化各有原因,从发展变化中可以了解到立法的倾向性。在增加的条款中,增加双方信息的条款,是这些内容是劳动关系双方主体的基本情况,应当在劳动合同中明确。增加工作地点的条款,是实践中劳动者的工作地点可能与用人单位的住所地不一致,有必要在订立劳动合同时予以明确。增加工作时间和休息休假的条款,是为了在法定标准基础上,进一步明确该劳动者具体的工作时间和休息休假安排。增加了社会保险的条款,是为了增强劳资双方参与社会保险的权利义务意识,实际上,依法参加社会保险和缴纳社会保险费,是用人单位和劳动者的法定义务,无论用人单位与劳动者是否约定、如何约定,均应依法参加社会保险和缴纳社会保险费。增加了职业危害防护的条款,主要是为了做好与《职业病防治法》相关规定的衔接,促进该条款的落实。《职业病防治法》规定,用人单位与劳动者订立劳动合同时,应当将工作过程中可能产生的职业病危害及其后果、职业病防护措施和待遇等如实告知劳动者,并在劳动合同中写明,不得隐瞒或者欺骗。

这些条例虽然在法律上称作必备条款,但是如果这些事项有缺失,并不必然导致劳动合同无效。对于缺失的必备条款,通常会参考事实推论其内容,并以实际履行为准。如果合同明确约定了,但是劳动合同中约定的情况与实际履行不符的,司法实践也倾向以实际履行进行认定,如实际工资比合同约定工资高等,这类情况在现实中很常见,一旦出现争议,很多时候都是以实际履行工资进行认定的,这也是劳动合同与其他民事合同效力的一处重要不同。

6.1.2　书面劳动合同样例分析

在以下劳动合同模板中,我们可以看到具体条款设计的情况。根据惯例,劳动合同中用人单位通常为甲方,劳动者为乙方,其中,劳动者和用人单位的相关信息比法律中对必备条款的要求更详细,主要是为了在合同中将双方的具体情况加以固定和明确,便于日后双方的沟通。在法律依据方面,增加了地方性法规《深圳市员工工资支付条例》。在劳动合同期限方面,将三种方式并列呈现以供选择,并设计了试用期条款的适用。在工作时间方面,也是并列呈现了三种工作时间制度,供现实中根据具体情况进行选择。该劳动合同中的薪酬条款也是如此,现实中劳动报酬的写法有两种基本方式:一种是明确写明劳动者的具体工资报酬;另一种则是不出现具体的薪酬数额,而是将此条规定为依据薪酬制度方法。此合同文本也是综合考虑了现实中的这两种情况。在社会保险方面,双方依据国家和地方法律法规履行各自义务。在福利方面,进行了开放性条款的设计,供现实中用人单位和劳动者进行个性化的约定。在劳动保护方面,专门进行了对于职业安全危害因素的提前说明,以此保障用人单位及时、如实地履行告知义务。另外,合同模板中还设计了规章制度条款,对双方在规章制度方面的权利义务进行了申明。文本中还规定了劳动合同的变更、解除和终止,以及争议处理方面的相关事项,这些事项并不是劳动合同的必备条款,模板中将其加入,主要作用是使劳动者和用人单位双方更加明确具体的法律原则。实际上,即使合同中没有写明,双方在劳动合同的变更、解除和终止等方面也都应遵守相应的法律规定,按照法律原则进行处理。当具体的劳动合同条款不同于法律规定时,如果双方的约定更不利于劳动者的权益,则该约定是无效的,应以法律规定为依据。如果双方的约定条款对劳动者更有利,则出现争议时应依据双方的约定。

深圳市劳动合同

（适用全日制用工）

深圳市人力资源和社会保障局编制

甲方(用人单位)　　　　　　　　　乙方(员工)

名称：＿＿＿＿＿＿＿　　　　　　　姓名：＿＿＿＿＿＿＿

住所：＿＿＿＿＿＿＿　　　　　　　性别：＿＿＿＿＿＿＿

法定代表人

（主要负责人）：＿＿＿＿＿＿　　　身份证(护照)

号码：＿＿＿＿＿＿＿

联系人：＿＿＿＿＿＿　　　　　　　户籍地址：＿＿＿＿＿＿

现住址：＿＿＿＿＿＿

联系电话：＿＿＿＿＿＿　　　　　　联系电话：＿＿＿＿＿＿

根据《中华人民共和国劳动法》(以下简称《劳动法》)、《中华人民共和国劳动合同法》(以下简称《劳动合同法》)、《深圳市员工工资支付条例》(以下简称《工资支付条例》)等有关法律法规的规定,甲、乙双方遵循合法、公平、平等自愿、协商一致、诚实信用的原则,签订本劳动合同,共同遵守本劳动合同所列条款。

一、劳动合同期限

(一)甲乙双方同意按以下第____种方式确定本劳动合同期限。

1. 有固定期限:从____年____月____日起至____年____月____日止。

2. 无固定期限:从____年____月____日起。

3. 以完成一定工作任务为期限:从____年____月____日起至工作任务完成时止。完成工作任务的标志是_____。

(二)试用期为____天,从____年____月____日起至____年____月____日止。(试用期包括在劳动合同期限内,如无试用期,则填写"无")。

二、工作内容和工作地点

乙方的工作内容(岗位或工种):_____
_____。

乙方的工作地点:_____。

三、工作时间和休息休假

(一)甲、乙双方同意按以下第____种方式确定乙方的工作时间。

1. 标准工时制,即每日工作____小时(不超过 8 小时),每周工作____小时(不超过 40 小时),每周至少休息一日。

2. 不定时工作制,即经人力资源保障(劳动)部门批准,乙方所在岗位实行不定时工作制。

3. 综合计算工时工作制,即经人力资源保障(劳动)部门批准,乙方所在岗位实行综合计算工时工作制。

(二)甲方由于生产经营需要延长工作时间的,按《劳动法》第四十一条执行。

(三)乙方依法享有法定节假日、年休假、婚假、产假、丧假等假期。

(四)乙方的其他休息休假安排_____
_____。

四、劳动报酬

(一)甲方依法制定工资分配制度,并告知乙方。甲方支付给乙方的工资不得低于市政府公布的当年度最低工资。

(二)甲方经与乙方协商,同意按以下第____种方式支付乙方的工资。

1. 乙方每月正常工作时间工资____元;试用期内每月正常工作时间工资____元。

2. 双方约定以_____
_____确定乙方工资。

(三)甲方每月____日发放工资。甲方至少每月以货币形式向乙方支付一次工资。

(四)乙方加班工资、假期工资及特殊情况下的工资支付按有关法律、法规的规定执行。

（五）甲、乙双方对工资的其他约定＿＿＿＿＿＿＿＿＿＿＿＿＿＿＿＿＿＿＿
＿＿＿＿＿＿＿＿＿＿＿＿＿＿＿＿＿＿＿＿＿＿＿＿＿＿＿＿＿＿＿＿＿＿＿＿＿
＿＿＿＿＿＿＿＿＿＿＿＿＿＿＿＿＿＿＿＿＿＿＿＿＿＿＿＿＿＿＿＿＿＿＿＿。

五、社会保险和福利待遇

（一）甲、乙双方按照国家和省、市有关规定，参加社会保险，缴纳社会保险费。

（二）乙方患病或非因工负伤，甲方应按国家和省、市的有关规定给予乙方享受医疗期和医疗期待遇。

（三）乙方患职业病、因工负伤的，甲方按《中华人民共和国职业病防治法》《工伤保险条例》等有关法律法规的规定执行。

（四）甲方为乙方提供以下福利待遇：＿＿＿＿＿＿＿＿＿＿＿＿＿＿＿＿＿＿
＿＿＿＿＿＿＿＿＿＿＿＿＿＿＿＿＿＿＿＿＿＿＿＿＿＿＿＿＿＿＿＿＿＿＿＿。

六、劳动保护、劳动条件和职业危害防护

（一）甲方按照国家和省、市有关劳动保护规定，提供符合国家安全卫生标准的劳动作业场所和必要的劳动防护用品，切实保护乙方在生产工作中的安全和健康。

（二）甲方按照国家和省、市有关规定，做好女员工和未成年工的特殊劳动保护工作。

（三）乙方从事＿＿＿＿＿＿＿作业，可能产生＿＿＿＿＿＿＿职业危害，甲方应采取＿＿＿＿＿＿＿
＿＿＿＿＿＿＿＿＿＿＿＿＿＿＿防护措施，且按照国务院卫生行政部门的规定组织上岗前、在岗期间和离岗时的职业健康检查，并将检查结果如实告知乙方。职业健康检查费用由用人单位承担。

（四）乙方有权拒绝甲方的违章指挥和强令冒险作业；对甲方危害生命安全和身体健康的行为，乙方有权要求改正或向有关部门举报。

（五）经双方协商一致，在台风黄色、橙色、红色预警信号发布后，为保障员工安全，用人单位停工（抢险救灾、医疗及保障居民基本生活必需的公共交通、供水、供电、燃气供应等特殊行业除外），并为滞留在单位的员工提供保障安全的避风场所。经合同双方协商一致，在暴雨红色预警信号发布后，为保障员工安全，用人单位安排员工停工或推迟上班（抢险救灾、医疗及保障居民基本生活必需的公共交通、供水、供电、燃气供应等特殊行业除外）；已在室内工作的员工应做好安全防范，如果下班时预警信号仍在生效，用人单位应提供安全场所让员工暂避。

七、规章制度

（一）甲方依法制定的规章制度，应当告知乙方。

（二）乙方应遵守国家和省、市有关法律法规和甲方依法制定的规章制度，按时完成工作任务，提高职业技能，遵守安全操作规程和职业道德。

（三）乙方自觉遵守国家和省、市计划生育的有关规定。

八、劳动合同变更

甲、乙双方经协商一致，可以变更劳动合同。变更劳动合同应采用书面形式。

变更后的劳动合同文本双方各执一份。

九、劳动合同解除和终止

（一）甲、乙双方协商一致,可以解除劳动合同。

（二）乙方提前三十日以书面形式通知甲方,可以解除劳动合同;乙方试用期内提前三日通知甲方,可以解除劳动合同。

（三）甲方有下列情形之一的,乙方可以通知甲方解除劳动合同:

1. 未按照劳动合同约定提供劳动保护或者劳动条件的;

2. 未及时足额支付劳动报酬的;

3. 未依法为乙方缴纳社会保险费,经乙方要求甲方缴纳,超过一个月仍未缴纳的;

4. 规章制度违反法律、法规的规定,损害乙方权益的;

5. 以欺诈、胁迫的手段或者乘人之危,使乙方在违背真实意思的情况下订立或者变更本劳动合同,致使劳动合同无效的;

6. 免除自己的法定责任、排除乙方权利,致使劳动合同无效的;

7. 违反法律、行政法规强制性规定,致使劳动合同无效的;

8. 法律、行政法规规定乙方可以解除劳动合同的其他情形。

（四）甲方以暴力、威胁或者非法限制人身自由的手段强迫乙方劳动的,或者甲方违章指挥、强令冒险作业危及乙方人身安全的,乙方可以立即解除劳动合同,不需事先告知甲方。

（五）乙方有下列情形之一的,甲方可以解除劳动合同:

1. 在试用期间被证明不符合录用条件的;

2. 严重违反甲方的规章制度的;

3. 严重失职,营私舞弊,给甲方造成重大损害的;

4. 同时与其他用人单位建立劳动关系,对完成本单位的工作任务造成严重影响,或者经甲方提出,拒不改正的;

5. 以欺诈、胁迫的手段或者乘人之危,使甲方在违背真实意思的情况下订立或者变更本劳动合同,致使劳动合同无效的;

6. 被依法追究刑事责任的。

（六）有下列情形之一的,甲方提前三十日以书面形式通知乙方或者额外支付乙方一个月工资后,可以解除劳动合同,《劳动合同法》第四十二条规定的情形除外:

1. 乙方患病或者非因工负伤,在规定的医疗期满后不能从事原工作,也不能从事由甲方另行安排的工作的;

2. 乙方不能胜任工作,经过培训或者调整工作岗位,仍不能胜任工作的;

3. 劳动合同订立时所依据的客观情况发生重大变化,致使劳动合同无法履行,经甲、乙双方协商,未能就变更劳动合同内容达成协议的。

（七）有下列情形之一,甲方需要裁减人员二十人以上或者裁减不足二十人但占甲方职工总数百分之十以上的,甲方应提前三十日向工会或者全体职工说明情况,在听取工会或者职工的意见,并将裁减人员方案向人力资源保障（劳动）部门报告后,可以裁减人员,《劳动合同法》第四十二条规定的情形除外:

1. 依照企业破产法规定进行重整的；
2. 生产经营发生严重困难的；
3. 企业转产、重大技术革新或者经营方式调整，经变更劳动合同后，仍需裁减人员的；
4. 其他因劳动合同订立时所依据的客观经济情况发生重大变化，致使劳动合同无法履行的。

（八）有下列情形之一的，劳动合同终止：
1. 劳动合同期满的；
2. 乙方达到法定退休年龄的；
3. 乙方死亡，或者被人民法院宣告死亡或者宣告失踪的；
4. 甲方被依法宣告破产的；
5. 甲方被吊销营业执照、责令关闭、撤销或者甲方决定提前解散的；
6. 法律、行政法规规定的其他情形。

十、经济补偿

（一）符合下列情形之一的，甲方应当向乙方支付经济补偿：
1. 甲方依据本劳动合同第九条第（一）项规定向乙方提出解除劳动合同并与乙方协商一致解除劳动合同的；
2. 乙方依据本劳动合同第九条第（三）项、第（四）项规定解除劳动合同的；
3. 甲方依据本劳动合同第九条第（六）项、第（七）项规定解除劳动合同的；
4. 除甲方维持或者提高劳动合同约定条件续订劳动合同，乙方不同意续订的情形外，依据本合同第九条第（八）项第1目规定终止固定期限劳动合同的；
5. 依据本合同第九条第（八）项第4目、第5目规定终止劳动合同的；
6. 法律、行政法规规定的其他情形。

（二）甲、乙双方解除或终止本劳动合同的，经济补偿的发放标准应按《劳动合同法》以及国家和省、市有关规定执行。甲方依法应向乙方支付经济补偿的，应在乙方办结工作交接时支付。

十一、劳动合同解除和终止手续

甲、乙双方解除或终止本劳动合同的，乙方应按双方约定，办理工作交接等手续。甲方应当在解除或者终止劳动合同时出具解除或者终止劳动合同的证明，并在十五日内为乙方办理档案和社会保险关系转移手续。甲方出具的解除或者终止劳动合同的证明，应当写明劳动合同期限、解除或者终止劳动合同的日期、工作岗位、在本单位的工作年限。

十二、争议处理

甲、乙双方发生劳动争议的，应先协商解决。协商不成的，可以向本单位工会寻求解决或向本单位劳动争议调解委员会申请调解；也可以直接向劳动争议仲裁委员会申请仲裁。

十三、双方认为需要约定的其他事项

（略）

十四、其他

（一）本劳动合同未尽事宜或劳动合同条款与现行法律法规规定有抵触的，按现行法律法规执行。

（二）本劳动合同自甲、乙双方签字盖章之日起生效，涂改或未经书面授权代签无效。

（三）本劳动合同一式两份，甲乙双方各执一份。

甲方：（盖章）　　　　　　　　　　　　乙方：（签名）
法定代表人：
（主要负责人）

年　　月　　日　　　　　　　　　　　年　　月　　日

6.1.3　签订劳动合同典型判例

劳动合同的生效，需要用人单位盖章并由法定代表人签字，劳动合同一定要由劳动者本人签字，否则，将直接影响劳动合同的效力。用人单位虽主张和劳动者签订了劳动合同，但是劳动者不认可的情况下需要进行笔迹鉴定，如果不能确认签字是劳动者本人所签，则会被认为属于未签书面劳动合同。现实中还有劳动者将劳动合同借走没还回来，从而主张未签合同的。这就要求人力资源管理者对包括劳动合同在内的各类文件进行严格密级管理，设置审批调取程序，做好劳动合同的签订、保存工作，以预防此类事件的发生。

另外，在劳动合同的书面形式方面，在大数据背景下电子合同日益成为一种重要的合同方式。我国《民法典》明确规定，以电子数据交换、电子邮件等方式能够有形地表现所载内容，并可以随时调取查用的数据电文，视为书面形式。在劳动法和民法的关系上，有学者曾明确指出，由于通过市场配置劳动力资源的现实的存在，劳动法无法离开民法，劳动法包含较多的弱者保护制度，但它们并不足以将其从民法中分离出去。[1] 在合同的形式方面，民法上的基本原则应适用于劳动合同领域，电子劳动合同应成为劳动合同存在的一种形式，这点在判例中已经有所体现。

判例6-1：非本人签名劳动合同——北京某酒店管理有限公司劳动争议案[2]

劳动者：孙某，以下简称X；

用人单位：北京某酒店管理有限公司，以下简称Y。

① **案情简介**。

1. X于2015年3月24日入职Y公司，在人事部门从事招聘工作。

---

[1] 沈建峰，劳动法作为特别私法《民法典》制定背景下的劳动法定位，中外法学，2017(6)，1506-1525。
[2] 北京某酒店管理有限公司与孙某劳动争议一审民事案，北京市海淀区人民法院(2015)海民初字第41725号，裁判日期为2016年9月29日。

2. 2015年7月14日,双方解除劳动关系。在职期间,Y公司为X缴纳社会保险,于每月15日向X转账支付上一个自然月的工资。

3. 双方就工资差额、经济赔偿金等各项提出争议,先后诉至仲裁、法院,其中,X提出2015年4月24日至2015年7月14日在职期间双方未签订劳动合同,等等。

4. 庭审中,双方对Y公司提交的劳动合同是否为X本人签名产生争议,法院鉴定结果存疑。

② **法院裁判要旨(一审)**。

1. 本案中,双方就该劳动合同中X签字的真实性存疑,Y公司虽就此申请司法鉴定,但由于检材及样本书写速度等差异过大无法比对而被鉴定机构退案处理。双方确认无误的比对样本中,仅依据普通人的常识判断,肉眼可辨以上三个时期的签名中X名字的"立"字均缩写为一笔,与Y公司所提交的《劳动合同》中签名存有明显差异。

2. Y公司在王某、许某另两宗劳动争议纠纷案件中所提交的劳动合同,其中所显示的劳动者签名业已经鉴定为"非本人签署"。故综合以上情况,考虑到Y公司作为双方劳动关系中管理者一方所应承担的举证责任,本院对本案中Y公司所持主张无法予以采信。进而,本院采信X所持主张,认定双方未签订书面劳动合同,故X要求Y公司按照工资实发情况支付2015年4月29日至2015年7月14日未签劳动合同二倍工资差额7 409.75元并无不当,本院应予支持。

判例6-2:电子邮件书面劳动合同判例——广州某船舶设备有限公司劳动争议案[①]

劳动者:陈某,以下简称X;

用人单位:广州某船舶设备有限公司,以下简称Y。

① **案情简介**。

1. X与Y公司劳动关系存续期间为2014年6月9日至2015年1月19日,Y公司在X入职时通过电子邮件发给X雇佣合同,未签订书面劳动合同。

2. 2014年12月20日,Y公司向X发出通知,内容为由于公司2015年起进行人员岗位重新编制,决定终止与X的雇佣关系,至2015年1月19日结束。

3. X向劳仲委提出仲裁申请,主张双方未签订书面劳动合同,要求双倍工资以及加班费、奖金等各项。仲裁裁决后,X与Y公司均不服裁决结果,各自向人民法院提起诉讼。

4. 庭审中查明,Y公司提交的雇佣合同无双方签名,X认可公司发给其电子邮件所载的薪酬待遇及劳动岗位与双方口头协商的内容一致,收到后给予了肯定回复。

② **法院裁判要旨(一审)**。

1. 诉讼行为必须遵循诚实信用的原则,对自己的言词作出的各种意思表示负责,不得随意推翻自己的在先言词。本案中,X已收到Y公司发出的雇佣合同,在仲裁中承认,在诉讼中又否认;在仲裁中承认收到雇佣合同并用英文回复,在本案审理过程中表示收到的雇佣

[①] 广州某船舶设备有限公司与陈某劳动争议二审民事案,广州市中级人民法院(2015)穗中法民一终字第6024号,裁判日期为2015年11月6日。

合同是英文,自己不懂英文,也不知谁发的,前后矛盾,不合常理,诉讼行为缺乏诚信,原审法院对其在本案中关于否认收到雇佣合同的陈述不予采信。

2. Y公司发出的雇佣合同无公司盖章、签名,仅能视为向X发出的要约邀请,X对合同条款没有意见,Y公司应在合同上盖章确认并交由X签名,方能视为双方已签订书面劳动合同。法院认定用人单位以电子邮件的形式发出劳动合同并经劳动者以电子邮件的形式表示接受,但无双方签名盖章的情形下,不能认定双方已签订书面劳动合同。

③ **法院裁判要旨(二审)**。

从当事人之间的协商过程来看,雇佣合同的电子邮件是对双方口头约定的内容进行确认,而这种确认形式完全可以将双方的协商条款固定下来,当事人任何一方均可以查看和复制,并可以作为双方协商一致的证据使用,与纸质的书面合同并无二致。从该电子邮件内容来看,其已具备了劳动合同的基本权利义务条款,具有可履行性,虽然未明确约定期限,但双方可于事后另行协商补救或直接依法处理,故未约定合同期限不影响该劳动合同的成立。从相关法律的规定看,《中华人民共和国合同法》第十一条及《中华人民共和国电子签名法》第四条对书面形式作出解释,电子邮件作为电子数据的一种可视为书面形式之一。综上,本院认定当事人双方之间已签订书面劳动合同,原审法院以该合同无合约期限以及双方未另行签章为由,认定双方未签订书面劳动合同属于认定事实错误,本院予以纠正。故上诉人Y公司无需支付未签书面劳动合同的双倍工资差额,其相关上诉请求成立,本院予以支持。

6.2 实践二:各类不规范劳动合同的处理

在人力资源管理实践中,经常会有各种不规范的约定劳动条件的文件出现,这些文件在名称上不是劳动合同,在内容上往往约定了应由劳动合同约定的事项,这些文件能否被认定为具有劳动合同的性质就成为现实中的争议点。从劳动合同功能论的视角出发,只要条款能够发挥劳动合同中的固定双方权利义务的功能,则倾向于将其认为属于劳动合同。如果不能发挥此功能,对劳动条件的约定并不明确具体,则不能被认定为劳动合同,比如有的公司只签订了保密协议,仅就劳动关系涉及的保密事项进行了约定,该协议不被认为是劳动合同。规章制度是和劳动合同并列的法律文件,其制定和实施有专门的法律规定,也不能和劳动合同相混淆,现实中要求将规章制度视为劳动合同的判例也没有得到支持。现实中还有各种类型的缺乏一些必备条款的劳动合同,也被称为简易劳动合同,简易劳动合同是否具有劳动合同的效力不能一概而论,有判例中呈现了合同签订方缺失时对合同效力的判定问题。也就是说,合同的生效需要双方签字盖章,当一方的签字确认有瑕疵时,是无法确认劳动合同的效力的。如果在双方合法有效签署的劳动合同中,有些必备条款缺失,则并不必然导致合同的无效,这时双方已经签订的劳动合同继续有效,对于缺失条款,双方应进一步协商确定签订补充合同,或者以现实中实际履行的情况为依据。

判例6-3:不规范劳动合同判例——广州某建筑劳务有限公司劳动争议案[①]

劳动者:曹某,以下简称X;

用人单位:广州某建筑劳务有限公司,以下简称Y。

① 案情简介。

1. X于2017年7月4日入职Y公司,没有签订劳动合同。Y公司只与X签订了《员工个人信息登记表》,记载了X的身份信息,工作岗位、地点、报酬,约定了试用期一个月,以及以上内容的细化,有双方签字。

2. Y在与X签订上述登记表时,X阅看了《项目管理人员行为规范》、《考勤管理制度》,并在其身份证复印件上注明已阅,签名按手印确认。

3. 2018年1月15日,双方解除劳动关系,后X就未签订劳动合同等问题诉至法院,请求判令Y公司支付2017年8月4日至2018年1月15日期间未签劳动合同两倍工资48 925.12元等项。

4. 庭审中,Y提出《员工个人信息登记表》、《项目管理人员行为规范》、《考勤管理制度》、身份证复印件上的内容组成了一个不规范劳动合同,可视为双方签订的书面劳动合同。

② 法院裁判要旨(二审)。

《员工个人信息登记表》并不完全具备劳动合同的必备要件,至于Y公司认为《项目管理人员行为规范》《考勤管理制度》、身份证复印件上记载的内容与《员工个人信息登记表》一起组成了劳动合同的问题,因仲裁、一审时Y均未提交《考勤管理制度》,且《项目管理人员行为规范》《考勤管理制度》未能体现出双方的合意,故一审认定双方当事人未签订书面劳动合同,Y公司应支付未签劳动合同两倍工资差额正确。

6.3 实践三:未签订书面劳动合同的情况处理

《中华人民共和国劳动合同法》明确规定,用工单位在用工一个月后未与劳动者签订书面劳动合同的,则应承担双倍工资的法律责任。具体来说,未签书面合同的双倍工资的计算涉及期间确定问题。《中华人民共和国劳动合同法》规定,已建立劳动关系,未同时订立书面劳动合同的,应当自用工之日起一个月内订立书面劳动合同。用人单位自用工之日起超过一个月不满一年未与劳动者订立书面劳动合同的,应当向劳动者每月支付两倍的工资。如果用人单位自用工之日起满一年不与劳动者订立书面劳动合同的,在司法实践中视为用人单位已经与劳动者订立了无固定期限劳动合同,这段期间用人单位不再承担两倍工资。同时,两倍工资的支付时效问题也适用劳动争议一年的普通时效而不适用工资特殊时效。也就是说,对于未签书面劳动合同的劳动者,要及时主张两倍工资权利,超过仲裁时效后,则会使得两倍工资差额无法得到支持。

简要地说,两倍工资可以得到司法实践支持的期间可以分为两步来确定:

---

① 广州某建筑劳务有限公司与曹某劳动争议二审民事案,广州市中级人民法院(2018)粤01民终20861号,裁判日期为2019年1月10日。

第一,先找出实体法上劳动者可以获得双倍工资的时间,即自用工之日起一个月后起算,到用工之日或者用工满一年时。如果是劳动者合同到期未续签的,从到期次日起算。这期间是用人单位应向劳动者支付两倍工资的计算区间。超过一年的期间视为双方已经签订了无固定期限劳动合同,司法实践中不再要求单位支付两倍工资。

第二,根据程序法的要求,计算劳动者诉求的时效期间,是从劳动者主张诉求开始回溯一年时间,确定还在诉讼时效范围的将可以得到支持。综上,上述一、二两阶段的重合期间就是两倍工资可以被支持的期间。

判例6-4:两倍工资的计算典型判例——北京华夏成长投资管理有限公司劳动争议案[①]

劳动者:韩某,以下简称X;

用人单位:北京华夏成长投资管理有限公司,以下简称Y;北京华夏创新广告有限公司,以下简称Z。

① 案情简介。

1. X于2013年5月1日入职,并于2013年5月3日与Y公司签订期限自2013年5月1日起至2013年7月31日止的试用期合同,合同期限为3个月,并约定X担任销售总监工作岗位,工资由Y公司通过银行转账方式向X进行发放。到期后未再签订合同。

2. 工作期间,X与Z公司签订了业绩目标责任书。Y公司系Z公司股东之一,两公司的法定代表人均为方某某。

3. 2014年9月30日,X离职,就离职原因,X称系Z公司总经理梁某以其2014年度业绩完成不好为由口头要求其离职,Y公司及Z公司则称系X自行提出离职。

4. X于2015年5月6日以要求Y公司支付未签订劳动合同两倍工资差额、业务提成及公关费用等为由申请仲裁。仲裁裁决后,X与Y公司均不服裁决结果,提起诉讼。

② 法院裁判要旨(一审)。

1. 就未续签劳动合同两倍工资差额一节,Z公司虽称业绩目标责任书性质为劳动合同,但该业绩目标责任书的条款内容旨在约定X2014年度销售任务目标,并不完全具备劳动合同必备条款内容,故该公司的主张不予采信,Z公司应承担未与X签订劳动合同的法律后果。

2. 鉴于X于2015年5月6日提起仲裁,故其2014年5月6日前关于两倍工资差额的诉请业已超过诉讼时效,本院不予支持。

3. 依据《中华人民共和国劳动合同法》第十四条第3款之规定,"用人单位自用工之日起满一年不与劳动者订立书面劳动合同的,视为用人单位与劳动者已订立无固定期限劳动合同",因此,自2014年8月1日起视为双方已经签订无固定期限劳动合同,故X要求Z公司支付2014年8月1日至2014年9月30日期间未续签劳动合同两倍工资差额的请求,本院也不予支持。

4. 综上,Z公司应向X支付2014年5月7日至2014年7月31日期间未续签劳动合同

[①] 韩飞与北京华夏成长投资管理有限公司等劳动争议一审民事判决书,北京市海淀区人民法院[(2015)海民初字第30608号],裁判日期为2016年3月14日。韩飞与北京华夏成长投资管理有限公司等劳动争议二审判决书,北京市第一中级人民法院[二审(2016)京01民终4749号],裁判日期为2016年10月10日。

两倍工资差额 14 137.93 元。

5. 鉴于 Y 公司与 Z 公司存在关联关系,且用工过程中存在混同用工情形,故该公司应对 Z 公司的上述给付义务承担连带责任。

二审维持原判。

6.4 实践四:劳动合同变更的情况处理

6.4.1 劳动合同变更的原则

在劳动关系持续的期间内,由于经营环境、劳动者个人成长等方面的需要,劳动合同的变更经常发生。劳动者在劳动关系中处于从属的被动状态,为了保护劳动者的雇佣安定感,也为了体现合同双方的平等主体地位,我国法律明确规定:"用人单位与劳动者协商一致,可以变更劳动合同约定的内容。变更劳动合同,应当采用书面形式"。尤其是现实中,当劳动合同中具体条款的变更对劳动者来说不是明显正向提升的话,用人单位需要与劳动者进行沟通协商,在双方达成一致的基础上,以书面形式确定变更事项。

劳动合同核心条款的变化会影响到劳动者的具体工作和生活状态,如劳动报酬、工作地点、工作岗位、工作时间等事项,所以,法律进行了程序性限制,要求双方充分沟通。用人单位单方面变更名称、法定代表人、主要负责人或者投资人等事项,不会对劳动者产生实质影响,不影响劳动合同的履行,则用人单位可以单方变更。有判例显示,用人单位在公司类型和名称变更后,没有和劳动者重新签订书面劳动合同,劳动者主张两倍工资等各项没有得到法院的支持。另外,如果出现劳动者不能胜任工作的情况,用人单位也可以对劳动者进行岗位变更,也就是调岗。单位的调岗权来源于法律的专门规定,核心目的是通过这种制度设计尽量保留不胜任劳动者的工作岗位,增强其雇佣稳定感。

6.4.2 劳动合同变更中的争议处理

工作岗位以及与岗位相匹配的劳动待遇是劳动者获得社会评价和社会尊重的最重要标识,岗位的变化通常对劳动者的工作和生活有重大影响,因此,需要综合社会一般价值观来判断调岗的合理性,把用人单位的调岗限制在合理的范围之内。从我国的大量判例可知,目前很多企业在调岗方面的行为有任意性,缺乏协商的程序,也有的调岗有变相裁员之嫌。判断调岗是否构成权力滥用时,可以借鉴日本的情况,日本学界及实务通说皆认为,应比较衡量该调职有无业务必要性以及该调职命令所造成劳工生活上之不利益而判定之。[①] 我国目前在地方性的审判中也有对调岗合理性的具体说明,比如《广东省高级人民法院广东省劳动人事争议仲裁委员会关于审理劳动人事争议案件若干问题的座谈会纪要》的通知(粤高法〔2012〕284 号)第 22 条规定:"用人单位调整劳动者工作岗位,同时符合以下情形的,视为用人单位合法行使用工自主权,劳动者以用人单位擅自调整其工作岗位为由要求解除劳动合

---

① 刘志鹏.劳动法理论与判决研究.元照出版公司,2000(5):176.

同并请求用人单位支付经济补偿的,不予支持:(1)调整劳动者工作岗位是用人单位生产经营的需要;(2)调整工作岗位后劳动者的工资水平与原岗位基本相当;(3)不具有侮辱性和惩罚性;(4)无其他违反法律法规的情形。"

案例6-1:杭州某公司工资发放日变更案[①]

基本案情: 杭州某科技有限公司拥有职工720人,北京子公司有职工127人。受疫情影响,该公司资金链出现巨大压力,其财务部门提出拟通过变更工资支付日缓解资金压力,并就此问题咨询律师。律师认真研究后提出,根据该公司与员工签订的劳动合同,工资于当月16日预发,在次月依员工的出勤、休假和考核结论扣减相应科目,如果公司拟变更工资支付日,需要与员工协商一致。

针对上述情况,律师与该公司人力、技术、工会等部门多次会商后提出解决方案,即由公司技术部门编写"公司用工调查问卷"小程序向全体员工推送,要求各部门督促员工在线提交是否同意变更工资支付日的意见,同时由人力资源部门和工会向提出异议的员工提供在线答疑协商,争取员工的谅解和同意。该公司发放在线调查问卷后,截至当日仅有1名员工勾选不同意项,基本上完成了与全体员工的协商,对劳动合同进行了在线变更,有效地缓解了企业的资金压力。

案例分析: 根据《劳动合同法》等相关法律规定,公司要变更工资支付日,涉及劳动合同变更,需要与员工协商一致。公司根据实际情况,通过公司技术部门设计线上调查问卷发放给员工填写提交的方式,既快速地与几百名员工达成了变更劳动合同的协议,也留存了员工同意变更劳动合同的电子证据,依法解决了企业面临的实际困难。

参考文献:
[1] 刘晓倩,劳动关系中的管理权边界:以司法判例为视角,社会科学文献出版社,2017年8月第一版。

[①] 杭州某科技有限公司劳动合同纠纷案,聚法案例数据库。

7 规章制度管理

7.1 实践一:规章制度的起草模拟

7.1.1 规章制度的起草原则

用人单位规章制度是指用人单位依法制定的、仅在本企业内部实施的、关于如何组织劳动过程和劳动管理的规则和制度,是用人单位和劳动者在劳动过程中的行为准则,也称为企业内部劳动规则,其内容主要包括劳动合同管理、工资管理、社会保险、福利待遇、工时休假、职工奖惩以及其他劳动管理等。规章制度作为用人单位加强劳动管理,稳定、协调劳动关系,保证正常劳动生产秩序的一种管理工具,在日常的劳动秩序维护中确实发挥着重要作用。但是规章制度既要符合法律、法规的规定,也要合情合理,不能无限放大至超越劳动过程和劳动管理的范畴。规章制度的内容必须遵守我国《劳动法》《职业病防治法》《劳动合同法》和其他相关的行政法规、地方性法规的规定,不得与之相抵触。

规章制度的制定是为了得到有效的实施,如果规章制度不适用于公司的实际需求和日常的经营管理,就不能够维护企业人事管理,因此,规章制度内容的合理性是规章制度制定成功的关键。

无论什么企业,规章制度的制定都必须建立在调查研究的基础上,在经过详细、充分的论证分析后才能付诸应用。内部条款的措辞应该严谨合法,不能过于模糊、宽泛,否则,就不具有可操作性,也易引发纠纷。

我国现行法律对规章制度审查的规定主要基于用人单位的用工自主权,外部对于企业内部规章制度的审查需有相应的法律和法理支撑。外部审查主要包括劳动保障部门的行政审查和发生争议后仲裁机构或法院的司法审查。

劳动保障部门审查用人单位规章制度的相关法律依据为《中华人民共和国劳动法》第八十九条,用人单位制定的劳动规章制度违反法律、法规规定的,由劳动行政部门给予警告,责令改正;对劳动者造成损害的,应当承担赔偿责任。该条规定了劳动行政部门对于规章制度的审查权,但主要集中在制度是否符合法律、法规。2004年实施的《劳动保障监察条例》第十一条规定,劳动保障行政部门可以对用人单位制定内部劳动保障规章制度的情况进行监督检查。实施的《中华人民共和国劳动合同法》第七十四条规定,劳动行政保障部门依法对用人单位制定的直接涉及劳动者切身利益的规章制度及其执行的情况进行监督检查。根据上述规定,劳动保障部门对用人单位制定的规章制度有审查权,但具体监督检查的尺度并不明确。

在各地司法实践中,部分地区的相关参考意见或会议纪要明确规定,用人单位规章制度适用的前提是不存在明显不合理的地方,例如,河北省高级人民法院《关于我省劳动争议案件若干疑难问题处理的参考意见》第十六条、海南省高级人民法院《关于审理劳动争议案件若干问题的指导意见》第十七条、浙江省高级人民法院《关于审理劳动争议案件若干问题的意见(试行)》第二十四条以及广东省高级人民法院、广东省劳动争议仲裁委员会《关于适用劳动争议仲裁法、中华人民共和国劳动合同法若干问题的指导意见》第二十条。上述地区的规定类似,但细节方面略有差异,比如广东省还要求劳动者没有异议。

总体看,法律层面并未明确规定仲裁机构和法院可对规章制度进行合理性审查,认为仲裁机构和法院可对规章制度合理性审查的主要依据是《中华人民共和国劳动合同法》,该法第三十九条第二项规定使用了"严重"违反公司规章制度的表述,但是并未对"严重"的认定标准进行界定,这就使得司法实践中呈现各种不同的认定标准。

7.1.2 规章制度使用审查的维度考量

法院对规章制度以及适用合理性的审查是综合判断的结果。从目前一些案例中可以看出,法官对规章制度及适用的审查,通常是多个维度综合考量的结果。

(1) 是否超越劳动管理的范畴。

在张建明诉京隆科技(苏州)公司劳动争议案[①]中,规章制度既要符合法律、法规的规定,也要合情合理,不能无限放大乃至超越劳动过程和劳动管理的范畴。法院认为,张建明乘坐黑车行为发生之日正值其休息之日,劳动者有权利支配自己的行为,公司不能以生产经营期间的规章制度来约束员工休息期间的行为。

劳动者在休息时间"打黑车"应属于私人事务,与工作无关。用人单位对劳动者行为的规范原则上应当限定与工作相关。当然,限定在工作时间和工作地点也不是绝对的,还要综合考虑是否有与工作相关的各种因素。

(2) 是否过度减损劳动者利益。

在孙苗与乌鲁木齐市博望语言培训学校劳动争议案[②]中,法院认为"……迟到或早退30分钟以上者视为半天旷工,3个小时以上者视为一天旷工……"的规定扩大了劳动者的责任,有失合理性,因此,《员工考勤管理制度》不能作为其解除与孙苗劳动关系的依据。

(3) 是否影响正常的管理秩序。

判断行为对企业管理秩序的影响时需要考虑行业特点、劳动者岗位、行为发生的时间、地点、影响范围等因素,比如陶周军与常州东奥服装有限公司劳动争议案[③]中,法院认为公

[①] 张建明诉京隆公司经济补偿金纠纷案二审民事裁定书,苏州市中级人民法院[(2010)苏中民终字第0591号],裁判日期为2010年3月25日。
[②] 孙苗与乌鲁木齐市博望语言培训学校劳动争议二审民事判决书,新疆维吾尔自治区乌鲁木齐市中级人民法院[(2019)新01民终3981号],裁判日期为2019年11月27日。
[③] 陶周军与常州东奥服装有限公司劳动争议二审民事判决书,常州市中级人民法院[(2019)苏04民终1059号],裁决日期为2019年9月3日。

司为生产加工型企业，需要管理的人员众多，采取"人卡对应方式"对于员工进行考勤管理未达到不能忍受或无法做到的程度，且员工遵章守纪、诚实守信系应尽的基本义务。

（4）结合行业特点和管理程序审查。

余冰生与罗门哈斯（中国）投资有限公司劳动争议案①中，法院认为企业为规避经营风险，要求员工进行亲属关系报告的制度具有合理性。在詹明涛与印孚瑟斯技术（中国）有限公司劳动争议案中，用人单位对员工个人实行外出审批制度，并且通过会议方式等多次告知，最终法院认为并不违反法律规定，用人单位有权进行考勤管理。再如，小区门卫吸烟行为的危害不可与化工类企业员工的吸烟行为同日而语。

（5）规则或行为是否超出一般人可承受的范围。

在刘庆与膳魔师（江苏）家庭制品有限公司劳动争议一案②中，法院认为，囿于语言表达的局限性以及企业的发展实际，用人单位制定的规章制度无法包罗万象，更无法预见或量化到每一种情形，其更多地体现为一种规则之治，即用人单位通过制定规章制度用以规范企业管理和员工行为，使劳资双方在规制范围内活动。司法在对用人单位规章制度合理性进行审查时，既要规范和限制用人单位滥用管理权，又要尊重用人单位的经营自主权，如果用人单位制定的规章制度中出现"员工言语上顶撞上级主管，用人单位据此可以解除劳动关系"等内容，则该内容的要求显然对员工过于苛刻，且超出一般人的可承受范围，则司法将会予以调整，以保障员工的合法权益。但是刘庆涉案的行为是在上班期间打架，该行为已经明显超出了员工基本行为准则的范围，也是任何用人单位不能"容忍"的，如果用人单位不严格按照规章制度予以处理，则势必会致使用人单位的规章制度虚无化，侵蚀用人单位正常的经营管理秩序。故法院对刘庆提出的膳魔师公司的规章制度不合理的主张不予支持。

该案例中，法院不论是对"员工言语上顶撞上级主管，用人单位据此可以解除劳动关系"的否认，还是对员工行为属于可以解除行为的论证，重要的考量要素均为"常理"。

7.1.3 规章制度合理性审查引起的劳动争议

不少用人单位规章制度的民主、公示程序不足，提供的违规行为判定或调岗调薪前提等证据存在问题，法院经常不用进入到对规章制度进行合理审查的环节即可加以排除。对于进入内容审查的案例，不同的法官在涉及合理性审查时，会有不同的判定维度。同时，案件审理中，除条款本身合理性审查外，员工行为适用相应条款的匹配性和适当性也是审查的重点。

在陶周军与常州东奥服装有限公司劳动争议案③中，法官认为，衡量用人单位的规章制度对劳动者是否公平合理，应结合该单位的经营方式、生产方式、人事管理现状、劳动者岗位职责等具体情况综合分析。

---

① 余冰生与罗门哈斯（中国）投资有限公司经济补偿金纠纷审判监督民事裁定书，上海市高级人民法院[（2018）沪民申 2860 号]，裁决日期为 2019 年 11 月 28 日。
② 刘庆与膳魔师（江苏）家庭制品有限公司劳动争议二审民事判决书，淮安市中级人民法院[（2018）苏 08 民终 541 号]，裁决日期为 2018 年 3 月 29 日。
③ 陶周军与常州东奥服装有限公司劳动争议二审民事判决书，常州市中级人民法院[（2019）苏 04 民终 1059 号]，裁决日期为 2019 年 9 月 3 日。

在日照日荣水产食品有限公司与车磊劳动争议案①中,法官认为,判断劳动者的行为是否严重违反用人单位的规章制度,应当综合考虑劳动者是否故意作为、多次作为、劝阻无效、严重影响用人单位的正常管理秩序、造成用人单位的重大损失,以及用人单位解除劳动合同前有无给予劳动者申辩、纠正的机会等进行合理性判断。

我们无法穷尽各种合理性的判断要素,但实际上这些要素还是有迹可循的,除上述提到的标准外,通常还包括比例原则、普世的价值观、各方的过错等因素。

判例7-1:惩罚打黑车是否合理——京隆科技(苏州)公司解雇案

当事人:劳动者,张建明,以下简称X;

用人单位:京隆科技(苏州)有限公司,以下简称Y公司。

① 案情简介。

1. X于2007年11月5日进入Y公司工作,于2007年12月26日与Y公司签订劳动合同,合同期限为2007年12月26日至2010年12月6日。从事设备维护工程师工作,月工资为2 542元。合同签订后原告按约履行工作职责。

2. 2009年4月13日为休息时间,X于当日上午10点30分左右,乘坐非法营运车辆至Y公司宿舍区,被Y公司宿舍区警卫人员发现,警卫人员随即根据相关规定进行记录并通报主管人员。在对事件进行反复核对查明后,公司立即作出了对其予以解除劳动合同的处理,并通知X办理相应的离职手续。因X不来办理离职手续,公司人事部门于4月20日发出离职通知单,以X乘坐非法营运车辆为由通知X解除劳动合同,并完成了后续的离职及退工备案手续。2009年4月20日,Y公司解除劳动合同的行为无事实与法律依据,属违法解除劳动合同。

3. Y公司于2008年9月8日召开职工代表大会,以乘坐非法营运车辆存在潜在工伤危险为由,通过"不允许乘坐黑车,违者以开除论处"的决议。公司认为其制定的规章制度并未超出劳动过程及劳动管理范畴,据此对员工,即被上诉人X进行处理并无不当。

② 法院裁判要旨(一审)。

1. 用人单位的规章制度是用人单位制定的组织劳动过程和进行劳动管理的规则和制度,也称为企业内部劳动规则。规章制度既要符合法律、法规的规定,也要合理。

2. 被告Y公司有权通过制定规章制度进行正常生产经营活动的管理,但劳动者在劳动过程以及劳动管理范畴以外的行为,用人单位适宜进行倡导性规定,对遵守规定的员工可给予奖励,但不宜进行禁止性规定,更不能对违反此规定的员工进行惩罚。

3. Y公司以乘坐非法营运车辆存在潜在工伤危险为由,规定员工不允许乘坐黑车,违者开除,该规定已超出企业内部劳动规则的范畴,且乘坐非法营运车辆行为应由行政机关依据法律或法规进行管理,用人单位无权对该行为进行处理。工伤认定系行政行为,工伤赔偿责任是用人单位应承担的法定责任,Y公司通过规章制度的设置来排除工伤责任,没有法律

---

① 日照日荣水产食品有限公司与车磊劳动争议二审民事判决书,山东省日照市中级人民法院[(2017)鲁11民终2105号],裁决日期为2018年1月29日。

依据,因此也属无效规定。故Y公司不得依据该规定对X进行处理。

③ 法院裁判要旨(二审)。

1. 用人单位规章制度是指用人单位依法制定的、仅在本企业内部实施的、关于如何组织劳动过程和进行劳动管理的规则和制度,是用人单位和劳动者在劳动过程中的行为准则,也称为企业内部劳动规则。其内容主要包括劳动合同管理、工资管理、社会保险、福利待遇、工时休假、职工奖惩以及其他劳动管理等。

2. 规章制度作为用人单位加强内部劳动管理,稳定、协调劳动关系,保证正常生产秩序的一种管理工具,在日常的劳动秩序中确实发挥着重要作用。但是,规章制度既要符合法律、法规的规定,也要合情合理,不能无限放大乃至超越劳动过程和劳动管理的范畴。

3. 本案中,X乘坐黑车行为发生之日正值其休息之日,劳动者有权利支配自己的行为,公司不能以生产经营期间的规章制度来约束员工休息期间的行为。单位职工乘坐何种交通工具上班是职工的私人事务,用人单位无权作出强制规定,如果劳动者确有违法之处,也应由国家行政机关等机构进行处罚。因此,Y公司因X乘坐非法营运车辆而解除劳动合同系违法解除,损害了劳动者的合法权益,应当按《中华人民共和国劳动合同法》之规定,向X支付赔偿金。

7.2 实践二:规章制度中的劳动纪律设计

7.2.1 劳动纪律的设计

劳动纪律又称职业纪律,指劳动者在劳动中所应遵守的劳动规则和劳动秩序,是用人单位制定的规范和约束劳动者劳动及相关行为的规则。劳动纪律是用人单位为形成和维持生产经营秩序,保证劳动合同得以履行,要求全体员工在集体劳动、工作、生活过程中,以及与劳动、工作紧密相关的其他过程中必须共同遵守的规则。

劳动纪律的设计范畴一般为五个方面:劳动合同管理、考勤与休假、生产与工作、奖励与惩罚、其他。其中,奖惩的设计非常重要,在规章制度中有类似规则——劳动者有以下情形,用人单位可解除劳动合同且不予支付补偿金:违反公司规章制度、劳动纪律,近一年时间内被公司书面警告四次及以上者或记过二次以上者。该种表述方式可以多变,核心是累计处分上升为用人单位单方解除的事由。

在制定劳动纪律时要注意劳动纪律不得与法律相抵触。用人单位有用工自主权,制定劳动纪律是用工自主权的集中体现,因此,法律承认合法制定的劳动纪律具有法律效力,可以作为法院审判的依据。但《中华人民共和国劳动法》本身是对劳动关系过程严格控制的法律规范,这反映在对劳动纪律的制定上,法律有相当明确的要件要求。劳动纪律制定中的首要条件就是,不得与《中华人民共和国劳动法》的有关规定相抵触。当然,这就要求制定者对劳动法律、法规相当地熟悉。另外,在具体制定时,也要注意劳动纪律的处罚制定应当合理。有些用人单位抱着钻法律空子的想法,在劳动纪律中制定了一些虽不违法但有违人情的处罚规定。本质上,合理性是合法性的基础,因此,对一些明显不合理的内容,法官也可根据自由裁量权,裁定其无效。

用人单位必须合法行使劳动规章制度中的惩戒权,才能获得法律支持,不恰当的惩罚制度容易引发劳动争议,甚至对用人单位产生负面的影响。因此,在实践中,劳动纪律的设计应遵循处罚规则的递进性原则,处罚的递进逻辑要正确。什么情况是一级违纪、什么情况是二级违纪、什么情况是三级违纪,要有明确的递进关系,以便作为后续处理的依据。

7.2.2 劳动纪律设计处罚规则的劳动争议问题

(1) 不同等级处分累计视同严重违反公司规章制度可作为用人单位单方解除的合法理由。

不同等级处分累计为严重违反公司规章制度的行为,进而作为用人单位单方解除劳动合同的事由并不存在法律上的障碍,但相关规则如何制定和适用是关键。

① 规章制度中应有明确、清晰、层次分明的规定。

黄良武与华映光电股份有限公司劳动争议一案[①]中,《厂规厂纪》规定:"上班时间不可擅自离开工作岗位,违者第一次记小过一次;再次违反者,比照前次应处以的惩罚等级加一级处罚直至解除劳动合同。"

我们可以看到,规章制度中对于违规行为对应的处分,多次违纪后累加的处分以及时间限制规定得比较清晰,符合比例原则以及及时行使管理权等原则。

② 公司处分严格按照公司制度执行,每次累计处分均有证据支撑。

黄良武一案中,法院经过审理认为,上述员工违纪情况,公司有相应的证据,且每次给予的处分严格按照《厂规厂纪》执行,即公司依规章制度分别给予其记小过处分、记大过处分后,黄某仍继续停工并拒绝接受公司工作安排,最后,公司给予解除处分,解除合法。

由此可以看出,在规章制度有明确、合理、清晰规定的情况下,用人单位对于劳动者的违纪行为有证据证明,且严格按照规定执行的情况下,累计处分上升为解除处分可以获得法院的支持。

(2) 累计处分的累计期间应当合理。

珠海经济特区环辉塑料模具有限公司与岑某一案[②],是比较典型的"小错不断"的员工问题,在累计合理性的问题上,一审和二审法院持完全不同的观点。

一审法院认为,工人工作中出错是难免的,累计记大过处分员工须有合理的时间限制,特别是对那些因书面警告、记小过而累计升级的记大过,更应采取严格的时间限制,毕竟,导致书面警告、记小过的小错误造成的危害不能等同于导致直接记大过的大错误产生的危害。环辉公司以跨度近三年的三次记大过且两次是累计升级的记大过为理由,并在岑某对公司造成的损失予以赔偿的情况下解除与岑某的劳动关系,不符合常情常理,也违反公平原则,一审法院不予支持。

---

① 黄良武与华映光电股份有限公司劳动争议一案二审民事判决书,福州市中级人民法院[(2019)闽01民终7107号],裁决日期为2019年10月29日。

② 珠海经济特区环辉塑料模具有限公司与岑水生劳动合同纠纷二审民事判决书,珠海市中级人民法院[(2018)粤04民终461号],裁决日期为2018年4月20日。

二审法院认为,正如双方都认识到的,记大过累计升级的时间跨度过长是不合情理的,事实上将明显加重劳动者的责任,因此,记大过应受合理的时间限制。尽管如此,具体到本案中,记大过的时间跨度为2014年6月至2017年5月。三年的时间跨度是否合理,处于有争议的界限地带。在此情况下,一方面,岑某的违纪事实确实存在,径行认定环辉公司属于违法解除劳动合同,将对用人单位苛以过重的责任;另一方面,也不能将存在争议的不利后果直接认定为由劳动者承担。鉴于岑某并未要求继续履行劳动合同,应视为环辉公司提出并经双方协商一致解除劳动关系。

本案一审和二审法院的判决恰恰体现了大家对这个问题的不同看法和理由,"小错"不断的累加实际上可以从不同的角度去理解,不能排除用人单位可能会"倒后账",但也不能排除用人单位是一忍再忍,在该问题还没有定义的情况下,仍然建议用人单位在合理的时间限度内进行累计。

(3) 累计处分所对应的累计规则是否合理,以及累计对应的行为是同一行为还是不同行为。

嘉士伯天目湖啤酒(江苏)有限公司与苏尉劳动合同纠纷一案①中,《员工手册》第六章规定:"2.严重警告-员工的错误行为情节较为轻微,已经对公司、其他员工或公司合作伙伴的利益造成一定损害(包括但不限于精神、金钱和财产方面的损失),或者虽然该错误行为未造成实质损失,但是有潜在风险,员工违反下列情况之一(但不限于)时,将受到严重警告处分……2.5 工作态度及表现,(1)工作态度恶劣,导致工作效率或工作表现达不到职位规定要求者……(3)因工作疏忽导致未能严格执行职责范围内的规章制度、合同、操作流程等,出现小的工作失误,或导致(包括可能导致)公司财产损失在人民币2 000元(不含)以下的;(4)拒绝服从主管人员的合理指挥监督,经劝导仍不听从,拒绝接受管理层对其工作职责做出的合理变动……(6)因任何其他工作中的过错行为(包括故意或过失)造成(包括可能造成)公司、其他员工或公司合作伙伴财产损失在人民币2 000元(不含)以下的。"《员工手册》还明确规定累计式处分的累计方法,该累计式计算方法适用于判断是否对员工作出即时无条件解除劳动合同处分,即当员工在案的有效违纪处分经累计计算后达到即时无条件解除劳动合同的条件时,公司将对员工作出即时无条件解除劳动合同的处理。如员工受到三次严重警告处分,公司可即时无条件解除劳动合同。

公司在2018年7月2日向苏某邮寄送达纪律处分通知书,告知苏某其自2018年5月26日起未按照公司规定执行销售线路拜访任务,同时E-sales未有上线记录。经多次沟通,苏某拒绝听从上级主管的合理工作布置,已违反公司《员工手册》的相关规定,给予严重警告处分。

2018年9月4日,梁某将公司XieShanShan的邮件转发给包括苏某在内的四位员工,告知公司已于2018年8月23日下发关于业务人员日常门店拜访管理的通知,并已在各个区域内针对通知进行培训,要求四位员工于2018年9月6日上午9点至公司天长办事处进行

---

① 嘉士伯天目湖啤酒(江苏)有限公司与苏尉劳动合同纠纷二审民事判决书,常州市中级人民法院[(2019)苏04民终4246号],裁决日期为2019年12月20日。

培训。2018年12月20日、21日,公司连续两次向苏某邮寄送达纪律处分通知书,告知苏某自2018年10月30日至11月2日、11月19—21日、11月23日、11月26—29日,自2018年12月5日至7日、12月10日至14日、12月17日至18日未按照公司规定执行销售线路拜访任务,同时E-sales未有上线记录,经多次沟通,苏某拒绝听从上级主管的合理工作布置,已违反公司《员工手册》的规定,分别给予严重警告处分。一审、二审法院均认为本案构成违法解除。法院判决中的两个问题值得关注:

第一,对于规则设置合理性的质疑。法院认为公司《员工手册》规定累计式处分的累计方法,适用于判断是否对员工作出即时无条件解除劳动合同处分,如员工受到三次严重警告处分,公司可即时无条件解除劳动合同,这种累计式处分的累计计算方法没有区分员工行为的性质、对公司营销造成的影响程度及经济损失,欠缺合理性。

第二,处分行为是不同行为还是同一行为。法院认为,苏尉未执行公司关于业务人员日常门店拜访管理的通知,于2018年7月2日第一次受到严重警告处分,其后苏尉虽有22天未按照公司规定执行销售线路拜访任务、同时E-sales未有上线记录,但公司于2018年12月20日和21日对苏尉连续作出第二次、第三次严重警告处分,两次纪律处分之间没有任何工作时间的间隔,应当认定是对苏尉作出的重复处分,其真实目的是用人单位故意利用《员工手册》规定的累计式处分的累计计算方法,不按涉案劳动合同约定与苏尉进行变更或解除劳动合同,达到无条件解除涉案劳动关系的目的。因此,公司依据《员工手册》对苏尉作出三次严重警告的纪律处分,明显违反法律要求的合理性原则。

7.2.3 累计处分上升为违纪处分时的规则设定

(1) 累计规则设置对应的行为上升为解除时,应有合理区分;
(2) 累计规则设置时,尤其关注违规累计的时间等要素;
(3) 累计规则设置后,相关执行应当符合合理性的原则,且每个行为均应当符合合理性的原则,并有相应的证据支持。

判例7-2:规章制度惩罚的递进性——北京肯德基解雇案
劳动者:陈颖,以下简称X;
用人单位:北京肯德基有限公司,以下简称Y公司。
① 案情简介。
1. X于2001年9月10日入职,岗位为资深副经理。双方签订无固定期限劳动合同。
2. 2009年10月18日,X签署《旧版员工手册失效通知书》及适用于餐厅管理组人员《确认书》,记载从2009年11月1日起,公司原先发放的各版员工手册失效并不再使用。
3. 2015年4月4日,Y公司以X严重违纪为由解除劳动合同。Y公司认为X严重违纪事实清楚,Y公司按照《员工手册》的规定、程序对Y公司分别给予了口头及书面警告,并征求了工会意见,故依法解除了与X的劳动合同关系。
《员工手册》IX.5违纪一章中的规定节选如下:"有下列行为之一的,属于轻度违纪行为,公司有权给予口头警告;4.不遵守公司标准或操作程序,或违反工作程序或擅自变更工作方法,但尚未给公司造成任何不良影响或损失的;5.未执行或疏忽本职工作,但尚未给公司造成任何不良影响或损失的;

有下列行为之一的,属于较重违纪行为,公司有权给予书面警告:1.12个月内重复发生相同的轻度违纪行为;2.12个月内受到口头警告累计两次者;7.未执行或疏忽本职工作,造成不良影响或损失的;

有下列行为之一的,属于严重违反公司规章制度的行为,公司有权给予其解除劳动合同的处理:1.12个月内重复发生相同的较重违纪行为;2.12个月内受到书面警告累计两次者;26.对于过期产品未予以废弃,或留下食用、或售卖或赠与他人食用;27.故意使用超出保质期的原材料或销售出最佳赏味期的食品;28.管理组对于原料或食品超过保质期、保存期或最佳赏味期的,经他人报告了解,未立即采取行动作废弃处理,或默认导致产品继续售卖或使用……自警告生效之日起12个月内,两次口头警告视作一次书面警告,两次书面警告,给予解除劳动关系。"

4. 劳动者具体违纪行为如下:

2014年5月21日,Y公司向X出具第一次书面警告。具体情况是:X在5月2日值班期间,未按标准每半小时巡视总配,造成18:40分DM、AM进入餐厅检查时,陈列柜中有到18:30分到期的烤翅、骨肉相连过期并在售卖,依据管理组《员工手册》较重违纪条款:未执行或疏忽本职工作,造成不良影响或损失的,给予X书面警告处理。

2014年11月27日,DM巡店检查总配,当时陈列柜中三种汉堡和鸡蛋没有时间条,直柜中八分腿肉片、粥、烧饼、培根、鸡蛋都没有时间条。2015年1月20日,Y公司根据员工手册轻度违纪条款:未执行或疏忽本职工作,但尚未给公司造成任何不良影响或损失的,给予口头警告处理,望该员工能够引以为戒,向X出具口头警告记录。

2015年4月1日,X打烊值班,11:57分下班前对餐厅进行了巡视检查,确认无人滞留后离开餐厅并设防锁门,于0:30分左右接到电话,称餐厅报警,接电话后于1:00左右赶回餐厅,于2楼北侧最里面角落发现一名滞留顾客正在睡觉。将其唤醒后询问,其称因与家人吵架,不想回家故意滞留餐厅。基于此,Y公司作出口头警告记录,认为X作为值班经理在餐厅关闭前值班巡视不到位,给予其口头警告处理。

同日,Y公司向X出具书面警告,警告原因:在2015年1月20日因未执行或疏忽本职工作,但未给公司造成任何不良影响或损失的,受到口头警告一次;在2015年4月3日因未执行或疏忽本职工作,但未给公司造成任何不良影响或损失的,受到口头警告一次;根据《员工手册》较重违纪的规定,12个月内受到口头警告累计两次者,给予书面警告处理。

同日,Y公司工会作出《关于同意解除X劳动合同的函》。2015年4月4日,Y公司向X送达解除劳动合同通知书,解除原因:在2014年5月21日,因未执行或疏忽本职工作,但未给公司造成任何不良影响或损失的,受到书面警告一次;2015年4月3日,因12个月内受到口头警告累计两次者,受到书面警告一次;根据《员工手册》严重违纪条款的规定,12个月内受到书面警告累计两次者,给予解除劳动合同处理。

② **法院判旨**。

庭审中,Y公司已举证证明X分别于2014年5月21日、2014年11月27日、2015年4月1日存在三次违反《员工手册》的行为,X也分别书写了书面陈述意见,多次表明接受处理。Y公司在作出解除劳动合同前,也征求了工会的相关意见。故Y公司按照《员工手册》的相关规定解除与X的劳动合同,并无不当。

7.3 实践三:规章制度的制定程序设计

7.3.1 规章制度制定中民主程序的履行

国家对规章制度的制定和效力有明确的规定,认为用人单位的规章制度是对国家法律、法规的有效延伸和补充,在企业内部具有普遍约束力。制定完善的、具有法律效力的企业规章制度,将成为企业管理者在的一项重要工作。合法的企业规章制度要经过民主程序制定。也就是说,企业在制定规章制度的时候,要经过与工会或职工代表或全体职工的协商与讨论,这个协商讨论过程的存在是认定企业规章制度合法的重要依据。2008年之后出台或者修改的所有规章制度都应当按照职工代表大会或者全体职工讨论、提出方案和意见,与工会或者职工代表平等协商、公示告知的流程制定。

很多用人单位没有通过民主程序制定规章制度,或者通过的民主程序不符合法定要求,或者没有证据证明曾经通过了民主程序制定规章制度,都会导致在发生劳动争议时用人单位处于不利的地位。因此,在履行民主程序时,用人单位一定要留存制定规章制度时经过民主程序(如召开职工代表大会或者职工大会等)和公示告知员工的证据。在当前企业管理实务中,公司以劳动者"严重违反公司规章制度"为由与劳动者解除劳动合同,却因直接涉及劳动者切身利益的规章制度制定时未经过民主程序即生效实施,仲裁或诉讼时也无法提供经过民主程序的证据导致败诉。

2008年1月1日起实施的《中华人民共和国劳动合同法》(建议标明已被修正,2012)第四条①第二、第三款则明确为规章制度的制定、修改流程增加了职工代表、工会等的民主参与和监督的流程,使得民主程序的必要性直接提升到法律规定的层面,即用人单位在制定、修改或者决定有关劳动报酬、工作时间、休息休假、劳动安全卫生、保险福利、职工培训、劳动纪律以及劳动定额管理等直接涉及劳动者切身利益的规章制度或者重大事项时,应当经职工代表大会或者全体职工讨论,提出方案和意见,与工会或者职工代表平等协商确定。在规章制度和重大事项决定实施过程中,工会或者职工认为不适当的,有权向用人单位提出,通过协商予以修改完善。

《中华人民共和国劳动合同法》第四条对于需要履行民主协商程序的规章制度的范围定

---

① 《中华人民共和国劳动合同法》第四条第二、三款规定:"用人单位在制定、修改或者决定有关劳动报酬、工作时间、休息休假、劳动安全卫生、保险福利、职工培训、劳动纪律以及劳动定额管理等直接涉及劳动者切身利益的规章制度或者重大事项时,应当经职工代表大会或者全体职工讨论,提出方案和意见,与工会或者职工代表平等协商确定。在规章制度和重大事项决定实施过程中,工会或者职工认为不适当的,有权向用人单位提出,通过协商予以修改完善。"

义为"……直接涉及劳动者切身利益的规章制度或者重大事项",履行企业规章制度的民主程序,实属有法必依。

各地的司法裁判指导文件中也多次强调了2008年《中华人民共和国劳动合同法》实施以后,用人单位制定或修改规章制度的民主程序的必要性,如《北京市高院、北京市劳动争议仲裁委员会关于劳动争议案件法律适用问题研讨会会议纪要》(2009年8月17日)、广东省高级人民法院、广东省劳动争议仲裁委员会《关于适用〈劳动争议调解仲裁法〉、〈中华人民共和国劳动合同法〉若干问题的指导意见》(粤高法发〔2008〕13号)、《江苏省高级人民法院、江苏省劳动争议仲裁委员会关于审理劳动争议案件的指导意见》(苏高法审委〔2009〕47号)、湖南省高级人民法院《关于审理劳动争议案件若干问题的指导意见》(2009年5月20日)等。

上述条款明确规定了用人单位制定规章制度时应当经过民主程序,以及民主程序的适用范围、具体途径与步骤等。但该规定在实践中显露出很多令企业捉摸不透的问题,最瞩目的便是:如果用人单位仅仅向劳动者公示了相关规章制度,并未履行相应的民主程序,该规章制度对劳动者是否构成约束力呢?

在司法实践中,各地区法院对这一问题的裁判观点并不一致。这给企业人力资源管理带来了极大的挑战和法律风险,稍有不慎,就可能陷入违法解除劳动合同等法律风险中。在实践中,很多用人单位基本上未设立职工代表机构或工会,规章制度的制定过程根本无法达到《中华人民共和国劳动合同法》规定的应当经过职工讨论的要求。

由此可以看出,实践中关于民主程序的要求趋于严格,并重点强调了民主程序中用人单位与劳动者进行民主协商讨论的环节。这种趋严的形势一方面是为了促使劳动者能够切实参与到规章制度的制定工作中,加强对劳动者合法权益的保护;另一方面也顺应了全国总工会发布的加强基层工会组织建设,提高企业建会率的精神和要求。因此,为保证规章制度发布之后的有效适用,在制定过程中,用人单位应重视并严格履行民主程序,同时做好相关事实的收集及固定工作。

7.3.2 规章制度民主程序制定要点

如何在实践中厘清民主程序的主体对象以及如何规范实施民主程序,是用人单位应当关注的主要问题。

(1) 实行民主程序的主体对象。

就实行民主程序的四个主体对象(全体职工、职工代表、职工代表大会和工会)而言,关键问题是厘清它们之间的关系。

目前,我国尚未有明确的、全国性的关于职工代表大会的法律法规将包括国有企业、私营企业、外资企业等各种企业形式纳入在内进行统一规制。但无论是参考针对国有企业制定的全国性的规范,如《全民所有制工业企业职工代表大会条例》(1986年制定),还是参考针对所有企业形式制定的地方性法规,如《上海市职工代表大会条例》(2010年制定),都不难看出,上述四个主体对象的关系是:全体职工选举出职工代表,职工代表通过职工代表大会代表职工行使权利,工会则作为职工代表大会的工作机构负责职工代表大会的日常工作。

就此,建立了职工代表大会制度和工会组织的企业可以通过职工代表大会和工会组织实行民主程序。例如,蒋玉权与兄弟机械(西安)有限公司劳动争议案①中,法院认可了经工会会议和职工代表讨论修订的规章制度符合民主程序的要求。此外,一些案例表明,通过职工代表大会制定的规章制度也可认定为系经民主程序制定的规章制度,而不需经职工代表大会和工会两个主体共同制定。例如,艾小勇与昆山伟时电子有限公司劳动争议案②中,法院认定经职工代表大会会议表决通过的规章制度是经民主程序制定。

对于没有建立职工代表大会制度或工会组织的企业,如一些中小型的私营企业,一方面,可以按照或参考相关规定建立职工代表大会制度和工会组织;另一方面,在未建立职工代表大会制度和工会组织的情况下,在司法实践中,一些法院支持了企业将全体职工作为实行民主程序的主体对象这一做法。例如,卢美桂与格林豪泰酒店(无锡)有限公司劳动合同纠纷案③中法院即认为,经全体员工讨论会制定的《员工手册》等规章制度经告知员工后对员工具有约束力。又如,葛芬娣与杭州默沙东制药有限公司劳动争议④中法院认定,用人单位修改规章制度虽未经职工代表大会讨论,但向全体员工征求意见的方式也符合法定程序。

相反,未将全体职工或全体职工的代表(职工代表)作为执行民主程序的主体对象,而仅通过工会或其他组织制定或修改的规章制度,可能存在一定的风险。例如,李明兵与锦江麦德龙现购自运有限公司合肥包河商场劳动争议纠纷⑤中法院就认为,相关规章制度仅经过用人单位工会和人力资源部等其他组织讨论制定,不能认定为该等讨论制定符合民主程序的要求。也有案例认为,工会或工会联合会可以作为实行民主程序的主体对象。如陈某与上海国际贵都大饭店有限公司劳动合同纠纷一案、许高峰与北京晨德宝汽车销售服务有限公司劳动争议、浙江康宁特种钢构有限公司与徐春峰劳动争议中也表明了类似的观点。⑥

这种观点背后的逻辑是,对于适用于每一位员工的规章制度,其制定和修改应当以通过每一位员工或能够代表每一位员工的方式进行。规章制度如果不具备参与制定或修改的主体对象和适用对象之间的对应关系,则可能会被认定为没有满足民主程序的要求而不能作为用工管理的依据。规章制度如果具备了参与制定或修改的主体对象和适用对象之间的对应关系,就可能会被认定为满足了民主程序的要求。

---

① 蒋玉权与兄弟机械(西安)有限公司劳动争议二审民事判决书,西安市中级人民法院[(2014)西中民高终字第00273号],裁决日期为2015年1月29日。
② 艾小勇与昆山伟时电子有限公司劳动争议再审复查与审判监督民事裁定书,江苏省高级人民法院[(2015)苏审二民申字第01883号],裁决日期为2015年12月11日。
③ 卢美桂与格林豪泰酒店(无锡)有限公司劳动合同纠纷二审民事判决书,无锡市中级人民法院[(2016)苏02民终字第4号],裁决日期为2016年3月14日。
④ 葛芬娣与杭州默沙东制药有限公司劳动争议二审民事判决书,杭州市中级人民法院[(2014)浙杭民终字第2075号],裁决日期为2014年9月1日。
⑤ 李明兵与锦江麦德龙现购自运有限公司合肥包河商场劳动争议纠纷二审民事判决书,合肥市中级人民法院[(2014)合民一终字第00071号],裁决日期为2014年3月3日。
⑥ 陈某与上海国际贵都大饭店有限公司劳动合同纠纷一案二审民事判决书,上海市第二中级人民法院[(2012)沪二中民三(民)终字第244号],裁决日期为2012年5月7日;许高峰与北京晨德宝汽车销售服务有限公司劳动争议二审民事判决书,北京市第三中级人民法院[(2015)三中民终字第13576号],裁决日期为2015年10月29日;浙江康宁特种钢构有限公司与徐春峰劳动争议二审民事判决书,绍兴市中级人民法院[(2015)浙绍民终字第372号],裁决日期为2015年3月30日。

(2) 实行民主程序的形式。

① 与全体职工或职工代表讨论。

如何理解"讨论"这一要求？显然，在已建立职工代表大会制度的前提下，用人单位通过召开职工代表大会进行开会讨论的形式在司法实践中能够获得认可。例如，无锡泰阔电子科技有限公司与肖国旺经济补偿金纠纷案①中，法院通过用人单位提交的职工代表大会召开通知、照片及会议记录等证据认定规章制度的制定经过了民主程序。

实际情况中，对于存在多地区分支机构的企业或是一些需要大量人员长时间在岗的企业，在时间上和成本上可能并不具备进行开会讨论的条件。此时就产生一个问题，"讨论"是否必须以开会讨论的形式进行？从司法实践来看，"讨论"并不需要拘泥于"集中开会讨论"这一形式。例如，李鑫与沈阳法雷奥车灯有限公司劳动争议纠纷②中法院就认为，实行民主程序时可以通过电子邮件方式向全体员工征集意见；又如，上海世纪联华超市杨浦有限公司与刘挺劳动合同纠纷③中法院认可了召开电话会议的方式；再如，锦祥照明系统（大连）有限公司与孙学文劳动合同纠纷④中法院则认为，考虑到现实情况，分别征求意见而非集中讨论也满足实行民主程序的要求。

② 提出方案和意见。

如何理解"提出方案和意见"的要求，有学者认为，履行民主程序的第一个步骤是用人单位就规章制度征求意见的程序，在征求意见的过程中，上文提及的主体对象对规章制度有不同意见的，可以提出异议或反对意见⑤。在陈远财与杜邦华佳化工有限公司纠纷案⑥中法院认为，在制定和修改规章制度的过程中征求员工的意见是用人单位实行民主程序必不可少的一环。

从司法实践来看，一些案例表明了在制定或修改规章制度的过程中，用人单位向员工征求意见符合民主程序的要求。例如，加多宝公司上诉案⑦中法院认为，用人单位在制定规章制度的过程中征求了员工意见，并根据员工提出的修改意见确定的规章制度对员工具有约束力。在张惠敏与上海凯史凯机电工业有限公司劳动合同纠纷⑧中法院也认为，用人单位通过向员工征询意见并汇总的形式修订规章制度，保证了劳动者对于规章制度制定的程序参与权，符合民主程序的要求。

③ 与工会或职工代表协商确定。

如何理解"协商确定"的含义？即用人单位在制定和修改规章制度的过程中是具有单方

---

① 无锡泰阔电子科技有限公司与肖国旺经济补偿金纠纷二审民事判决书，无锡市中级人民法院[（2014）锡民终字第 0590 号]，裁决日期为 2014 年 5 月 28 日。
② 李鑫与沈阳法雷奥车灯有限公司劳动争议纠纷二审民事判决书，沈阳市中级人民法院[（2016）辽 01 民终 1538 号]，裁决日期为 2016 年 3 月 14 日。
③ 上海世纪联华超市杨浦有限公司与刘挺劳动合同纠纷二审民事判决书，上海市第二中级人民法院[（2015）沪二中民三（民）终字第 1430 号]，裁决日期为 2016 年 1 月 18 日。
④ 锦祥照明系统（大连）有限公司与孙学文劳动合同纠纷二审民事判决书，大连市中级人民法院[（2015）大民五终字第 781 号]，裁决日期为 2015 年 9 月 9 日。
⑤ 白永亮，《规章制度的效力与民主程序》，中国劳动保障报，2012 年 10 月 30 日第 5 版。
⑥ 陈远财与杜邦华佳化工有限公司劳动争议纠纷一审民事判决书，双流县人民法院[（2014）双流民初字第 2031 号]，裁决日期为 2014 年 7 月 24 日。
⑦ 北京市第二中级人民法院[（2015）二中民终字第 05816 号]，裁决日期为 2015 年 8 月 11 日。
⑧ 张惠敏与上海凯史凯机电工业有限公司劳动合同纠纷二审民事判决书，上海市第二中级人民法院[（2015）沪二中民三（民）终字第 199 号]，裁决日期为 2015 年 4 月 20 日。

决定的权利,还是需经工会或职工代表的同意方能有效?

从字面上看,协商确定的表述可能会被认为用人单位在制定和修改规章制度时,最终应当得到工会或职工代表的同意。但事实上,很多学者和法官的观点都认为该"协商确定"的规则仍体现出用人单位在制定和修改规章制度时单方面决定的权利,只是在行使这种单方面决定的权利的过程中,需要完成与员工讨论、听取意见和协商确定的步骤①。司法实践中也存在支持这一观点的案例。例如,宋昌银与江苏淮安苏食肉品有限公司劳动争议②中法院就认为,民主程序的规定只要求用人单位制定规章制度时需要与工会或职工代表协商确定,但实施规章制度的最终决定权仍在用人单位。

故此,在履行完法定的民主程序后,用人单位就规章制度的制定和修改仍拥有最终的决定权。当然,这并不意味着用人单位可以随便制定和修改规章制度,制定和修改的规章制度仍需要满足合法合理的要求。

判例 7-3:规章制度程序瑕疵导致违法解雇案——北京长城饭店解雇案③

劳动者:李昆礼,以下简称为 X;

用人单位:北京长城饭店,以下简称为 Y 公司。

① **基本案情**。

1. 1988 年 3 月 1 日,X 入职 Y 公司,岗位是客房服务,1999 年 8 月 1 日,双方签订无固定期限劳动合同,月平均工资为 2 750 元。目前,X 母亲病重,其妻子系残疾人。

2. 2013 年 6 月 24 日,X 正在休假,Y 公司临时通知 X 回单位上班。当日 22 时下班,X 偷拿该公司两卷卫生纸和一包面巾纸,被门卫查到。X 是第一次私拿饭店物品。

3. 该公司《员工守则》中,对于"重大过失"的界定中有如下两项:"(4) 私自将属于饭店的物品、饮品、食品、客人遗忘或赠送的物品携带出店或在店内毁损消耗";"(18)私拿饭店物品",且规定"饭店员工在工作中出现违纪,过失,均按以下程序执行处分权:第一次违反者(重大过失),辞退或解除合同"。

X 曾签署了解《员工守则》的签收单,具体内容为 X 所写:"我本人已收到饭店的员工守则,全部了解守则的内容,并遵守本守则的全部规定。"

该守则于 2002 年实施,Y 公司未能就其《员工守则》经过民主程序提交证据,称 2008 年法律才要求此项程序。

4. 2013 年 6 月 25 日,X 写了对其行为的"认识",称 Y 公司领导说写了"认识"就可回去工作。"认识"内容如下:"2013 年 6 月 24 日,由于老母亲生病,家里的手纸没有了,由于我 22:00 多才下班,我怕当天商场都关门了,我母亲没的用,于是我就拿了三卷纸,在职工出

---

① 朱江主编,《经验与逻辑·北京市第二中级人民法院:经典案例分类精解·劳动争议卷》,法律出版社,2013 年,第 288 页;王林清,《劳动争议裁诉标准与规范》(第二版),人民法院出版社,2014 年,第 214—215 页;沈同仙,《试论程序瑕疵用人单位规章制度的效力判定》,政治与法律,2012 年第 12 期,第 37 页。

② 宋昌银与江苏淮安苏食肉品有限公司劳动争议二审民事判决书,淮安市中级人民法院[(2014)淮中民终字第 1207 号],裁决日期为 2014 年 12 月 2 日。

③ 北京市第三中级人民法院民事判决书,(2014)三中民终字第 04698 号,一审为北京市朝阳区人民法院(2013)朝民初字第 33910 号民事判决。

入口被门卫查到了,我的行为是不对的,我十分后悔,希望领导再给我一次机会,以后我再也不犯这样的错了。"

5. Y公司认为偷拿物品的行为在涉外饭店历来不被容忍,一定会被予以解除劳动合同。2013年6月26日,Y公司依据《员工守则》重大过失的第18条解除与X的劳动合同,向X发出员工犯规通知和解除劳动合同通知书,X拒绝接受。

6. 2013年7月11日,Y公司向X邮寄送达。X认可于2013年7月13日收到上述文件。

7. 之后,X以Y公司为被申请人向北京市劳动争议仲裁委员会申请仲裁,要求继续履行劳动合同。2013年8月19日,北京市劳动争议仲裁委员会作出京劳仲字[2013]第352号裁决书,驳回X的仲裁请求。X不服仲裁裁决诉至一审法院。一审法院支持了X的诉讼请求,判决劳动关系继续履行。Y公司不服一审判决,上诉至中级人民法院。

② 判旨(一审)。

1. Y公司以X违反《员工守则》中重大过失的第18条的规定,解除了与X的劳动合同,其提交的《员工守则》中重大过失第18条显示私拿饭店物品为重大过失,重大过失第一次将解除劳动合同,但未就私拿饭店物品的价值及数量进行明确规定。关于劳动关系解除,X私拿的两卷卫生纸和一包面巾纸价值较小,X的行为虽违反了长城饭店的规章制度,但尚不及法律规定的"严重"程度,对X私拿两卷卫生纸和一包面巾纸的行为,Y公司直接予以解除劳动合同的行为明显不当。

2. Y公司未就其制定的《员工守则》经过民主程序进行举证,存在瑕疵。

3. X作为客房服务,工作期间从Y公司处私拿两卷卫生纸和一包面巾纸的行为有悖工作职责,对X此行为予以批评,现X也自行书写了"认识"对自己的此行为做了检讨。故Y公司解除与X的劳动合同有违法律规定,对X要求继续履行劳动合同的诉讼请求,予以支持。

③ 判旨(二审)。

1. X私拿的两卷卫生纸和一包面巾纸价值较小,且X属于初犯,事发后能够及时检讨,故X的行为虽违反了Y公司的规章制度,但尚不及法律规定的"严重"程度。Y公司对X私拿两卷卫生纸和一包面巾纸的行为,直接予以解除劳动合同,明显不当。

2. Y公司未就其制定的《员工守则》经过民主程序进行举证,存在瑕疵。

3. X作为客房服务,工作期间从Y公司私拿两卷卫生纸和一包面巾纸的行为,有悖工作职责和职业操守,本院对X的上述行为予以批评。

7.4 实践四:严重违反规章制度的处理

7.4.1 严重违反规章制度的处理原则

基于我国《劳动法》第二十五条及《劳动合同法》第三十九条将劳动者严重违反用人单位规章制度规定为用人单位可以单方解除劳动合同的情形,用人单位便拥有了对劳动者严重违反规章制度的即时解除权。

严重违纪是用人单位成本最小的解除劳动合同的方式,不需要支付经济补偿,可以用于解除任何类型的员工,包括孕期、产期、哺乳期的女职工,医疗期的员工,停工留薪期的员工,无固定期限劳动合同的员工等。可以说它是用人单位的杀手锏。但用这种方式解除劳动合同的风险也很大,对于用人单位的举证要求很高,不仅要求规章制度要合法有效,而且要做到事实清楚、证据充分,还要严格按程序操作,稍有不慎,就可能造成违法解除,需要支付两倍的经济补偿作为赔偿金。

劳动合同的解除,是指劳动合同订立后,尚未完全履行完毕之前,由于某种原因使一方或双方提前消灭劳动关系的法律行为。实践操作中较易引起纠纷的情形主要是用人单位单方解除。《劳动合同法》第三十九条赋予用人单位可以不经劳动者同意、无须预告即可单方解除劳动合同的权利,且用人单位无须支付任何经济补偿金。其中,用人单位以劳动者严重违反用人单位规章制度(严重违纪)为由单方解除劳动合同的情况最为多见,引发的争议也最多。这一条款中的"严重"一词属于规范的构成要素,通过个人的感知并不能够对"严重"一词达成相对统一的认识,法官需要在审理案件的过程中对其进行评价。规则的过于宽泛和表达的模糊一定程度上导致了案件审理认定因素的多样化。各地方仲裁机构和法院对于"严重"的认定不尽相同。因此,当用人单位以劳动者严重违纪为由解除劳动合同时,应从严审核,必须有制度依据、事实基础且解除程序合法。

(1) 制度依据。

用人单位根据《劳动法》第四条之规定,通过民主程序制定的规章制度,不违反国家法律、行政法规及政策规定,并已向劳动者公示的,可以作为人民法院审理劳动争议案件的依据。因此,规章制度在劳动仲裁或诉讼中被认定为有效的三个必备条件是:符合法律法规的规定;经过民主程序制定;向劳动者公示。

(2) 事实基础。

用人单位在以员工严重违纪为由行使解除劳动合同权之前,应当足够审慎并固定充足证据证明劳动者存在违反规章制度的事实。劳动者存在违规行为,是用人单位行使单方解除劳动合同权的事实基础。如无充分证据证明劳动者违规,用人单位的解除劳动合同权犹如"无根之木",无从谈起。另外,用人单位的举证应当满足证据的真实性、证据与事实之间的关联性以及证据取得形式的合法性要求。

其次,用人单位应当进一步证明员工的违规行为符合规章制度中用人单位可以单方解除劳动合同的情形。并非劳动者的任何违规行为都可以解除合同,只有符合规章制度中可以解除劳动合同的具体情形,即达到"严重"的程度,用人单位方可解除劳动合同。

(3) 解除程序合法。

① 将解除之意思表示送达至劳动者。

单方解除权是形成权,用人单位必须将解除劳动合同的意思表示(通常以劳动合同解除通知的形式)送达劳动者,对此,用人单位负有举证责任,否则,该解除权并未生效,劳动合同并未解除。

实践中,许多企业因员工拒绝签字等原因,对员工作出解除决定时,往往采用直接在公司内部公告的方式。但从劳动法的角度而言，这种方式是不具法律效力的。根据相关法律规定，解除通知应当以书面形式直接送达员工本人（实践中也可采用公证当面送达，证据效力较高），直接送达有困难的，可以邮寄送达，以挂号查询回执上注明的收件日期为送达日期。只有在受送达员工下落不明，或者穷尽上述送达方式仍无法送达的情况下，方可公告送达，即张贴公告或通过新闻媒介通知。

② 将解除理由事先通知工会。

《劳动合同法》第四十三条规定，用人单位单方解除劳动合同，应当事先将理由通知工会。用人单位违反法律、行政法规规定或者劳动合同约定的，工会有权要求用人单位纠正。用人单位应当研究工会的意见，并将处理结果书面通知工会。

也就是说，用人单位在单方解除劳动合同前，未通知工会听取意见的，属程序违法，将被认定为违法解除。如果用人单位在任何一方启动一审诉讼程序前补正该程序，仍将认定用人单位解除程序合法。此外，对于未组建工会的用人单位，为避免不必要的争议，建议用人单位可向其所在地的街道工会、行业工会或区工会上报。

7.4.2 严重违反规章制度的裁判规则

（1）严重违反用人单位的规章制度，用人单位可以解除劳动合同。

适用这一项要符合以下三个条件：首先，规章制度的内容必须符合法律、法规的规定，而且是通过民主程序公之于众的。其次，劳动者的行为客观存在，并且属于"严重"违反用人单位的规章制度。何为"严重"，一般应根据劳动法规所规定的限度和用人单位内部的规章制度依此限度所规定的具体界限为准。例如，违反操作规程、损坏生产、经营设备造成经济损失、不服从用人单位正常工作调动、不服从用人单位的劳动人事管理、无理取闹、打架斗殴、散布谣言损害企业声誉等，这些都给用人单位的正常生产经营秩序和管理秩序带来了损害。最后，用人单位对劳动者的处理是按照本单位规章制度规定的程序办理的，并符合相关法律、法规规定。①

（2）用人单位依据规章制度解除劳动合同必须达到"严重违反"的程度。

《劳动合同法》第三十九条第二项规定，劳动者严重违反用人单位规章制度的，用人单位可以解除劳动合同。劳动者违反用人单位的规章制度势必给用人单位的正常生产经营活动产生消极影响，这种情况下用人单位有权即时与劳动者解除劳动合同，但劳动者违反规章制度的行为必须达到"严重"的程度，对于尚未达到严重程度的一般或者轻微的过失，用人单位不得随意解除劳动合同。劳动合同法规定的"严重违反"在内涵和外延上是一个非常不确定的用语，实践中如何把握一直是困扰法官认知的难题。总之，在司法实践中，对于劳动者违反规章制度是否达到严重的程度，既要注意审查用人单位规章制度的合法性、合理性，又要审查用人单位解除劳动合同的正当性，防止用人单位滥用过失性解雇权，本着保护劳动者权益的指导思想加以具体判断。②

---

① 信春鹰、阚珂主编，《中华人民共和国劳动合同法释义》，法律出版社，2013，第138页。
② 王永起，《劳动争议类案裁判规则与法律适用》，人民法院出版社，2011，第289页。

7.4.3 严重违反规章制度的争议处理

(1) 用人单位以劳动者严重违反单位的规章制度为由解除劳动合同,劳动者提起相关诉讼的,法院应当依法审查该规章制度的合法性与合理性——张建明诉京隆科技(苏州)公司支付经济赔偿金纠纷案①。

用人单位规章制度是在本企业内部实施的、关于组织劳动过程和进行劳动管理的制度。用人单位以劳动者严重违反单位的规章制度为由解除劳动合同,劳动者提起相关诉讼的,法院应当依法审查该规章制度的合法性与合理性。如果用人单位的规章制度超越合理权限对劳动者设定义务,并据此解除劳动合同,属于违法解除,损害劳动者的合法权益,用人单位应当依法支付赔偿金。

(2) 认定劳动者严重违反用人单位规章制度时,应综合考虑劳动者实施违纪行为的主观过错程度等多种因素——公汽公司与喜某劳动纠纷案。

认定劳动者严重违反用人单位规章制度时,应考虑劳动者实施违纪行为的主观过错程度、劳动者实施违纪行为的重复频率、劳动者违纪行为给用人单位造成损失的大小等因素。此外,还应综合考量用人单位解除与劳动者劳动合同所依据的规章制度制定程序,规定内容是否违反现行法律法规、政策、司法解释和双方签订的劳动合同的约定。

(3) 孕期妇女严重违反单位规章制度,单位有权与其解除劳动合同关系——郭洁苗诉中山市永怡物业管理有限公司劳动合同纠纷案。

孕期妇女修改休假单欺骗单位,严重违反用人单位规章制度的,用人单位有权解除与其的劳动合同关系。

判例 7-4:严重违反规章制度的处理——苏州市诚强橡胶公司解雇案

劳动者:姜翠海,以下简称 X;

用人单位:苏州市诚强橡胶有限公司,以下简称 Y 公司。

① 案情简介。

1. X 于 2005 年 8 月 29 日进入 Y 公司处工作,担任硫化二车间班长职务,双方签有劳动合同。

2. 2013 年 12 月 26 日,Y 公司作出对 X 解除劳动合同的决定,主要认为:X 于 2013 年 12 月带头并组织全体班组人员在公司的公共绿化带种菜(包括正常工作时间和加班时间);经公司查核后,X 认识不到问题的严重性,反而变本加厉,于 2013 年 12 月 23 日中班带班生产产品时:(1)严重违反操作工艺流程和该产品严禁喷脱模剂的规定,严重影响产品质量;(2)消极怠工,无故停机 1 小时 45 分钟,严重影响公司的生产秩序;(3)在公司区域内私自通电,将电饭锅放车间里煮食物,严重影响公司安全。X 严重违反公司规章制度,Y 公司于 2013 年 12 月 26 日经公司工会报告批准同意后,解除与 X 的劳

---

① 张建明诉京隆公司经济补偿金纠纷案二审民事裁定书,苏州市中级人民法院[(2010)苏中民终字第 0591 号],裁判日期为 2010 年 3 月 25 日。

动合同。

3. 《就业规则》及《重申有关厂纪厂规的考核办法》中员工奖惩规定第五条第3点：惩罚的具体行为及惩罚方式第21款规定，故意拖延办理业务手续或有虚假行为影响正常工作业务的，给予记过处分；第23款规定，由于不妥当的行为有损公司名誉或信誉的，给予记过处分；第25款规定，擅自更改生产工艺，违反操作规定的，给予记过处分；第39款规定，用带有煽动性的言论，妨碍公司正常经营活动或有妨碍的危险性的，给予解除合同处分；第42款规定，由于故意或重大过失，使公司的经济或信誉受到重大损失或损害的，给予解除合同处分。第五点第6款规定，两次记过者，给予解除劳动合同。上述条款证明X的上述行为已经严重违反公司规章制度，Y公司有权与其解除劳动合同。

4. Y公司提供了通过《就业规则》的会议记录、签到表、职工代表大会讨论记录，对《就业规则》的公告、照片及X的员工培训档案，证明《就业规则》经过民主程序制定，并对外进行了公示，于2008年1月1日正式施行，Y公司还组织包括X在内的全体员工进行了学习。

② 判旨。

劳动者严重违反用人单位规章制度的，用人单位可以单方解除劳动合同，无须支付经济补偿金。对于该单方解除的合法性与否，主要考虑以下因素：一是规章制度是否通过合法程序制定并且向劳动者公示；二是劳动者所犯违纪行为在规章制度中是否有明确规定；三是规章制度对劳动者违纪行为的处罚是否合情合理；四是劳动者是否给用人单位或他人造成重大损害；五是用人单位是否给予劳动者申辩和改过的机会。

本案中，首先，根据Y公司提交的证据，Y公司公司的《就业规则》经过工会和职工代表大会讨论通过，在公司的公告栏里进行了张贴公示，于2008年1月1日正式施行，该制定过程得到了城南街道工会委员会的侧面印证，X的员工培训档案也表明Y公司组织X及其他员工进行了学习，并且，维修模具登记单上X作为带班班长签字也能说明X熟悉《就业规则》的处罚规定，可以认定，Y公司的《就业规则》通过民主程序制定，合法有效，且X是知晓的。

其次，从X是否存在违纪行为来看，根据视频资料，X在2013年12月23日上班时确实存在无故停机、空开机器、喷洒脱模剂等违反工艺和操作流程的行为，但上述行为反映在员工奖惩规定第五条第三点第25款之规定给予的行政处罚为记过，并非解除劳动合同；另外，上述行为也不能与第21款对应，即使能够对应，Y公司的处理系一次违规行为给予两次处罚，明显不合理。对于Y公司主张的第39、42款的违纪行为，其并无证据证实，本院不予采信。至于Y公司主张的X在公司种菜、烧饭，即使存在，仅系一般的违纪行为，也未在《就业规则》的奖惩规定中予以明确，不能作为解除劳动合同的依据。因此，被告的违纪行为并未达到"严重违反公司规章制度"的程度，该处罚应属过重。

再次，从处罚程序上讲，经本院询问，X表示Y公司没有给予其申辩的机会，Y公司表示解除劳动合同之前公司总经理曾找X谈话，但没有书面证据证明，因此无法确认Y公司是否给予X对违纪行为进行申辩及改过的机会，对一个入职工作超过八年的老员工，解除程序缺乏正当性。

另外，从规章制度规定的程序要求看，即使X存在多种不同的违纪行为，可以给予两次以上的记过处罚，但按程序必须是先分别记过，再给予解除劳动合同，显然，Y公司跳过记过而直接解除劳动合同的做法也不符合规定。综上，Y公司单方解除劳动合同的行为不具有合法性，应当向X支付经济赔偿金。

8 薪酬争议与薪酬管理

当前,我国还处于社会主义初级阶段,劳动还是一种谋生的方式,薪酬对于广大劳动者而言是其主要收入来源,在众多劳动权益之中合理合法地获取劳动报酬是劳动者最重要的权益。薪酬对于雇主而言是一种劳动成本支出,在劳动密集型企业中薪酬成本占总成本的比重更大。因此,多年以来有关薪酬的劳动争议数量一直位于各类劳动争议的首位。

在市场经济条件下,薪酬制度是现代企业人力资源管理的重要组成部分,薪酬的决定、薪酬额的计算、薪酬的构成都是企业重要的经营自主权。但由于劳动者在经济上对企业的依附性和天然的弱势,薪酬制度的制定和变动对劳动者的经济权益有重大的影响。为了平衡劳资之间的关系,保护处于弱势地位的劳动者合法获取劳动报酬的权益,相关部门出台了一系列法律法规对薪酬的支付方式进行了原则性规定,对用人单位的权利作了一定的限制,如《劳动法》《劳动合同法》《最低工资规定》《就业促进法》《工资支付暂行规定》等。尽管如此,在实践中劳动者经济权益遭受侵犯的现象仍然屡见不鲜。同时,也有不少企业由于薪酬管理制度的漏洞而蒙受了信用风险、声誉风险和经济风险。本章将围绕具体的判例来分析有关薪酬问题的争议点、相关争议涉及的法律法规条款,以及企业人力资源部门如何通过完善相关薪酬管理制度来规避法律风险。

8.1 年终奖的认定

自 2012 年以来,中国劳动力供给数量出现了下降的态势,企业围绕着人才的竞争愈加激烈,薪酬是激励劳动者的重要手段,为了提高企业绩效,在薪酬设计中年终奖、绩效薪酬、利润分享计划、收益分享计划、员工持股等可变薪酬所占的比重逐渐增加。年终奖作为一种简单有效的激励方式深受企业青睐,然而,由于其数额较大,对劳雇双方利益的影响均很大,因此,由此引发争议冲突的可能性也在加大。

判例 8-1:加特可(广州)自动变速箱有限公司年终奖认定案[①]
劳动者:符某,以下简称 X;
用人单位:加特可(广州)自动变速箱有限公司,以下简称 Y 公司。

---

① 符某与加特可(广州)自动变速箱有限公司劳动争议纠纷上诉案二审民事判决书,广东省广州市中级人民法院[(2017)粤 01 民终 18972 号],裁判日期为 2017 年 12 月 25 日。

① 案情简介。

2013年3月28日,X入职Y公司,X因对Y公司"2016年度在职激励金方案"传闻不满,在微信群中鼓吹、煽动其他员工在2017年1月18日上午举行罢工,以逼迫Y公司增加在职激励金。Y公司遂于2017年1月19日解除与X的劳动合同。2017年1月20日,Y公司根据2017年1月16日审批的《FY16JGZ年末在职激励金》向在职员工发放2016年度的在职激励金。《FY16JGZ年末在职激励金》显示:在职激励金构成为基本激励金＋生产效率激励金＋KPI达成度激励金＋综合改善激励金,与业绩评价挂钩;在职激励金金额是下半年度(7—12月)和全年度(1—12月)实际在岗工作且在职的天数乘以基本工资。X申请劳动争议仲裁,请求Y公司向其支付2016年在职激励金及其他请求,仲裁裁决驳回X仲裁请求。X不服,向一审法院起诉。

② 裁判结果。

一审法院驳回X的诉讼请求。X不服,提起上诉,二审法院判决Y公司支付2016年度在职激励金22 000元给X;驳回X的其他诉讼请求。

1. 法院裁判要旨(一审)。

《FY16JGZ年末在职激励金》载明支付对象为支付日时仍然在职的员工,上诉人是否应享有该奖金,应当结合上诉人是否符合发放条件以及上诉人不符合条件的事由是否可归责于被上诉人两方面综合考查。

一审法院认为虽然Y公司的2016年度在职激励金的发放日期(2017年1月20日)与X被解除劳动合同的日期(2017年1月19日)只相隔一天,但X组织、煽动罢工的违纪行为发生于激励金发放日前,Y公司的解雇行为合法。而且X在2016年度激励金发放日已不在职,不符合当年激励金的发放条件。

2. 法院裁判要旨(二审)

第一,2016年度在职激励金的标准是按2016年度公司业绩为考量因素,且根据Y公司提交的《FY16JGZ年末在职激励金》,在职激励金的计算方式与考勤等业绩评价挂钩,并非如Y公司解释的激励在职员工完成公司下一年度的目标和对在职人员的补助,计付时段也并不是至2017年1月20日止,而是于2016年12月仍在职的人员。

第二,《FY16JGZ年末在职激励金》的审批意见均于2017年1月16日完成,而被上诉人解除与上诉人的劳动合同时间为2017年1月19日,故审批实施的时间发生在解除劳动合同之前。

③ 案例评析。

Y公司在本案中发放的在职激励金,本质上为年终奖金。在劳动关系中,用人单位通过年终奖激励劳动者的情形非常普遍,年终奖的有无以及数额,是劳动者就业选择的一项重要因素。实践中,常因用人单位以劳动者必须在职为由,拒绝对已经离职的劳动者发放年终奖,引发此类纠纷。该案件中一审法院未全面考虑在职激励金的构成和计算方式的内容,仅以发放的时间作为不支持X要求Y公司给付在职激励金的条件存在不当,二审时作出了纠正。

年终奖属于劳动者付出劳动的报酬,劳动者请求支付,应予以支持。本案中,综合分析在职激励金的方案形成时间、计算方式及构成等方面,其均以2016年12月仍在职的员工出勤率及该年度的公司业绩为计算标准而非以在职为发放标准。而且年终奖的分配方案形成时间为2017年1月16日,早于双方解除劳动合同的时间2017年1月19日,X工作时间已满一年,符合用人单位发放在职激励金的条件。尽管用人单位试图通过使用在职激励金而非年终奖的名称来规避支付离职劳动者的年度奖金,但薪酬构成名称的改变并不能改变年终奖与年度业绩挂钩且劳动者过去一年在职在岗的事实,所以,二审法院判决支持劳动者获得22 000元在职激励金的诉求。

从上述判例可以看出,劳动者在劳资冲突当中处于弱势地位,企业在制度制定及制度解释过程当中存在明显的优势,由一审判决来看,企业方关于在职激励金方案的解释在一定程度上左右了一审判决的结果。但是随着劳动者权利意识的增强和法律法规的完善,企业试图更换名称或者有意歪曲制度解释的做法很难得到法律上的支持。在职激励金改变不了年终奖对劳动者过去一年工作绩效的奖励本质,管理者偷梁换柱、偷换概念的做法无助于帮助企业提升绩效、节约成本,反而会弄巧成拙,损害企业的声誉。所以,优秀的管理者应坚持职业操守,本着理性、客观、科学的理念来制定公司的人力资源管理制度,公平、公正地对待每一位劳动者。

类似的判例还有广州隆超塑料五金制造有限公司年终奖争议案[①]。该案中劳动者X于2009年6月18日至2017年3月31日期间,在Y处先后担任客户部高级专员、经理等职务,于2017年3月31日签署《终止劳动关系协议》。双方关于2016年年终奖发生劳动争议。一审判决Y支付X于2016年1月至12月期间的业务提成(年终奖)194 102.70元。Y不服一审判决,提起上诉,认为X违反"公司关于员工离职即丧失获得年终奖资格的规定",没有获得2016年度年终奖的资格,要求撤销一审判决。

但二审法院最终维持了一审判决。二审法院认为虽然Y公司主张X因离职已经丧失了领取年终奖的资格,但是根据X与Y的法定代表人、执行总经理以及财务人员的电话录音、微信记录截图,均可认定X可以领取年终奖金,只是需要时间讨论、计算、走流程或者研究如何报税。而且二审时Y公司提交的X的往年年终奖金的计算方法,也是根据劳动者业绩和产品项目按比例进行核算,和2016年的计算方式一致。另外,X系于2017年3月31日离职,在离职时已经完成了2016年的全年工作。故法院认定X主张的年终奖金在离职后也可以领取。

从这两个案件来看,尽管用人单位可以根据其经营状况决定如何发放年终奖,但一旦年终奖作为劳动者劳动报酬的一部分写入劳动合同或公司制度,除非能够证明劳动者年终绩效考核不合格,否则,不能因为公司额外的"离职便不能领取年终奖"规定而随意取消。有些公司会有"离职便不能领取年终奖"这样的规定的根本原因在于没有搞清楚劳动报酬的内涵和外延。《劳动部关于贯彻执行〈中华人民共和国劳动法〉若干问题的意见》明确指出,劳动

---

① 广州隆超塑料五金制造有限公司、沈家森劳动争议二审民事判决书,广州市中级人民法院[(2018)粤01民终20988号],裁判日期为2018年12月21日。

法中的工资是指用人单位依据国家有关规定或劳动合同的约定,以货币形式直接支付给本单位劳动者的劳动报酬,一般包括计时工资、计件工资、奖金、津贴和补贴、延长工作时间的工资报酬以及特殊情况下支付的工资等。工资是劳动者劳动收入的主要组成部分。可见,劳动报酬是个广义的概念,它不仅仅指基本工资,而且包括各类奖金、津贴和补贴。实践中,很多用人单位误解或故意曲解劳动报酬的含义,认为基本工资需要在合同中约定,是必须支付给劳动者的,而奖金可以根据企业经营需要随意确定发放与否以及如何发放,这是对劳动报酬的一种认识上的偏差。

关于年终奖发放引发的劳动争议,实际裁审中评判不一。对于用人单位在劳动合同或者薪酬制度中约定了年终奖的发放条件的,比如"考核之前离开单位的不能享受年终奖""年终奖发放范围为发放时在职的员工"等,劳动者往往并不像上述判例的结果那般幸运,劳动仲裁机构和法院也会经常支持用人单位的相关制度,劳动者经常不能拿到年终奖。比如邸建凯与北京恒都律师事务所劳动争议案,劳动者邸某于2013年2月20日入职律所,双方签订了《律师聘用合同》,以及《关于工资待遇的协议》,其中约定如下内容:"第四条:如果乙方工作表现符合甲方发放奖金考核标准,甲方将根据乙方工作表现发放年终奖,并且不低于肆万陆仟元。"第五条:"如果乙方工作表现不符合甲方要求,甲方有权支付部分年终奖或不支付任何年终奖;如果乙方在年终奖评定之前辞职或者被辞退,将不发放年终奖。"2013年12月2日,邸某因个人不适应公司文化原因提出离职。尽管为公司工作9月有余,公司却不支付其年终奖,后邸某诉至法院。最终,法院基于双方自愿签订的《关于工资待遇的协议》中明确约定了发放年终奖的条件,没有支持邸某的请求[①]。

但是,有些地方性法规支持年中离职年终奖的给付。比如《深圳市员工工资支付条例》第十四条规定:"劳动关系解除或者终止时,员工月度奖、季度奖、年终奖等支付周期未满的工资,按照员工实际工作时间折算计发。"在这种有明确规定的地区,年终奖应当按照规定中的要求进行折算给付。

总之,目前关于年终离职与年中离职劳动者年终奖是否应予以支持,实际裁审中法官具有较大的自由裁量空间。

对于年终离职(劳动者完成一个完整年度工作)且符合企业绩效考核的情况,用人单位都应当支付年终奖。即便是用人单位在劳动合同或薪酬制度中明确规定"在年终奖发放时间,已经离职员工不发放年终奖"的情况下也是如此。理由有三:第一,在人力资源管理学科中,薪酬是指劳动者付出劳动,企业为补偿其劳动所支付的报酬,即劳动报酬。薪酬的含义有窄、中、宽三种界定方式。即使是含义最窄的薪酬,也包括基本薪酬与浮动薪酬或奖励薪酬两部分,其中的奖励性薪酬则包括月度奖、季度奖、年终奖等。从这个意义上来看,年终奖是劳动者付出劳动应当获得的报酬,是企业对劳动者过去一年工作业绩的肯定,不管年终奖发放时劳动者是否在职,用人单位都应当予以支付。第二,《劳动部关于贯彻执行〈中华人民共和国劳动法〉若干问题的意见》中所规定的劳动报酬的具体构成也包括年终奖,所以,在劳动者付出一年的劳动后,作为对等回报,企业应当支付劳动者年终奖。第三,《劳动合同法》

---

① 刘晓倩.劳动关系中的管理权边界:以司法判例为视角.北京:社会科学文献出版社,2017.

第一条明确指出该法的立法宗旨是:"保护劳动者的合法权益,构建和发展和谐稳定的劳动关系。"作为劳动报酬一部分的年终奖显然属于劳动者的重要权益,所以,支付劳动者年终奖是维护劳动者经济权益的要求,也符合《劳动合同法》的立法宗旨。

8.2 绩效薪酬的争议

随着经济全球化以及由此带来的市场竞争加剧,在人力资源管理中,不仅薪酬的概念范围逐渐延伸扩展,薪酬的构成结构也发生了巨大的变化。企业为了提升绩效,倾向于增加绩效薪酬的比例,基于绩效的奖励性薪酬在总薪酬中所占的比重不断提高,对于劳资双方而言,绩效薪酬的重要性不言而喻,由此也导致集中于此的劳动争议呈高发态势。作为一项企业自主制定的制度,绩效薪酬方面的争议一旦发生,其计算方式和认定往往存在较大的自由裁量空间,缺乏比较统一的裁定标准。

判例 8-2:仰华与上海百年企业管理咨询有限公司绩效工资纠纷案[①]

劳动者:仰华,男性,以下简称 X;

用人单位:上海百年企业管理咨询有限公司,以下简称 Y 公司。

① 案情简介。

1. 原告 X 于 2012 年 3 月应聘进入 Y 公司工作。2014 年 4 月 5 日,双方续签了劳动合同,X 从事培训工作,合同期限为 2014 年 4 月 5 日起至 2016 年 4 月 4 日止。就劳动报酬,劳动合同约定 Y 公司对 X 实行基本工资和绩效工资相结合的内部工资分配办法。X 的基本工资确定为每月 5 350 元,以后根据内部工资分配办法调整其工资。绩效工资根据 X 的工作业绩、劳动成果和实际贡献按照内部分配办法考核确定。

2. 2014 年 7 月 14 日,X 以"家中老人身体状况及个人家庭原因"为由向 Y 公司提出辞职,并实际工作至该日。对于绩效工资,Y 公司均采取当月先发放 80%、扣留 20% 于年底发放的办法,以达到控制员工流动的管理目的。

3. X 曾被安排负责开发海马汽车的 5 门培训课程的课件开发任务。该 5 门课件的开发费用为 29 800 元。作为该系列课件的实际开发者,X 应获得 24 200 元的培训开发绩效工资,然 Y 公司至今只支付了 3 763.20 元。

4. 2015 年 1 月 20 日,X 向上海市闵行区劳动人事争议仲裁委员会申请仲裁,要求 Y 公司支付其 2014 年 1 月 25 日至 2014 年 7 月 14 日期间扣除的 20% 绩效工资与合同期内完成的海马汽车课件开发费差额。该委员会于 2015 年 4 月 2 日作出闵劳人仲(2015)办字第 791 号仲裁裁决,裁决对 X 两项仲裁请求未予支持。

5. X 不服上述裁决,遂诉至法院,要求判令:一、Y 公司支付 X 2014 年 1 月 25 日至同年 7 月 14 日扣留的培训授课绩效工资 19 060 元;二、Y 公司支付 X 海马汽车课件培训开发绩效工资 24 200 元。

---

① 上海百年企业管理咨询有限公司诉仰华劳动合同纠纷一案二审民事判决书,上海市第一中级人民法院[(2016)沪 01 民终 6161 号],裁判日期为 2016 年 9 月 1 日。

② 裁判结果。

一审判决:Y公司于本判决生效之日起十日内支付X绩效工资差额19 060元;驳回X的其他诉讼请求。Y公司不服,提起上诉,二审判决:维持一审判决。

法院裁判要旨:

1. 虽然Y公司规定20%的绩效工资根据考核结果作为年度考核绩效奖金予以发放,由于个人原因导致离职的员工,将不能获得该年度考核奖金。然经查明,X的员工月度工资总表显示其每月工资由基础工资5 350元及金额不固定的绩效工资组成。其中,绩效工资由培训授课绩效、咨询项目绩效、课件开发绩效及其他项目绩效组成。法院认为,此年度考核奖金并非Y公司额外支付的用于奖励员工工作业绩的款项,而是Y公司应支付X课酬的20%之部分,并且Y公司制度明确规定培训授课辅导执行项目月度发放课酬是对授课人员相应工作期间内所有工作时数付出的回报,除此之外不再另行支付其他相关报酬或补偿。故Y公司以X中途离职为由不予支付X剩余课酬,显然违反公平原则,对于X此项诉请,法院予以支持。

2. 就X主张Y公司支付其海马汽车课件培训开发绩效工资24 200元之诉请,法院认为,根据收集的证据可以认定,X在离职之前并未在既定时间完成该项目的课件开发。X离职后,该项目由其他工作人员接手,完工后最终于2014年11月得到客户认可。现X主张Y公司全额支付其该项目的绩效工资,于法无据,法院不予支持。

③ 案例评析。

本案中关于20%的绩效工资,双方争议的焦点在于该部分绩效工资的性质是月度绩效奖励还是年终奖。若属于月度绩效工资,根据劳动法及时足额支付劳动报酬的原则,企业应当支付X剩余20%的绩效工资。若属于年终奖,则由于X未到年终即离职,无法核算其年终绩效实现状况,企业不必要支付其年终奖。

X月度工资总表显示其每月工资由基础工资及金额不固定的绩效工资组成,其中,绩效工资由培训授课绩效、咨询项目绩效、课件开发绩效及其他项目绩效组成。公司薪酬制度也明确规定:"培训授课辅导执行项目月度发放课酬,这是对授课人员相应工作期间内所有工作时数付出的回报,除此之外不再另行支付加班费等其他相关报酬或补偿。"显然,不论从员工月度工资表还是从企业制度设置来看,培训授课绩效都属于月度劳动报酬的一部分。Y公司为了达到控制员工流动、防止员工跳槽的管理目的,在员工薪酬激励制度中规定,培训授课绩效采取当月先发放80%,扣留20%于年底发放的办法。只有相应的授课辅导项目年度合同完成,且达到公司及客户对年度项目总体质量满意度年度考核相关标准的情况下,公司才会根据实际年度考核结果发放标准单天课酬的20%。不难看出,Y公司在薪酬制度规定上前后矛盾,刻意模糊20%课酬的月度绩效工资性质,强调其属于年终奖金的属性。由于公司对于薪酬制度的解释前后不一,难以自圆其说,法院最终采信了X的说法,作出了有利于劳动者的裁决。

本案关于X主张的海马汽车课件培训开发绩效工资24 200元,虽然X实际从事了相关的工作,但由于未按照约定时间将课件交付客户,即未实现与Y公司约定的绩效目标,作为一种绩效工资,完成绩效目标是员工获得奖励的前提,故法院对于X的诉求未给予支持。

从这个案例来看,对于绩效工资的争议,在实践中法院的裁决更加倾向于绩效工资本身的属性,更加尊重事实。尽管企业有自主制定薪酬制度的权利,但其故意歪曲事实,错误解读制度的做法难以得到法院的支持。这对企业管理方的启示是,任何试图操控规章制度的做法都会置企业于风险境地,任何规章制度的制定都应遵循公平、公正、合法的宗旨。

8.3 加班工资争议

改革开放以来,我国经济经历了快速发展期,与经济迅速发展相伴而生的是企业的扩张和加班的普遍化。在工资支付方面,加班工资与休假工资的支付是一大问题。我国《劳动法》对加班时间和加班工资的支付数额都作出了详细规定,即用人单位经与工会和劳动者协商后可以延长工作时间,一般每日不得超过一小时;因特殊原因需要延长工作时间的,在保障劳动者身体健康的条件下延长工作时间每日不得超过三小时,每月不得超过三十六小时。对于工作日加班支付150%的工资,周末加班支付200%的工资,法定节假日加班则要支付300%的工资。但是现实中在加班的认定、加班工资计算基数方面仍然有很多争议,具体情况见以下案例。

判例 8-3:马搏聪与四平市九鼎恒昌牧业有限公司劳动争议案[①]

劳动者:马搏聪,男性,以下简称 X;

用人单位:四平市九鼎恒昌牧业有限公司,以下简称 Y 公司。

① **案情简介**。

1. X 于 2013 年 8 月进入 Y 公司工作,任人力行政员,后升任为人力行政部负责人。在职期间与公司签订了劳动合同并约定了每月劳动报酬为基本工资加考核奖励 500 元和饭补 15 元/天。

2. 在 X 2013 年 8 月至 2019 年 4 月任职期间,Y 公司规定一个月只能休息六天,多休假天数的按请假处理和扣发工资,法定假日也未按国家规定放假,同时也没有给 X 休年假,X 与 Y 公司由于加班工资与年休假工资发生劳动争议。

3. 由于 Y 公司多次违反《劳动法》与《劳动合同法》有关双休日加班,法定节假日加班和年假的相关规定,X 提出解除劳动关系,并与 Y 公司协商支付申请人双休日、法定节假日、加班和未休年假的工资报酬。经多次协商讨论无果,X 于 2019 年 4 月 12 日向公主岭市劳动人事争议仲裁委员会提出仲裁申请,该仲裁委员会于 2019 年 7 月 26 日作出公劳人仲字(2019)第 222 号仲裁裁决书,X 不满裁决结果,遂诉至吉林省公主岭市人民法院。

4. X 提出三项主要诉讼请求:(1)判令 Y 公司支付双休日加班费 89 249.07 元(日平均工资 181.77×双休日加班天数 245.5 天×200%);(2)判令 Y 公司支付法定节假日加班费 7 634.34 元(日平均工资 181.77×法定节假日加班天数 14 天×300%);(3)判令 Y 公司支

[①] 马搏聪与四平市九鼎恒昌牧业有限公司劳动合同纠纷二审民事判决书,吉林省四平市中级人民法院,[(2020)吉 03 民终 483 号],裁判日期为 2020 年 5 月 28 日。

付未休年假工资16 359.3元(日平均工资181.77×未休年假天数30天×300%)。

② 裁判结果。

一审判决:(1)Y公司向X支付双休日加班工资29 466.4元;(2)Y公司向X支付法定节假日加班工资5 667元;(3)Y公司向X支付未休年假工资2 996元;(4)驳回X其他诉讼请求。X仍旧不服判决结果,上诉至吉林省四平市中级人民法院。

X因为一审法院对Y公司提供的漏洞百出的证据予以采信,而对其本人提供的有Y公司总经理和副总经理签字的证据作出不予采信判决,且未写明不予采信的理由,以及法定节假日加班费计算方法有误原因提出上诉请求:(1)撤销公主岭市人民法院(2019)的一审民事判决书;(2)本案移送吉林省四平市中级人民法院处理。

二审判决:维持原判,驳回了X的诉讼请求。

③ 法院裁判要旨。

本案中X主张,其在Y公司工作期间,共计双休日加班243.5天,法定节假日加班14天,并且X为此提交了其在Y公司工作期间的考勤打卡记录和考勤板照片。Y公司对上述两份证据不予认可,辩称X工作期间存在加班的情况,但不是其主张的天数,而且加班费已经支付给了X。但是Y公司拿不出有效的证据证明X提交的考勤记录与事实不符,仅称X在公司负责人事行政管理工作,其擅自离职时未与单位办理交接,由其保管的单位考勤记录单位无法查找。法院在判决时根据相关法律规定,用人单位至少应保留员工考勤记录两年,Y公司辩称X离职时未将该部分资料交接,因而不能提供单位的考勤记录,属于其内部管理事务,不能作为公司不能提供单位考勤记录的免责事由,故在加班天数方面采信了X的主张。

对于加班工资基数的核算,Y公司提供了按月支付的各项工资构成表,X对这一工资核算表的真实性提出异议,认为该表体现出的每月工资总额和实发工资数虽然属实,但基本工资数额、考勤工资数额不对,而且增加了加班补贴一项,表上只有总经理签字,财务经理一栏是打印的。因此,推断该表是后做的。法院认为,该表为用人单位Y公司当庭出示的原始记账凭证,X所提异议和证据不足以否定其真实性,故本院对Y公司提供的证据予以采信,并且依据(月实发工资—月加班补贴)÷21.75天×双休日加班天数×200%的办法,计算了每个月的双休日加班工资并予以加总。

虽然Y公司辩称,X法定休假日加班工资和带薪年休假工资均已给付完毕,但未能提供X领取或向X支付上述款项的凭据,X否认单位向其发放过上述款项,故法院对Y公司的辩解不予采信。依据(月实发工资—月加班补贴)÷21.75天×法定节假日加班天数×300%的办法,计算了每年法定节假日的加班工资并予以加总,同时,根据《企业职工带薪年休假条例实施办法》第三条、第五条、第十条、第十一条、第十二条规定的计算方法,核算出X在职期间未休年假天数共计27天,并采用离职前12个月(不含加班费)平均工资为基数计算出了相应的年休假工资。

④ 案例评析。

本案关于加班工资的劳动争议焦点主要在于加班事实的认定。对于加班事实的问题,《最高人民法院关于审理劳动争议案件适用法律若干问题的解释(三)》第九条规定:"劳动者主张加班费的,应当就加班事实的存在承担举证责任。但劳动者有证据证明用人单位掌握加班事实存在的证据,用人单位不提供的,由用人单位承担不利后果。"因此,对劳动者而言,要想维护自己的加班工资权益,必需保留好加班考勤打卡记录、加班通知微信、邮件、公告的信息。

判例8-4:黄某与某餐饮公司约定加班工资纠纷案①

劳动者:黄某,以下简称X;

用人单位:某餐饮公司,以下简称Y公司。

① **案情简介**。

X于2013年7月1日入职Y公司,从事杂工工作,双方订立了期限为2年的劳动合同,约定X的月工资标准为3 000元,同时约定加班工资基数以北京市最低工资标准计算。

工作期间,X每周休息日加班一天,Y公司均按照北京市最低工资标准向其支付加班工资。离职后,X向仲裁委提出仲裁申请,要求公司支付休息日加班工资差额。

② **仲裁结果**。

仲裁委审理后认为,Y公司与X在劳动合同中按照最低工资标准支付加班工资的约定,不符合法律及北京市的相关规定,所以裁决Y公司以X的月工资3 000元为基数向X支付加班工资差额。

③ **仲裁要旨**。

此案件仲裁的基本要义是用人单位依法支付加班工资,不得搞截留。根据《中华人民共和国劳动法》第四十四条的规定,加班费计算基数应为劳动者"正常工作时间工资"。那么,所谓的"正常工作时间工资"是指什么呢? 在实践中经常出现误解的情形。根据原劳动部《关于贯彻执行〈中华人民共和国劳动法〉若干问题的意见》第55条的规定,正常工作时间工资是指劳动合同规定的劳动者本人所在工作岗位(职位)相对应的工资。因此,加班费的计算基数原则上不低于劳动合同规定的劳动者本人工资标准。

④ **案例评析**。

本案关于加班工资的劳动争议焦点主要在于加班工资基数的认定。对于加班费的计算基数,《劳动法》中阐明应不低于劳动合同规定的劳动者本人工资标准,但随着工资构成日趋多样化和丰富化,"劳动者本人工资"究竟是指基本工资还是工资总额呢?《工资支付暂行规定》第三条规定:"本规定所称工资是指用人单位依据劳动合同的规定,以各种形式支付给劳动者的工资报酬。"也就是说,加班费的计算基数应该以合同中约定的工资为计算标准,是包含绩效工资、津贴等在内的货币性工资报酬的总和。需要注意的是,这其中不包括加班工资,否则,就属于重复计算。

如果用人单位和劳动者未就加班费的计算基数作出约定,也未约定工资标准,应如何确定加班费的计算基数呢? 各地对此有不同的操作方式。《北京市工资支付规定》第四十四条规定,根据本规定第十四条计算加班工资的日或者小时工资基数、根据第十九条支付劳动者

---

① 北京市人力资源和社会保障局发布的2016年十大劳动争议案件,http://www.ft22.com/guandian/7131.html。

休假期间工资,以及根据第二十三条第一款支付劳动者产假、计划生育手术假期间工资,应当按照下列原则确定:(一)按照劳动合同约定的劳动者本人工资标准确定;(二)劳动合同没有约定的,按照集体合同约定的加班工资基数以及休假期间工资标准确定;(三)劳动合同、集体合同均未约定的,按照劳动者本人正常劳动应得的工资确定。依照前款确定的加班工资基数以及各种假期工资不得低于本市规定的最低工资标准。从上述规定来看,加班工资的基数应当按照劳动合同中约定的劳动者本人工资标准、集体合同约定的加班工资基数及本人正常劳动应得工资的顺序来确定。

《江苏省工资支付条例(2010修订)》第六十四条规定,用于计算劳动者加班加点工资的标准应当按照下列原则确定:(一)用人单位与劳动者双方有约定的,从其约定;(二)双方没有约定的,或者双方的约定标准低于集体合同或者本单位工资支付制度标准的,按照集体合同或者本单位工资支付制度执行;(三)前两项无法确定工资标准的,按照劳动者前十二个月的平均工资计算,其中,劳动者实际工作时间不满十二个月的按照实际月平均工资计算。

尽管各地对于加班工资基数的规定在表述上不同,但基本原则均为不低于劳动者实际工资标准而非最低工资标准,这些规定有助于劳动者依据本人实际工资争取到加班费,符合劳动立法精神。对企业而言,要想规避不必要的法律风险,企业需要严格遵循劳动法与地方性工资支付条例的有关规定,同时,要制定明确具体的薪酬制度,并且需要在签字存档等程序方面做好规范,完善企业的人力资源管理制度。

参考文献:
[1] 刘晓倩.劳动关系中的管理权边界:以司法判例为视角.北京:社会科学文献出版社,2017.

9 绩效管理

用人单位聘用员工,向员工支付劳动报酬,要求员工完成一定的工作任务和绩效作为对价。绩效管理是人力资源管理的关键环节,很多人力资源管理模块都围绕着绩效展开,因此,包括薪酬、劳动关系解除、岗位调整等各类劳动关系争议,通常都与绩效管理存在密切关系。本章重点关注与绩效管理有关的劳动争议问题及其防范措施。

9.1 绩效考核的程序

在实施绩效考核前,用人单位要制定完整的绩效管理制度。《劳动合同法》第四条规定,用人单位规章制度包括有关劳动报酬、工作时间、休息休假、劳动安全卫生、保险福利、职工培训、劳动纪律以及劳动定额管理等直接涉及劳动者切身利益的规章制度。绩效考核与劳动报酬、劳动定额等联系紧密,因此,绩效考核制度属于涉及劳动者切身利益的规章制度。《劳动合同法》第×条规定,用人单位制定规章制度或重大事项必须经过民主程序和公示程序。因此,用人单位可以根据国家有关法律法规和政策,结合本单位具体情况,通过民主程序制定绩效管理制度,并向劳动者公示或告知。

绩效管理将企业的战略目标分解到各个部门,各个部门将目标分解到每个岗位,岗位的绩效目标最终通过员工来实现。对每个员工的绩效进行管理、改进和提高,从而提高整个企业的绩效,才能提高企业的生产力和生产价值,增加企业的竞争优势。绩效管理的一般流程包括以下四个方面。

9.1.1 制订绩效考核计划

为了保证绩效考核的顺利进行,应事先制订绩效计划,在明确绩效考核结果应用目的(如作为绩效工资、晋升、培训等方面依据)的前提下,明确考核的对象、内容、时间、方法等方面内容,形成绩效计划。绩效计划制定完毕后,要让被考核员工(目标完成人)以书面的形式确认月度、季度或者年度绩效计划。对于被考核员工,可以根据月度、季度或者年度绩效计进行考核。

9.1.2 绩效信息收集

在确定绩效计划后,在日常工作中,主管要注意加强对下属员工的工作指导和沟通,同时要收集员工的相关绩效信息。绩效信息的收集与记录是指主管人员从各个渠道,如亲自观察、查阅各种工作记录,以及了解同事反映、客户表扬与投诉等,收集员工工作绩效的信息,把这些资料及时记录下来,以备日后绩效评价时作为依据。收集信息资料的主要方法有考勤记录法、生产记录法、项目评定法、关键事件法等。绩效考核最终要达成量化的数据,这种量化数据的主要依据是工作中的关键事件证据与目标。

9.1.3 绩效评价和绩效考核反馈

对员工的每一个考核项目进行等级评定,综合打分,确定绩效等级。将书面的考核结果和考核意见反馈给员工,并由员工予以确认、签名盖章。如果被考核者有不同意见,可以提出异议,并要求上级主管或人力资源部门予以裁定。

9.1.4 绩效考核结果应用

首先,绩效考核结果可以用来推动员工工作业绩和工作技能的提高,帮助员工发现差距,帮助企业有针对性地制定员工培训和发展计划。其次,绩效考核结果可以公平地评价员工对公司作出的贡献大小,并据此确定员工的绩效工资,或者对员工未来的薪酬等级进行调整。最后,可以为员工的任用、晋升、奖励等提供依据,为正确的人事决策提供信息。需要注意的是,员工岗位的调整应根据员工本人的核心能力进行,并且要与被调整员工做好沟通,对于其职位的调整要做到合情合理。

判例 9-1:绩效管理需符合程序公正——胡小军与国民信托有限公司劳动争议[①]

劳动者:胡小军,以下简称 X;

用人单位:国民信托有限公司,以下简称 Y 公司。

① 案情简介。

X 于 2011 年 6 月 20 日入职 Y 公司,双方签订了期限自 2012 年 6 月 21 日至 2015 年 6 月 20 日的劳动合同,约定:"X 在资讯科技服务部从事高级项目经理岗位;同意在本合同期限内根据国民信托有限公司规章制度的规定,视经营情况和工作需要,Y 公司可以变更或调整 X 的岗位及工作内容,其工资及福利待遇将随岗位变动而做相应变动;X 的月工资为 30 000 元。"2013 年 10 月 16 日,Y 公司向 X 发出《岗位调整确认函》,载明:"根据公司业务发展及资讯科技部门的工作需要,自 2013 年 10 月 16 日,X 的任职岗位由高级项目经理调整为 IT 工程师(高级经理级),岗位工资自调岗之日起调整为 18 000 元(税前)。"X 在该《岗位调整确认函》上写明"不同意岗位调整"并签名。2014 年 2 月 20 日,Y 公司向 X 发出《劳动关系解除通知》,载明:"2013 年 10 月 16 日,公司向您发送了岗位调整通知,您的任职岗位由高级项目经理调整为 IT 工程师(高级经理级),您签署'不同意岗位调整'。2014 年 1 月 24 日,公司再次向您发送了岗位调整确认函,向您征询意见,是否同意岗位变动。截至 2014 年 2 月 19 日,公司未能与您就岗位调整事宜达成一致。根据《劳动合同法》第四十条第(三)项,自

[①] 胡小军与国民信托有限公司劳动争议二审民事判决书,北京市第二中级人民法院(2015)二中民终字第 03710 号,裁判日期为 2015 年 6 月 5 日。

2014年2月20日起,公司与您解除劳动合同。"

后X申诉至北京市东城区劳动人事争议仲裁委员会,要求Y公司支付工作补偿金和工资差额等项目以及2013年度奖金150 000元。

北京市东城区劳动人事争议仲裁委员会于2014年9月作出裁决:Y公司支付X工资差额和经济补偿金等项目;支付X的2013年度奖金150 000元。裁决后,Y公司不服起诉至原审法院。

② 法院裁判(一审)。

原审法院审理期间,双方就X是否应当享有2013年度年终奖存有争议。Y公司主张该公司依据《2013年度绩效考核实施方案》进行考核,X知晓上述方案,但X的2013年度绩效考核不合格,所以,不应当享有该年度年终奖。

③ 法院裁判(二审)。

Y公司提交的(2014)京方正内经证字第16485号公证书、(2014)京方正内经证字第16484号公证书及《2013年度绩效考核实施方案》等证据显示该公司系依据《2013年度绩效考核实施方案》对全体员工2013年的工作业绩进行年终考核,该考核结果用于2013年度奖金的计发,被评为不合格的员工不享有年终奖金。因此,X是否应当享有2013年年终奖的先决条件是X的2013年度的年终考核结果是否合格。现Y公司对X作出了2013年度年终考核结果为"不合格"的认定并据此认为X无权享有2013年度年终奖,X不服Y公司的上述考核认定结果并诉诸司法程序。据此,法院及劳动仲裁部门是否应对Y公司作出的绩效考核认定结果进行审查,以及如何进行审查成为本案审理的关键点。

Y公司在2013年年终绩效考核之前通过《2013年度绩效考核实施方案》及其附件对部门员工设定有至少七项考核程序:一、部门员工完成《2013年度工作总结和2014年度工作计划》;二、部门员工与部门负责人共同制定工作关键绩效指标(KPI),完成《员工绩效考核表》;三、部门负责人建立员工日常绩效台账或工作周/月报制度,记录工作和考核内容,作为绩效评分的依据;四、《绩效考核汇总表》经分管领导确认后提交至人力资源部;五、人力资源部汇总各部门员工的考核结果,并报总办会,由总办会核定最终考评结果;六、考核结果公布后,各岗位直接上级向考核对象反馈最终考核结果,并进行绩效面谈,填写《绩效反馈面谈表》;七、对考核结果持有异议的被考核人可以书面形式向人力资源部提交《申诉表》,由人力资源部先行协调处理,总办会最终处理。由此可见,Y公司制定了周密严谨的员工绩效考核程序,其应当严格按照上述绩效考核程序对员工实施考核并保留实施考核程序的相关证据,以备处理员工申诉或完成举证责任所需。有鉴于此,法院或劳动仲裁机构对Y公司实施绩效考核的审查偏重于程序审查即形式审查,如果Y公司未完整提交实施上述七项程序的相关证据,其认定的员工绩效考核结果之正当性即受到质疑及否定;反之,Y公司完整地提交实施上述七项程序的相关证据,其认定的员工绩效考核结果之正当性应当受到肯定。基于确立的上述审查原则,二审法院将对Y公司是否按照预设的七项考核程序实施考核进行逐项形式审查。第一,Y公司未提交X的《2013年度工作总结和2014年度工作计划》,也未提交X拒绝提交《2013年度工作总结和2014年度工作计划》的相关证据,此项程序缺失;第二,Y公司未提交本次考核涉及的工作关键绩效指标系资讯科技部负责人与X共同制定的相关证据,也未提交 X 拒绝参与制定工作关键绩效指标的相关证据,Y 公司提交的 X 的 2013 年度绩效考核表缺少 X 本人的签字确认以及人力资源部经办人的签字,Y 公司也无证据证明其在将 X 的 2013 年度绩效表提交人力资源部之前即已征求了 X 本人的意见,故此项程序存有缺失;第三,Y 公司未提交资讯科技部负责人建立的员工日常绩效台账或工作周/月报,导致相关的工作和考核内容不能体现,此项程序缺失;第四,Y 公司提交的电子邮件内容足以反映出资讯科技部已将《绩效考核汇总表》提交至人力资源部的事实,此项程序完成;第五,Y 公司未提交证据证明人力资源部汇总各部门员工考核结果后向总办会报送的相关证据,也无总办会核定最终考评结果的相关证据,此项程序缺失;第六、Y 公司提交的电子邮件证明考核结果公布后资讯科技部负责人向 X 反馈了最终考核结果,并通知 X 通过电话形式进行绩效反馈面谈,并填写《绩效反馈面谈表》,X 未予以回应,此项程序应视为完成;第七、Y 公司提交了 X 的绩效考核《申诉表》,但因 X 本人未予签字,故人力资源部负责人告知 X 签字后再行调查处理,X 未予以回应,此项程序应视为完成。综上,Y 公司提交的证据仅可证明其完成了预设的绩效考核程序的第四、六、七项程序,除此之外的第一、二、三、五项程序均存在不同程度的缺失。由此,基于现有证据判断,Y 公司并未严格按照其预设的七项考核程序对 X 实施绩效考核,其在程序存有缺失的情况下得出的绩效考核结果之正当性应当予以否定,即 Y 公司对 X 作出的 2013 年度绩效考核"不合格"认定结论应予否定。

在此基础上,X 是否应当获得 2013 年度年终奖金,应当根据 Y 公司《2013 年度绩效考核实施方案》,在参照同部门其他员工的 2013 年度奖金分配情况后,遵循公平原则予以确定。现《2013 年度绩效考核实施方案》明确规定绩效考核结果应用于员工 2013 年度奖金的计发,且明确提及人力资源部拟定奖金发放方案、总办会审议奖金分配办法,故由此推断 Y 公司必然在绩效考核实施之后制定了奖金分配方法,且该奖金分配方法应当能够体现员工绩效考核结果与奖金实际分配之间的关联情况,但 Y 公司却始终回避与奖金分配方法相关的情况。此外,Y 公司资讯科技部其他员工的 2013 年度绩效考核情况以及领取年终奖的情况,对于判断 X 是否应当获得 2013 年度年终奖金具有重要参考作用,但经二审法院要求,Y 公司仍未就此提交相关证据。因上述证据明显系保存于 Y 公司的证据,现 Y 公司拒不提交,应承担不利后果。因此,在 Y 公司对 X 作出的 2013 年度绩效考核"不合格"认定结论被否定之后,二审法院对 X 关于其应当享有 2013 年度年终奖金的上诉请求予以支持。因 Y 公司未提交该公司员工 2013 年度年终奖金标准及实际分配情况,故 X 应当享有的 2013 年年终奖金标准应当按照 X 关于相当于五个月工资标准(税前)的主张予以确认。Y 公司关于双方没有年终奖约定以及 X 考核不合格不应当享有年终奖的辩称意见,事实依据不足,二审法院不予采信。原审法院判决 Y 公司无需支付 X 2013 年度奖金 150 000 元不当,二审法院予以变更。自本判决生效之日起七日内,Y 公司支付 X 2013 年度奖金 15 万元整。

④ **裁判要旨(二审法院)**。

程序正义即为看得见的正义,这源于一句法律格言:"正义不仅应得到实现,而且要以人们看得见的方式加以实现"。这句格言的意思是说,案件不仅要判得正确、公平,并完全符合实体法的规定和精神,而且还应当使人感受到判决过程的公平性和合理性。就劳动关系而言,虽然用人单位与劳动者系在平等自愿、协商一致的原则上建立劳动关系,但双方劳动关系建立后劳动者即对用人单位产生从属性,用人单位必定通过一定的程序对劳动者行使劳动管理权。本案所涉及的用人单位对劳动者的年终考核,实际上属于用人单位对劳动者全年工作业绩的一种单方判断权,系用人单位行使的自主管理权之一。用人单位行使此种单方判断权,应当通过预设的考核程序进行,上述考核程序还应当给予劳动者必要的参与权以及申辩的权利。只有让用人单位严格按照预设的考核程序实施考核,才能防止用人单位随意滥用单方判断权及由此可能带来的对劳动者考核相关利益的损害,才能让劳动者在考核过程中感受到被公平公正地对待,这就是用人单位劳动管理的程序正义。上述劳动管理中的程序正义,对于激发劳动者的工作积极性,优化用人单位的人文环境,进而提升用人单位的人才竞争力都具有重要意义。就本案而言,Y公司在年终考核实施之前预设的考核程序较为严谨,其中由企业员工与部门负责人共同制定工作关键绩效指标等考核程序赋予了劳动者参与考核程序的权利,而员工可以对绩效考核结果进行申诉的考核程序规定则是劳动者申辩权利的重要体现,因此,Y公司预设的考核程序体现了现代化企业的劳动管理模式,值得肯定。然而,Y公司未能按照自己预设的考核程序行使单方判断权,即未在绩效考核实施过程中体现劳动管理中的程序正义,从而让劳动者未能感受到考核过程中的公平公正对待,并最终引发本次劳动争议诉讼,应当引以为戒并予以改进。本院在此提示所有的用人单位都应当强化程序观念,在劳动管理中体现程序正义,在公平公正的程序基础上与劳动者构建现代劳动关系。

⑤ 案例评析。

用人单位掌握员工全年的工作表现及完成工作业绩的情况,因此,员工的年终考核结果是否合格应当由用人单位根据员工全年的工作表现和工作业绩作出客观公允的认定。用人单位对员工作出的考核结果认定应当建立在考核实施之前即已预设的考核程序之上,用人单位是否严格按照严谨设定好的考核程序对员工进行实体考核,直接影响到员工考核结果是否客观公允。因此,绩效考核程序对用人单位公平公正地行使用工管理权,以及保障员工与考核相关的利益均具有重要意义。鉴于考核程序所具有的重要价值、公开透明且便于第三方评判的属性,在司法程序中,法院和劳动仲裁部门通常会对用人单位实施的考核程序进行审查。

9.2 绩效考核指标的设定

用人单位对员工的考核属于其行使用工管理权和用工自主权的范畴,但并不意味着用人单位可以随意设立考核指标,并以此为基础进行考核和应用。首先,考核指标的设定应与岗位职责高度相关,不能考核与岗位职责无关的指标。考核指标要以员工确认的岗位说明书为重要依据,考核的内容要尽量可以客观衡量,可量化的客观指标多一些,态度类、能力类、职业素养类的指标尽量少一些。其次,工作定额和指标的标准设定应该合理。工作定额和指标的标准设定不能过高,导致相关岗位大部分员工都无法完成任务,对同一岗位的不同人员的指标要求应该基本一致。考核标准一般可分为绝对标准、相对标准和客观标准。再次,考核指标应与员工个人的技能和努力程度相关。绩效的实现具有多因性,绩效结果既受到员工个人技能和努力程度的影响,还受到组织内外环境和机会等因素的影响,考核标准应根据环境和机会因素合理设定。

判例 9-2:劳动者非"背锅侠",规章制度须合法合理[①]

① 案情简介。

杨某系某超市员工,于 2014 年 12 入职,双方订立了为期 3 年的劳动合同,约定杨某的岗位为服装组组长,月工资为 4 000 元。超市制定的《商品定期盘点损耗标准及处理办法》中规定,损耗超过标准部分达 0.30% 以上的,超市可以与杨某解除劳动合同。2016 年年终损耗盘点结果显示,杨某负责的服装部分超标 38.30%,纺织部分超标 3.72%,鞋帽服饰部分超标 1.26%,给超市造成的损失达 35 多万元。2017 年 1 月底,超市以杨某严重违反用人单位规章制度、严重失职给用人单位造成重大损失为由,与其解除了劳动合同。杨某不服,提出了仲裁申请,要求超市支付违法解除劳动合同赔偿金。

庭审中,杨某称 2016 年的损耗有 27 万元是商品不合格及过期造成的,与其无任何关系,且不应计入损耗;剩余 8 万余元损耗属于正常丢失,所有门店服装类的损耗都是超标的,主要原因在于门店人员太少无法避免(丢失),且门店有防损员,在收货及收银时均有可能发生丢货,故其不应对损耗承担责任。超市则表示不清楚损耗具体发生的原因,只有门店具体操作人员才能知晓。

仲裁委审理后认为,虽然超市的规章制度中规定,损耗超过标准部分达 0.30% 以上的,超市可以与杨某解除劳动合同,但超市店面发生商品损耗可能发生在诸多环节,如进库、出库、结账、顾客偷盗、内部盗窃等。杨某所在店面的商品损耗究竟在哪个具体环节、因何原因而产生,超市并不知情,且超市专门成立了防损部门,也无有力证据表明是在杨某所能掌控的环节和范围内发生了损耗,故超市的解除行为缺乏充分的事实依据,应当向杨某支付违法解除劳动合同赔偿金。

② 案例评析。

本案例虽然是以劳动者违反规章制度的形式出现,但其本质仍是对于员工的绩效考核,企业在规章制度中设定了考核指标和明确的标准。虽然该案例中规章制度所设定的指标和员工的岗位职责有一定的关系,但是该指标的实现并非该员工岗位职责和个人努力可以决定。本案中,虽然超市盘点发生了巨大的损耗,但对于损耗究竟因何原因、在哪个环节产生,防损部门和杨某在防止损耗的责任应如何划分,超市是否采取有力措施防止损耗的发生等,超市均无法提供有力证据证明,故超市在不分清原因和责任的情况下,简单地以严重违反规章制度、严重失职等为由与杨某解除劳动合同,无疑是将自身的经营风险转嫁给劳动者,让劳动者成为不合理规章制度的"背锅侠"。用人单位在制定规章制度和考核指标时,除了相关内容不能违反法律法规的强制性规定外,还需考虑生产和工作的实际情况,需要具有较强的合理性。

---

① 北京市人力资源和社会保障局,2017 年北京市十大劳动争议仲裁典型案例,http://rsj.beijing.gov.cn/bm/ztzl/dxal/201912/t20191206_880159.html。

9.3 绩效考核结果的应用

绩效考核是企业绩效管理的一个重要环节,绩效考核结果不仅仅会影响到调薪、调岗等人事决策,同时可能涉及劳动合同的履行、变更和解除,绩效考核结果的认定是否有效,是能否作为变更或解除劳动合同的理由的重要依据。关于如何确定员工是否胜任工作,用人单位具有用工自主权,但这并不意味着企业可以随意以不胜任工作为由调整员工工作岗位或解除劳动合同。用人单位应在企业的内部规章制度里明确绩效结果的应用办法,对员工的考核指标和标准必须提前告知员工,并通过绩效计划书等方式请与员工予以确认。绩效考核指标最好是客观指标,企业平时要收集相关绩效数据。对于考核结果,企业必须及时将绩效考核结果反馈给员工,并且让员工签字确认。如果员工不认可、不确认考核结果,公司应该举证证明考核结果的真实性和有效性。根据绩效考核的结果对岗位、薪酬的调整要合情、合理、合法,如员工确实不能胜任工作,可以调岗。如果使用主观指标进行考核,但员工不确认考核结果,最好不要把考核结果用于调岗调薪、扣发奖金或者解除劳动关系。

9.3.1 绩效考核结果应用于调岗调薪

判例 9-3:绩效考核结果应用于员工调岗

劳动者:郭才律,以下简称 X;

用人单位:深圳沃尔玛百货零售有限公司武汉中山大道分店,以下简称 Y 公司。

① **案情简介**。

X 于 2008 年 4 月入职深圳沃尔玛百货零售有限公司,2016 年 6 月 27 日调入 Y 公司任销售支持分区副总经理。同日,双方签订《劳动合同书》,约定合同期限为无固定期限,在合同期内,X 同意 Y 公司有权根据业务发展和经营管理的要求以及 X 的综合素质和工作表现,适当调整 X 的工作岗位和福利待遇,或在 Y 公司所属的不同部门或不同的分支机构之间调动。Y 公司每月向 X 支付基本工资 8 534 元,X 的岗位或职责发生变化时,Y 公司应将调整后的劳动报酬以书面形式通知乙方。2016 年 10 月 24 日,因前台收银短款 1 600 元,Y 公司向 X 发出警告通知书,2017 年 1 月 24 日,因服务台被顾客当面投诉,Y 公司向 X 发出书面警告。2017 年 9 月 29 日,因连续发生前台收银短款 3 188 元,Y 公司向 X 发出最终警告通知。2017 年 6 月 15 日,因被告的工作表现未能达到岗位要求或工作目标,Y 公司向 X 发出《绩效改进计划启动通知信》,通知 X 于 2017 年 6 月 15 日开始进入 PIP 程序,管理层将与 X 沟通并一起制定绩效改进计划,包括改进项目、绩效衡量标准、回顾期限和完成时间等,并在绩效改进过程中向 X 提供包括绩效辅导、培训在内的改进措施,以帮助 X 提高绩效和工作表现。

因 X 2016 年度绩效评估总体评分为 1 分,2017 年度绩效评估总体评分低于期望,Y 公司于 2018 年 5 月 8 日口头通知 X 降职降薪,次日,Y 公司向 X 寄送书面通知,从 2018 年 5 月 9 日起,X 从 01003-WM 武汉中山大道店营运部副总经理-销售支持分区职位(职等 M1)调整为 01003-WM 武汉中山大道店营运部主管-服务台职位(职等 S1)。附调整前 X 每月固定收入总额为 8 534 元,全年总收入为 125 688.75 元,调整后小时工资为 39.25 元,全年总收入为 97 915.67 元。X 因不同意上述岗位及薪资调整,于 2018 年 6 月 5 日向武汉市江汉区劳动人事争议仲裁委员会申请仲裁,同年 7 月 18 日该委以江劳人仲裁字〔2018〕第 376 号仲裁裁决书裁决 Y 公司继续履行劳动合同,维持 X 副总经理职位和劳动合同中的工资标准;Y 公司一次性补发 X 2018 年 5 月工资差额 3 990.78 元。仲裁裁决书送达后,Y 公司不服向本院起诉。

Y 公司制定的《员工手册》第 6.4 岗位/职等调整规定,员工不能胜任所担任的工作,公司将结合员工的实际情况以及公司的职位空缺,对员工进行调职(工作岗位变化),或者降职(级别降低)。被调职/降职时,薪酬福利待遇也将会作相应的调整。第 8.2.1 条规定,试用期满后员工在合同期内的工作表现被认定不胜任工作的,公司将对其进行某些培训或尝试调整工作岗位。若仍不能胜任工作,将导致解聘。2014 年 10 月 1 日生效的《奖惩政策》第三章纪律处分第 8.1 第 8.2 和第 8.3 条分别规定了口头警告、书面警告和最终警告的情形。第 9 条关于绩效改进计划(PIP)规定,员工的阶段性工作表现存在明显下降,或者在月度、季度或年度绩效考核不合格的属于不能胜任工作。公司将根据员工所在岗位的具体需要以及员工的具体工作表现及不能胜任工作的情况,安排员工调整工作岗位或为职工提供绩效改进计划(PIP),帮助员工改善绩效,提高工作能力。若员工经过绩效改进计划或者调整工作岗位,仍然不能胜任工作的(包括但不限于绩效考核不合格的情况、未能完成绩效改进计划中所设定的工作任务或绩效改进目标等),根据程度的不同,公司将有权依法与员工解除劳动关系。2016 年 2 月 24 日,X 签署《确认书》,声明已阅读并理解了沃尔玛中国《员工手册》《道德操守规范》《安全手册》《奖惩政策》和《全球合规责任规范表》的相关内容,并愿意遵守其中各项规定。

② **裁判结果**。

Y 公司无需维持 X 副总经理工作岗位;Y 公司无需补发 X 的 2018 年 5 月工资差额 3 990.78 元。

③ **法院裁判要旨**。

本案的争议焦点为 Y 公司调整 X 工作岗位和薪酬是否合法。《中华人民共和国劳动合同法》第三十五条规定,用人单位与劳动者协商一致,可以变更劳动合同约定的内容。本案双方在签订的《劳动合同书》中明确约定:"在合同期内,乙方同意甲方有权根据业务发展和经营管理的要求以及乙方的综合素质和工作表现,适当调整乙方的工作岗位和福利待遇,或在甲方所属的不同部门或不同的分支机构之间调动。"Y 公司制定且 X 知晓的《员工手册》、《奖惩政策》均规定,Y 公司可根据员工是否胜任工作对员工进行岗位及薪资调整。X 于 2016 年至 2017 年三次收到 Y 公司发出的《警告通知书》,Y 公司将 X 纳入绩效改进计划后,X 在 2016 年度及 2017 年度绩效考核中总体评分分别为 1 分和低于期望,根据上述规章制度规定及双方在《劳动合同书》中的约定,Y 公司于 2018 年 5 月 9 日对 X 予以调岗调薪并无不当。

④ **案例评析**。

根据劳动法及相关法律规定,用人单位的经营自主权包含用工自主权,企业有权根据自身的经营情况和员工的工作表现,适时调整员工工作岗位来应对激烈的市场竞争和变化,对于任何一家企业而言,员工都不可能只有升职加薪而不能降职减薪。《中华人民共和国劳动合同法》第四十条规定,劳动者不能胜任工作,经过培训或者调整工作岗位,仍不能胜任工作的,用人单位提前三十日以书面形式通知劳动者或者额外支付劳动者一个月工资后,可以解除劳动合同。本案例中,用人单位的绩效管理制度较为完备,程序上符合相关制度要求,并且保留了相关绩效数据,履行了培训或调岗程序,因此,能按照相关法律要求顺利地对不符合要求的员工进行调岗降薪,从而保证人力资源管理的有效性。

9.3.2 绩效考核结果应用于员工解雇

对绩效考核结果不佳的员工及时进行绩效改进以至淘汰,是企业的常见做法。但由于涉及企业和员工双方利益,绩效考核结果应用于岗位调整或是解聘,特别是解雇绩效不合格员工是企业劳动争议的高发环节。《劳动合同法》第四十条第(二)项规定:"劳动者不能胜任工作,经过培训或者调整工作岗位,仍不能胜任工作的,用人单位提前三十日以书面形式通知劳动者本人或者额外支付劳动者一个月工资后,可以解除劳动合同。"这种情况下的调岗不需要与员工协商一致,用人单位可以根据实际情况自主安排,当然,这种安排要与该员工的工作技能有一定的关联性。同时,企业应该对员工进行新岗位的培训。做这种不胜任调岗调薪的前提是,企业必须能够证明员工不胜任,所以,企业要做好绩效考核,在绩效考核环节,用人单位应有充分的准备,例如,考核目标应明确,具有可操作性,考核过程中与员工充分沟通,还要明确告知员工无法完成绩效目标的后果。如果考核结果不合格,用人单位应对员工进行培训或者调整岗位,只有培训或者调整岗位后仍不能胜任工作的,用人单位才可与其解除劳动合同。

判例 9-4:末尾淘汰制——刘某与某电器销售公司劳动争议纠纷
① 案情简介。
2009 年 7 月,刘某应聘某电器销售公司的销售经理,后被正式录用,双方签订了为期 1 年的劳动合同,其中约定,刘某销售业绩连续 3 个月排名末位时劳动合同自行终止。后刘某因业务量考核排在倒数,被"末位淘汰",电器公司提出劳动合同已经终止,刘某应当办理相应的离职手续。刘某认为电器公司的做法不合理,在劳动合同尚未到期的情况下提前解除劳动合同,没有法律依据,故向电器公司所在地劳动争议仲裁委员会提起劳动仲裁,请求裁决电器公司支付经济补偿金。电器公司则认为"淘汰"刘某是依据双方签订的劳动合同的约定,当约定的终止条件出现,劳动合同即行终止,而非"解除"合同,因此,电器公司无需支付经济补偿金。

② 裁判要旨。
劳动争议仲裁委员会经审理认为电器公司的做法不符合劳动合同法的规定,裁决支持了刘某的请求。

③ 案例评析。
实践中,有些用人单位采用末位淘汰制管理员工,末位淘汰制对提高员工工作效率、激

发员工工作潜能有着积极的意义,但在实施过程中也会面临一些问题。比如员工压力过大,甚至不堪重负而离职,评估标准不科学导致整个淘汰体制的基础存在不公等。这其中最主要的矛盾在于,仅因员工表现末位而将员工解聘,与我国的劳动法律法规存在冲突。一般而言,用人单位在没有采取欺诈、胁迫或乘人之危的情形下约定劳动合同终止条件是被允许的。但是,劳动合同法实施后,则特别禁止用人单位在劳动合同中约定劳动合同终止的条件。所以,本案中刘某与某电器销售公司在劳动合同中约定的终止条件是无效的。退一步说,即使刘某在考核中处于末位,某电器销售公司也不能通过非过失性解除的形式来解除劳动合同。

参考文献:

[1] 王勤伟.劳动争议实务操作与案例精解.北京:中国法制出版社,2018.

[2] 杨毅宏.绩效与薪酬管理全案.电子工业出版社,2011.

[3] 杨伟国,代懋.中国人力资源法律审计报告2014:了解企业人力资源法律风险.北京:中国人民大学出版社出版,2014.

[4] 钟永棣.企业人力资源法律风险关键环节精解.北京:人民邮电出版社,2018.

[5] 中国裁判文书网,https://wenshu.court.gov.cn/.

[6] 北京市人力资源和社会保障局.2017年北京市十大劳动争议仲裁典型案例,http://rsj.beijing.gov.cn/bm/ztzl/dxal/201912/t20191206_880159.html.

10 休假管理

休息休假是指法律规定的人们不从事生产或工作而自行支配的时间,具有一定的强制性。休假权是根据国家相关法律法规,劳动者所拥有的保障其休息和提升工作效率的一系列休假权利的统称。1948年,联合国大会通过的《世界人权宣言》规定,每个人都有休息和闲暇的权利。我国《宪法》也明确了劳动者应享有休息的权利,国家应对劳动者的工作时间和休假制度进行具体规定。具体而言,为了保障或支持劳动者的休假权利,休假制度应规定劳动者何时放假、如何放假和违法执行休假制度所承担的法律后果等内容。2019年8月1日,人力资源与社会保障部发布《法定年节假日等休假相关标准》,对包括休息日、法定节假日、年休假、探亲假、婚丧假在内的五类休假标准予以明确。

休假作为劳动者的一项权利,经历了相当长的历史阶段才通过休假法律制度得以确认。随着人类社会进入21世纪,作为人类文明进步标志的休假制度,因适应了经济社会发展所取得的伟大成绩而得到前所未有的发展,并越来越受到国内外理论界和实务界的关注。

10.1 法定节假日管理

法定节假日作为一种由法律保障实施的假日制度,是国家政治、经济、文化制度的重要反映,涉及经济社会的各个方面,关系到广大民众的切身利益。根据2013年修订的《全国年节及纪念日放假办法》,我国现行的法定节假日依据享受对象的不同可以分为三类:一是全体公民放假的节日,由7个节日组成,共计放假11天,分别为"(一)新年,放假一天(1月1日);(二)春节,放假3天(农历正月初一、初二、初三);(三)清明节,放假1天(农历清明当日);(四)劳动节,放假1天(5月1日);(五)端午节,放假1天(农历端午当日);(六)中秋节,放假1天(农历中秋当日);(七)国庆节,放假3天(10月1日、2日、3日)"。二是部分公民放假的节日,包括:"(一)妇女节(3月8日),妇女放假半天;(二)青年节(5月4日),14周岁以上的青年放假半天;(三)儿童节(6月1日),不满14周岁的少年儿童放假1天;(四)中国人民解放军建军纪念日(8月1日),现役军人放假半天"。三是少数民族习惯的节日,是由各少数民族聚居地区的地方人民政府,按照该民族习惯规定的放假日期,比如《广西壮族自治区少数民族习惯节日放假办法》规定的"壮族三月三"便是广西壮族自治区少数民族习惯的节日,自治区内全体公民放假2天。

劳动者的休息权能否得到有效落实,不仅关系到劳动者的身体健康、工作效率,更关系到企业的长久发展,作为劳动者休息权重要组成部分的法定节假日制度能否得到有效贯彻和落实,将直接影响到劳动者的休养生息和企业的稳定发展。但在日常管理中,职工可以享受的法定节假日种类、各类节假日的休假方式及待遇等问题又常常引发劳动争议。

判例 10-1:非全日制用工劳动者法定节假日加班工资判例——北京金绿洲物业管理有限公司与臧建星劳动争议[①]

劳动者:臧建星,以下简称 Z;

用人单位:北京金绿洲物业管理有限公司,以下简称 J 公司。

① **案情简介**。

劳动者 Z 与 J 公司签订劳动合同,工作起始时间为 2013 年 12 月 9 日,担任锅炉工,工作时间为每周 20 个小时,劳动报酬为每小时 37.5 元,J 公司向 Z 支付劳动报酬的周期不得超过 15 日,J 公司如违反合同约定支付劳动报酬或支付的小时工资低于北京市非全日制从业人员小时最低工资标准,Z 有权向劳动保障监察部门举报。Z 于 2014 年 8 月 31 日离职后,于 2014 年 9 月 28 日以 J 公司为被申请人向北京市丰台区劳动争议仲裁委员会(以下简称丰台仲裁委员会)申请仲裁,要求确认自 2013 年 11 月 9 日起至 2014 年 8 月 31 日止双方存在劳动关系;J 公司支付 2013 年 11 月 9 日至 2014 年 8 月 31 日延时加班工资 37 800 元、法定节假日加班工资 3 375 元。2015 年 5 月 5 日,丰台仲裁委员会作出京丰劳仲字〔2014〕第 2903 号裁决书,裁决 Z 自 2013 年 11 月 9 日至 2014 年 8 月 31 日与 J 公司存在劳动关系;J 公司支付 Z2013 年 11 月 9 日至 2014 年 8 月 31 日法定节假日加班工资 2 061.25 元;驳回 Z 的其他仲裁请求。J 公司不服裁决,提起诉讼。

② **裁决结果**。

1. 臧建星与北京金绿洲物业管理有限公司于 2013 年 12 月 9 日至 2014 年 8 月 31 日之间存在劳动关系;

2. 北京金绿洲物业管理有限公司于本判决生效后向臧建星支付 2014 年 4 月 1 日至 2014 年 8 月 31 日法定节假日工资差额 26.4 元。

③ **法院裁判要旨(一审)**。

完全民事行为能力人应当对自己的行为负责。Z 与 J 公司签订有劳动合同,写明 Z 的工作起始时间为 2013 年 12 月 9 日,J 公司也从 2013 年 12 月 9 日开始为 Z 记录考勤、支付工资,因此,双方劳动关系应起始于 2013 年 12 月 9 日,依据劳动者 Z 与 J 公司签订的劳动合同内容,J 从事的是非全日制工作,J 公司提供的考勤表和工资表与劳动合同内容互相呼应,并有 Z 签字,Z 也认可签字的真实性。依照《北京市工资支付规定》第十八条,2013 年 12 月 9 日至 2014 年 3 月 31 日期间,J 公司向 Z 支付的法定节假日工资不低于法定标准,J 公司不需再支付 Z 该期间法定节假日加班工资,2014 年 3 月 31 日至 2014 年 8 月 31 日,J 公司支付 Z 的法定节假日工资低于法定标准,应予补足,丰台仲裁委员会依照日小时工资基数的 300%裁决金绿洲公司支付臧建星法定节假日加班工资有误,法院予以纠正。

---

① 北京丰台区人民法院民事判决书,(2015)丰民初字第 11715 号。https://aiqicha.baidu.com/wenshu?wenshuId=8175cec47ef617a9b7872301fae8ace4537206f6。

④ **案情分析**。

此案的争议焦点之一在于非全日制用工的劳动者能否根据全日制用工的法定标准主张法定节假日的加班费。非全日制用工是对全日制用工形式的科学的补充,既能有效地降低企业用工成本,又能大量增加用工岗位,给一些要求工作时间灵活、劳动报酬结算迅速,要求短期工作的劳动者提供就业机会。因为工作时间灵活多变,故非全日制用工采取以小时计酬为主的工资结算方式。《劳动合同法》第六十八条规定,非全日制用工,是指以小时计酬为主,劳动者在同一用人单位一般平均每日工作时间不超过4小时,每周工作时间累计不超过24小时的用工形式。《劳动合同法》第七十二条规定,非全日制用工劳动报酬结算支付周期最长不得超过15日。法律通过限制每周最长小时数及报酬结算支付周期,对非全日制工作劳动者进行保护。用人单位安排劳动者每周工作一旦超过24小时或报酬结算支付周期超过15日,即会被认定违反了非全日制用工形式,视同全日制用工。同时,限制每周工作时长也是对那些想自由安排工作时间的劳动者的一种保护。正是为了与全日制用工形式相区别,真正做到以小时计酬,法律规定非全日制用工一般每天平均不超过4小时,但并未对每天工作的具体时间作出明确限制,自然无法也无必要区分加班与正常上班,也不能区分工作日与休息日,因此,非全日制用工无法主张延时加班费和休息日加班费。

根据非全日制用工计酬的特点,法定节假日可以安排工作,不存在加班的情形,这也是非全日制用工形式设立的目的之一。一些服务型行业和企业在法定节假日往往迎来客流高峰,而在普通工作日和休息日又不存在如此巨大的客流,全日制用工将增加用工成本,造成严重的负担,非全日制用工很好地解决了这一问题。但法定节假日具有社会普遍性和重大意义,无法通过调休弥补其价值,支付更多的工资也是十分必要的。

《劳动合同法》并未对非全日制用工中法定节假日的工资支付情况进行明确规定,各省市对其计算方法有不同的规定。有的省按全日制用工的计算标准确定,即按照不低于日或者小时工资基数的300%支付法定节假日工资;有的省则专门公布了非全日制从业人员法定节假日小时最低工资标准,如《北京市工资支付规定》第十八条第2款规定,用人单位招用非全日制工作的劳动者,可以不执行该规定第十四条关于全日制用工加班工资计算的规定,但用人单位安排其在法定休假日工作的,其小时工资不得低于北京市规定的非全日制从业人员法定休假日小时最低工资标准。

本案中,依据Z与J公司签订的劳动合同内容,可以认定Z从事的是非全日制工作,J公司提供的考勤表和工资表与劳动合同内容互相呼应,并有Z签字,Z也认可签字的真实性,Z作为完全民事行为能力人,应当对自己的行为负责,其的签字表明其对J公司计算工时和支付工资的方式予以认可,法院依法采信了J公司提供的考勤表及工资表。J公司按照每小时37.5元的标准支付Z工资,依照《北京市工资支付规定》第十八条:"用人单位招用非全日制工作的劳动者,可以不执行本规定第十四条的规定,但用人单位安排其在法定休假日工作的,其小时工资不得低于本市规定的非全日制从业人员法定休假日小时最低工资标准"的规定,用人单位可以不按照工资基数的300%支付法定节假日加班工资,但要求按照标准支付非全日制从业人员法定节假日小时工资。2013年12月9日至2014年3月31日,期间,J公司向Z支付的法定节假日工资不低于法定标准,J公司不需再支付Z该期间法定节假日加班工资。2014年,北京市出台《关于调整北京市2014年最低工资标准的通知》(京人社劳发〔2014〕29号),其中的第二条规定:"非全日制从业人员小时最低工资标准由15.2元/小时提高到16.9元/小时;非全日制从业人员法定节假日小时最低工资标准由36.6元/小时提高到40.8元/小时,从2014年4月1日开始执行。"因此,2014年3月31日至2014年8月31日期间,J公司支付Z的法定节假日工资低于法定标准,应予补足,J公司支付Z 2013年11月9日至2014年8月31日法定节假日加班工资差额26.4元。

10.2 带薪年休假管理

带薪年休假简称年休假,是指劳动者连续工作一年以上可以享受一定时间带薪年假的休假制度。近年来,国家根据经济社会发展的需要,对职工带薪年休假制度作出了一系列新的规定,这些规定对于保障职工工作和休息权利,促进企业生产经营发展起到了积极作用。

判例10-2:员工解除劳动合同后补偿带薪年休假工资判例——刘治良与唐山中宝汽车销售服务有限公司劳动争议[①]

劳动者:刘治良,以下简称L;

用人单位:唐山中宝汽车销售服务有限公司,以下简称T公司。

① 案情简介。

L于2013年8月14日到T公司从事机修工工作,工作内容为故障诊断和维修保养。L和T公司订立了书面劳动合同,T公司为其缴纳了社会保险。2019年8月27日至28日期间,L将外购的宝马配件装饰条带到T公司工作车间进行了喷漆操作,后又将此配件带离场区放置在职工宿舍内。T公司于2019年8月28日起开始对L进行停职调查,停职调查期间未分派L具体维修工作。2019年9月10日,L书写检讨书,承认其未能恪守规章制度存在违反纪律的行为。2019年10月31日,T公司以L违反其《唐山中宝员工手册—员工行为准则》及《员工离职管理办法》相关规定为由,依据《中华人民共和国劳动合同法》第三十九条第二项规定与其解除了劳动合同,并向其送达了解除(或终止)劳动合同证明书。L于2019年11月7日向唐山市开平区劳动仲裁委员会提出劳动仲裁,请求确认T公司解除劳动合同违法及T公司向L支付自建立劳动关系之日起应休未休年休假的3倍工资27 016元等。劳动仲裁委员会于2020年3月19日作出开劳人仲裁〔2019〕第028号仲裁裁决,裁决T公司给付L年休假工资2 910.72元;驳回L的其他仲裁请求。L对该裁决书不服,提起诉讼。

② 裁判结果。

一审判决:T公司于本判决生效后十日内给付L带薪年休假工资13 261.2元,驳回L的其他诉讼请求;如果未按本判决指定的期间履行给付金钱义务,应当按照《中华人民共和

[①] 河北省唐山市开平区人民法院民事判决书,(2020)冀0205民初305号。https://aiqicha.baidu.com/wenshu?wenshuId=7e31c12c21c8083d5cbdb90be356d5240f969146。

国民事诉讼法》第二百五十三条的规定,加倍支付迟延履行期间的债务利息;案件受理费10元,减半收取5元,由T公司负担。

③ **法院裁判要旨(一审)**。

第一,仲裁裁决书未依法对T公司的规章制度是否经过民主程序制定和公示进行审查认定,直接依据检讨书确认解除劳动合同合法,明显错误。T公司所依据的《唐山中宝员工手册——员工行为准则》及《员工离职管理办法》中,均没有可以解除劳动合同的内容,T公司依据上述规章制度解除劳动合同明显违法。L书写检讨书系完全按照T公司领导的意思,且检讨书中提到的规章制度非上述文件。T公司未将规章制度进行过公示,也未曾告知L私自将宝马配件拿到公司会被开除。L的行为未达到劳动法中规定的"严重违反用人单位规章制度"的程度。

第二,仲裁裁决认定2019年之前应休未休年休假的工资超过仲裁时效明显错误。仲裁庭严重超期裁决,程序违法。自2013年8月至今,T公司未安排L休年休假。

④ **案件评析**。

本案争议焦点为T公司以L的行为严重违反劳动纪律和公司规章制度的规定为由,解除与L的劳动合同是否合法以及是否需要进行带薪假期工资赔偿。规章制度是用人单位制定的劳动规则,劳动者在劳动过程中应当遵守。T公司制定的《员工行为准则》及《员工离职管理办法》对员工的日常行为及员工离职制度均有规定,L在制度学习汇报表中签名,说明其对上述制度知晓,能够认定L借助T公司维修服务平台以及职务便利,将其外购宝马配件交于T公司员工进行喷漆的行为,具有利用工作之便谋取不正当利益的故意,L的行为严重违反了T公司的劳动纪律,符合T公司《员工离职管理办法》中解除免职中规定的情形,T公司以L违反公司规章制度、劳动合同法为由与L解除劳动合同,不违反法律规定,因此,法院认为L主张T公司解除劳动合同违法及要求其支付赔偿金的诉讼请求,理据不足,不予支持。

《职工带薪年休假条例》第二条规定:"机关、团体、企业、事业单位,民办非企业单位,有雇工的个体工商户等单位的职工连续工作1年以上的,享受带薪年休假",其中,连续工作满12个月以上,既包括职工在同一用人单位连续工作满12个月以上的情形,也包括职工在不同用人单位连续工作满12个月以上的情形。职工新进用人单位前,已经在前单位连续工作满12个月以上的,进入新的用人单位的当年度年休假天数,按照在本单位剩余日历天数折算确定,折算后不足1整天的部分不享受年休假,具体公式为:(当年度在本单位剩余日历天数÷365天)×职工本人全年应当享受的年休假天数。用人单位与职工解除或者终止劳动合同时,当年度未安排职工休满应休年休假的,应当按照职工当年已工作时间折算应休未休年休假天数并支付未休年休假工资报酬,但折算后不足1整天的部分,不支付未休年休假工资报酬。一般情况下,单位根据生产、工作的具体情况,并考虑职工本人的意愿,统筹安排职工年休假,单位确因工作需要不能安排职工休年休假的,经职工本人同意,可以不安排职工休年休假。对职工应休未休的年休假天数,单位应当按照该职工日工资收入的300%支付年休假工资报酬,其中包含用人单位支付职工正常工作期间的工资收入。日工资收入按照职工本人的月工资除以月计薪天数21.75进行折算,月工资是指职工在用人单位支付其未休年休假工资报酬前12个月剔除加班工资后的月平均工资。本案中,T公司仅提供了L 2019年1月至10月的工资表明细,L自2019年1月至10月期间的实发工资总和52 026.15元,扣除加班工资总和3 954.03元,计算出月平均工资为4 807.21元,按月计薪天数21.75折算日工资为221.02元。带薪年休假适用支付工资争议的仲裁时效,即自L、T公司劳动关系终止后一年内提起诉讼,L于2019年11月7日提起劳动仲裁,未超过时效。L提交的社会保险参保缴费证明及其在T公司员工手册签收记录的证据材料,能够证明其已经在T公司工作前的用人单位连续工作1年,其主张年休假天数为5天,故T应支付L自2013年8月14日至2019年10月31日劳动关系存续期间的带薪年休假工资。L提供的银行明细证明T公司不拖欠其工资,即100%的工资已支付,故T公司应支付其200%的带薪年休假工资,合计为13 261.2元(2013年8月14日至2019年10月31日分为三段:2013年8月14日至2013年12月31日,上班天数为139天,应享受年休假天数为1天;2014年1月1日至2018年12月31日,应享受年休假天数按1年5天年休假计算,5年合计为25天;2019年1月1日至2019年10月31日,上班天数为303天,应享受年休假天数为4天,以上合计为30天。所以,T公司应支付L应休未休带薪年休假工资为13 261.2元(221.02×30天×200%)。

  实践中,存在用人单位如规定了职工每年的年休假必须在当年休完,而职工本人却未申请年休假的情况,不少用人单位认为这是职工自愿放弃休假权利,不应得到补偿。《年休假办法》对此进行了规定:"用人单位安排职工休年休假,但是职工因本人原因且书面提出不休年休假的,用人单位可以只支付其正常工作期间的收入。"但这条规定有两个前提条件:一是因职工本人原因无法休假,而不是单位无法安排;二是职工书面提出。如果用人单位通过规章制度规定职工应自己统筹安排或提醒职工休假,将不能满足职工放弃的条件。

  此外,我国目前的工作时间制度有标准工时制与特殊工时制之分,标准工时制的职工享有年休假这点毋庸置疑,但对于实行特殊工时制的职工是否享有年休假却存在一定的疑问。《年休假条例》规定的年休假适用范围包含机关团体、企业、事业单位、民办非企业单位,有雇工的个体工商户等单位的职工,并未因执行的工时制度不同而有所排除,特殊工时制虽然因其特殊的工作特点无法适用标准工作时间,但不代表职工不能享有休息休假的权利。从司法实践上看,仲裁机构或法院也并未因职工所执行的是特殊工时而裁判其不能享受有年休假。

10.3 病假与医疗期管理

  劳动者享有健康权,其患病或非因工负伤后有权要求休假以获得康复。病假是事实、医学上的概念,劳动法中并未使用"病假"这一表述,法律上与之相关联的概念为医疗期。原劳动部《企业职工患病或非因工负伤医疗期规定》第二条规定:"医疗期是指企业职工因患病或非因工负伤停止工作治病休息不得解除劳动合同的期限。"这一规定有三层含义:第一,医疗期所指向的对象为劳动者;第二,医疗期所指向的范围是患病或非因工负伤;第三,劳动者在医疗期内享有治病休息的权利,并且用人单位在法律规定的医疗期内不能解除劳动关系。

实践中，职工请病假往往会给用人单位正常的生产经营造成一定的影响，一些用人单位受困于对病假及医疗期的管理问题，比如职工是否享有医疗期，享有医疗期应如何计算、医疗期有无上限、上限如何界定等问题，甚至还会碰到一些职工长期病假以及特殊疾病医疗期延长等问题。

判例10-3：用人单位医疗期内解除劳动关系案——郭进国与昆明嘉和科技股份有限公司劳动争议案[①]

劳动者：郭进国，以下简称G；

用人单位：昆明嘉和科技股份有限公司，以下简称J公司。

① 案情简介。

劳动者G 2013年5月1日进入J公司从事销售工作。双方于2013年5月1日签订劳动合同，劳动期限至2023年4月30日，工资为每月5 500元。2015年9月22日，G在J公司出差过程中突发脑出血，导致右侧身体偏瘫，最后一次住院治疗时间为2015年12月29日至2016年1月15日，G的病情于2016年7月11日经昆明市劳动能力鉴定委员会鉴定为完全丧失劳动能力。G生病后，J公司按G月工资的60%给其发放了医疗期的工资，即2015年10月至2016年3月，医疗期内J公司在G的工资中代扣1 116.85元为G缴纳社会保险和公积金。2016年4月医疗期届满后，G不能从事原工作，G未回J公司工作，J公司单方面通知G解除劳动关系，但G未签字认可，J公司自2016年4月起停发了G的工资，G为此向昆明经济技术开发区劳动人事争议仲裁委申请劳动仲裁，因不服劳动仲裁裁决而向一审法院提出前述的诉讼请求，后不服云南省昆明市呈贡区人民法院（2016）云0114民初1795号民事判决，向昆明市中级人民法院提起上诉。

② 裁判结果。

1. 撤销云南省昆明市呈贡区人民法院（2016）云0114民初1795号民事判决；
2. G与J公司从2013年5月1日起至2017年10月仍存在劳动关系；
3. J公司于本判决生效之日起十日内支付G医疗期工资71 133元；
4. 驳回J公司的上诉请求；
5. 驳回G的其他诉讼请求。

③ 法院裁判要旨（一审）。

一审法院认为，G自2013年5月1日与J公司建立劳动关系，2015年9月22日，G在J公司出差过程中突发脑出血导致右侧身体偏瘫，G为J公司工作的时间为两年零四个月，J公司按G医疗前本人的实际工资的60%发放医疗期的工资符合法律规定，至于G诉请补发2015年10月至2016年3月的医疗期间应发工资70%（3 300元）与法律规定相悖，一审法院不予采信；至于G诉请被告退还2016年4月份扣除的社会保险1 116.85元的请求，因J

[①] 云南省昆明市官渡区人民法院民事裁定书，（2017）云0111民初966号。https://aiqicha.baidu.com/wenshu?wenshuId=cdcac255b1fdc65d8289e3db89dcede569915cec.

公司有义务为 G 缴纳社会保险和公积金，J 公司代扣 G 应承担的部分符合法律规定，G 的该诉请也与法律规定相悖，一审法院不予采信；至于 G 认为其"脑出血后遗症"，右侧偏瘫、右侧中枢性面瘫，右上臂-手-下肢分别完全丧失劳动能力属于 1995 年劳动部 236 号文件《关于贯彻企业职工患病或非因工负伤医疗期规定的通知》癌症、瘫痪的特殊疾病，应享受不少于 24 个月医疗期的意见，因 G 提交证据已经证明其"脑出血后遗症"，右侧偏瘫、右侧中枢性面瘫属于完全丧失劳动能力，应享受不少于 24 个月医疗期的意见，一审法院予以采纳。

④ **法院裁判要旨(二审)**。

2016 年 3 月 22 日，G 不能从事原工作，也未回 J 公司工作，J 公司认为医疗期满，单方面通知 G 解除劳动关系，但 G 未签字认可，J 公司自 2016 年 4 月起停发了 G 的工资；双方当事人对一审法院认定的事实均无异议，G 医疗期为 24 个月，患病前一个月工资为 5 500 元，即应按 85% 的标准发给；因 G 一审诉请按照应发工资 70% 发给，系当事人对自己权利的处分，二审请求按照月工资 85% 的标准发给工资超出一审诉讼请求范围，二审不予支持；又 J 公司 2015 年 9 月按照 5 500 元发给 G 工资，在 2015 年 10 月至 2016 年 3 月按照 5 500 元的 60% 发给 G 工资，即医疗期内已发给部分工资合计 21 267 元，应予扣除，故 J 公司还应支付 G 医疗期工资总额 71 133 元，一审按照昆明市最低工资每月 1 570 元的标准支持 G 医疗期工资没有事实和法律依据，二审予以纠正。

⑤ **案件评析**。

本案的争议焦点在于医疗期满的界定及医疗期工资的发放数额。根据原劳动部《企业职工患病或非因工负伤医疗期的规定》(以下简称《医疗期规定》)第三条规定："企业职工因患病或非因工负伤，需要停止工作医疗时，依据本人实际参加工作年限和在本单位工作年限，给予三个月到二十四个月的医疗期：(一)实际工作年限十年以下的，在本单位工作年限五年以下的为三个月；五年以上的为六个月。(二)实际工作年限十年以上的，在本单位工作年限五年以下的为六个月；五年以上十年以下的为九个月；十年以上十五年以下的为十二个月；十五年以上二十年以下的为十八个月；二十个年以上的为二十四个月。而对某些患特殊疾病(如癌症、瘫痪等)的职工，在二十四个月内尚不能痊愈的，经企业和劳动主管部门批准，可以适当延长医疗期。"同时，原劳动部办公厅关于《企业职工患病或非因工负伤医疗期规定》中有关解除合同问题的复函中指出："劳动伤残程度被鉴定为一至四级者，其终止劳动关系是通过办理退休、退职手续来实现的，并非解除劳动合同来终止劳动关系。"《中华人民共和国劳动合同法》第四十二条规定："职工患病在医疗期内的，用人单位不得解除劳动合同。"因此，J 公司不能单方面公告解除与 G 的劳动合同，G、J 公司之间的劳动合同没有解除。G 为 J 公司出差因自身疾病丧失劳动能力，J 公司在没有解除与 G 的劳动合同之前，应按月向 G 发放生活费，G 的该诉请符合法律规定，一审法院予以采信。

本案中，G 与 J 公司建立劳动关系，在劳动关系存续期间，G 突发脑出血—左侧基底节区、致右偏瘫，属于前述通知中的特殊疾病，其医疗期为 24 个月，即自 2015 年 9 月 23 日起至 2017 年 9 月 22 日止，因此，G 关于其医疗期为 24 个月的主张成立；J 公司认为医疗期为 6 个月的主张不能成立。J 公司以书面通知方式解除与 G 的劳动关系与前述复函规定相悖，因此G关于确认其与J公司存有劳动关系的主张同样成立。

同时,《云南省企业职工保险福利待遇暂行办法》第十条第一款规定:"职工患病或非因工负伤停工医疗期的工资,由企业按职工停工医疗前一个月本人实得日平均工资的一定比例发给,具体标准为:医疗期3个月的60%;医疗期6个月的65%;医疗期9个月的70%;医疗期12个月的75%;医疗期18个月的80%;医疗期24个月的85%,按以上标准计发后不足100元的按100元发给。"本案中,G医疗期为24个月,患病前一个月工资为5 500元,即应按85%的标准发给;G一审诉请按照应发工资70%发给是当事人对自己权利的处分,G二审请求按照月工资85%标准发给工资超出一审诉讼请求范围,因此,医疗期应发月工资为3 850元,合计24个月,即医疗期工资合计为92 400元,J公司在2015年10月至2016年3月已经按照5 500元的60%发给G工资,即医疗期内已发给部分工资合计21 267元,应予扣除,目前,J公司还要支付G医疗期工资总额71 133元。

医疗期期限计算的目的在于明确职工在患病或非因工负伤的情况下劳动关系受法律保护的时间,医疗期内用人单位不得在职工无过错的情形下单方解除劳动合同,在医疗期内职工劳动合同到期的,也应当顺延至相应的情形消失终止。《劳动合同法》第四十二条规定:"劳动者患病或非因工负伤在规定的医疗期内,用人单位不得依据《劳动合同法》第四十条、第四十一条的规定解除劳动合同。"即不得因为劳动者不胜任、客观情况发生重大变化以及经济型裁员的情形解除劳动合同,但是该规定并没有限制用人单位以其他方式与职工解除劳动合同。如果职工确实存在严重违纪,职工已经违反了作为劳动者方遵守劳动纪律的基本义务,因而法律并未限制在职工存在严重过错的情形下用人单位的解除权。

在阿里巴巴公司与劳动者丁某医疗期内解除劳动合同案例中,丁某系阿里巴巴的员工,2013年4月19日,丁某向阿里巴巴公司请病假两周,并提交相关的诊断书,阿里巴巴公司予以批准。后丁某于2013年4月19日前往巴西,2013年5月4日回国。2013年5月16日,阿里巴巴公司以丁某"提出两周病假全休申请后当日即赴巴西出境旅游,属提供虚假申请信息并恶意欺骗公司,上述行为严重违反公司规章制度"为由向丁某送达了解除劳动合同通知,丁某不服,遂提起诉讼。该案历经一审、二审、再审,法院给出了截然相反的判决。判决之所以出现差别,主要在于一审、二审法院和再审法院在证明责任程度上出现了分歧,一审和二审法院均认为法律没有限制休病假的地点,且阿里巴巴未能提供足够的证据证明丁某生病是虚假的;再审法院则转借民法中的诚实信用原则,认为在阿里巴巴提出合理怀疑时,依据诚实信用原则,丁某应当配合阿里巴巴进行调查,在丁某无故不配合调查的情况下,其应当承担不利后果。依法保护劳动者合法权益的前提条件是劳动者与用人单位在法律上的平等和相互尊重。劳动者严重违反用人单位的劳动纪律和规章制度,有悖相互尊重和信任,导致劳动合同失去继续履行的基础,按照相关法律规定,用人单位可以解除劳动合同。虽然司法实践中倡导用人单位制定明确的规章制度和劳动纪律,但是不能苛求其对劳动者的日常行为事无巨细地作出规制。对于劳动纪律和规章制度中没有具体涉及的情形,应当遵循民法基本原则加以理解适用,而诚实信用原则不但是劳动者应当恪守的社会公德,更是用人单位与劳动者依法建立和履行劳动关系的基石。①

10.4 事假管理

劳动者作为家庭、社会的成员,在履行劳动义务的同时,也会遇到来自家庭以及社会的突发或紧急事件,使得职工申请事假成为可能,但由于这类假期的偶然性,目前我国法律法规均未作出统一规定,而是由用人单位根据具体情况行使自主管理权。事假是因私事或其他个人原因而请的假期。用人单位可根据自身情况,通过规章制度来规定本单位的事假申请程序、条件、期限等。

判例10-4:用人单位与劳动者因事假解除劳动合同案——符山与文思海辉技术有限公司劳动争议②

劳动者:符山,以下简称F;

用人单位:文思海辉技术有限公司,以下简称W公司。

① **案情简介**。

F于2003年11月18日入职W公司,曾签订劳动合同,并自2014年11月17日起订立无固定期限劳动合同。劳动合同第四十四条约定,连续2天或半年内累计3天旷工、月累计迟到/早退8次以上者,属于严重违反W公司规章制度的行为,公司可以解除劳动合同,且不给予任何经济补偿;F月工资标准为26 000元,其在W公司连续工作12年8个月,离职前12个月的平均工资为27 167.23元。2016年7月5日,W公司向F发出《解除劳动合同通知书》,载明F在2016年6月12日至7月5日期间累计旷工达12天,严重违反劳动合同约定,依据劳动合同第四十四条第二款,经研究决定于2016年7月6日与其解除劳动合同。双方就W公司解除与F劳动合同的合法性存在争议,F不服北京市海淀区人民法院(2017)京0108民初32258号民事判决,向二审法院提起上诉。

② **裁判结果**。

一审判决:法院依据《中华人民共和国劳动法》第七十九条之规定,判决确认W公司无须向F支付违法解除劳动合同赔偿金510 192元。

二审判决:依照《中华人民共和国民事诉讼法》第一百七十条第一款第一项规定,一审判决认定事实清楚,适用法律正确,应予维持。二审案件受理费10元,由F负担。

③ **法院裁判要旨(一审)**

一审法院认为,第一,F虽为高级管理人员,执行不定时工作制,但高级管理人员在具备管理者身份的同时也具备劳动者的身份,作为劳动者,即应遵守用人单位制定的规章制度,包括考勤管理制度。第二,从F请休年假、事假均在W公司系统中进行填报的事实可见,请休假均需符合一定的申请流程,并非可以擅自休假,因此,其请休事假应当经过W公司的批

---

① 阿里巴巴公司与劳动者丁某医疗期内解除劳动合同案例:海淀区法院(2013)海民初字第26371号,北京一中院(2015)一中民终字第650号。

② 北京市海淀区人民法院民事判决书,(2017)京0108民初32258号。

准,双方所述的请休假时间与 W 公司提交的请假申请系统中载明内容一致,该证据内容客观性较强,法院对该证据的真实性予以采信。W 公司作为用人单位,可以根据经营状况决定是否批准 F 的事假申请,在 F 请假未获批准即擅自缺勤的情况下,W 公司将其缺勤情况视为旷工并无不当。第三,用人单位在劳动者提出请假申请后,应当对其请假申请及时予以审批,而不应使劳动者的休假申请长期处于搁置状态。第四,F 虽称其请休事假的理由系母亲突发急病,需要陪同就医和日常陪护,但根据 W 公司提交的员工请假申请截图,F 自 2016 年 5 月 25 日至 2016 年 7 月 1 日近一个多月的时间内的请假理由均为上述理由,其 6 月 14 日请休 6 月 27 日至 7 月 1 日事假,其请休事假距实际休假时间相差十几天,提前即预知母亲此后一直处于生病状态并不完全符合常理。

④ 二审裁判(要旨)。

W 公司有根据经营状况决定是否批准 F 的事假申请之权利,且 F 于 2016 年 6 月 14 日提出事假申请的理由并不充分,故此,W 公司拒绝其请假申请之行为并无不当。在此情况下,F 仍擅自休假,属于违反劳动纪律行为,公司可以将其擅自休假的行为认定为旷工。

⑤ 案情分析。

本案争议的焦点在于 W 公司解除与 F 劳动合同的合法性。F 作为执行不定时工作制的高级管理人员,是否仍需遵守用人单位关于考勤制度的管理规定?在其事假未经批准的情况下是否能够擅自缺勤?

本案中,F 于 2016 年 5 月 31 日提交 6 月 12 日至 16 日的事假申请,6 月 14 日提交 6 月 27 日至 7 月 1 日的事假申请,7 月 1 日提交 7 月 4 日、5 日的事假申请,并称其系高级管理人员,执行不定时工作制,W 公司不对其进行考勤管理,不存在旷工,而 2016 年 5 月 31 日提交的 6 月 12 日至 16 日的事假申请,系在休假完毕的 6 月 21 日才接到不批准上述事假的通知;6 月 28 日,公司人事经理给其打电话其才知晓未批准 6 月 27 日至 7 月 1 日的事假申请;7 月 1 日提交的 7 月 4 日、5 日的事假申请直至 7 月 5 日才知道未批准。W 公司提供的《员工手册》第 2.2.1.3 条中规定了旷工的情形包括未请假或请假未准不到岗上班者;第 2.2.2.1 条规定,员工申请各类假期,应填写相关申请,经批准后方可休假;第 5.2.2.3 条规定,员工有以下行为视为严重违纪,公司送达员工《解除劳动合同通知》,与其解除劳动关系,无须给予任何补偿或赔偿:"……连续 2 天或半年内累计 3 天旷工、月累计迟到/早退 8 次以上者……"。员工请假申请也显示公司于 2016 年 6 月 21 日驳回了 F 提交的 6 月 12 日至 16 日的事假申请,于 2016 年 6 月 21 日、22 日驳回其提交的 6 月 27 日至 7 月 1 日的事假申请,并通过电子邮件要求 F 自 2016 年 5 月 23 日起到 W 公司东升办公区报到工作,逾期未到,按旷工处理。最终,一审、二审法院认定 F 的事假申请并不成立,连续旷工违反公司规章制度,属于严重违反劳动纪律和职业道德的行为,根据《劳动合同法》第三十九条第二项规定,劳动者严重违反用人单位规章制度的,用人单位可以解除劳动合同,因此,W 公司基于劳动合同的约定,以 F 旷工为由解除双方劳动合同并无不当。

可以看出事假与旷工的主要区别在于职工是否按照本单位规章制度的规定履行请假手续并获得相应的批准。在实践中,单位针对职工的事假申请,应按照规章制度进行审批,若职工未经审批擅自离岗,单位应当及时进行书面告知,要求其返岗工作,若仍不返岗,单位可依据规章制度认定职工的行为为旷工。虽然很多单位要求职工申请事假时填写书面请假单并进行签批,但在实务中会出现职工通过电话、微信、电子邮件等形式请假并获得批准的情形,此种情况下单位也不能仅仅以请假形式不符合规章制度为由而对职工按旷工处理。同时,因种种原因用人单位的规章制度不可能穷尽劳动者严重违反劳动纪律和职业道德的行为。劳动合同中如约定劳动者出现严重违反劳动纪律和职业道德的种种行为,用人单位可以解除合同,则应当对该约定进行审慎审查,如经审查,约定的劳动者行为确属严重违反劳动纪律和职业道德,则该约定可以视为对用人单位规章制度的补充,应属有效。

此外,《最高人民法院关于审理劳动争议案件适用法律若干问题的解释》规定:"用人单位根据《中华人民共和国劳动法》第四条规定,通过民主程序制定的规章制度,不违反国家法律、行政法规及政策规定,并已向劳动者公示的,可以作为人民法院审理劳动争议案件的依据。"按照《劳动合同法》相关规定:"用人单位在制定、修改或者决定有关劳动报酬、工作时间、休息休假、劳动安全卫生、保险福利、职工培训、劳动纪律以及劳动定额管理等直接涉及劳动者切身利益的规章制度或者重大事项时,应当经职工代表大会或者全体职工讨论,提出方案和意见,与工会或者职工代表平等协商确定,用人单位应当将直接涉及劳动者切身利益的规章制度和重要事项决定公示,或者告知劳动者。"由此可见,单位制定的规章制度中涉及职工切身利益的事项应当经过民主程序并向职工公示,同时在不违反国家法律、行政法规及政策规定的情况下,才能对职工具有约束力。

11 培训管理

人才培训是满足企业发展对人力资源需求的关键途径。要高效地开展企业人才培训,必须建立完善的企业培训管理体系。实践中针对培训管理的劳动争议主要发生在专业技术培训方面的服务期和培训费用等方面,具体涉及的内容主要包括:①培训内容:包括岗前培训、转岗培训等一般职业培训和专业技术培训的内容如何界定;②协议服务期:企业提供一定的专业技术培训后,服务期如何约定,与劳动合同期限有什么关系;③培训费用:包括培训费用的主要内容是什么,违约金如何约定和计算,试用期员工和转正后员工对专业技术培训违约金支付有什么不同的规定等。基于以上培训管理方面比较常见的劳动争议问题,本章设计了专业技术培训的界定、培训服务期的处理、培训费用和违约金这三个实践。

11.1 实践一:专业技术培训的界定

11.1.1 培训协议订立的条件

按照不同的标准,培训有不同的类型划分,理论层面上的一般培训和特殊培训主要在概念上有所不同,是为了对企业培训的成本收益进行分析。实践中的大多数培训既包括一般性培训,也包括专门性培训,只是在培训内容方面上各有侧重。我国对企业可以与劳动者订立协议,约定服务期的培训也有严格的规定条件,要求企业必须提供的是专业技术培训,并且提供专项培训费用等。企业提供专业技术培训的具体含义包括以下3点。

(1) 对劳动者进行的是专业技术培训,包括专业知识和职业技能培训。比如从国外引进一条生产线、一个项目,必须有能够操作的人,企业为此把劳动者送到国外培训,使其回来以后进行相关工作,这个培训就是专业技术培训。用人单位对劳动者进行必要的职业培训时不可以约定服务期,也就是说,必要的职业培训不能作为专业技术培训。劳动法规定,用人单位应当建立职业培训制度,按照国家规定提取和使用职业培训经费,根据本单位的实际,有计划地对劳动者进行职业培训。从事技术工种的劳动者,上岗前必须经过培训。劳动者有接受职业技能培训的权利,一个正常的职业培训,如上岗前必经的培训、参加一个普通的会议、上个夜校等,一般不能被认为是专业技术培训。

(2) 用人单位为专业技术培训提供专项培训费用。按照国家规定,用人单位必须按照本单位工资总额的一定比例提取培训费用,用于对劳动者的职业培训,这部分培训费用的使用不能作为与劳动者约定服务期的条件。用人单位需要在国家规定的职业培训费用之外,为专业技术培训提供专项培训费用。另外,用人单位为专业技术培训提供专项培训费用的数额应当是比较大的,这个数额到底多高,劳动合同法没有具体规定,考虑到各地区、各企业之间的情况不一样,很难划出一个统一的尺度,因此,由各地方细化本地区的具体数额比较容易操作。

(3) 专业技术培训的形式可以是脱产的、半脱产的,也可以是不脱产的。在实践中,用人单位往往因某个项目或者某种技术革新,给员工提供费用较大的培训,但员工的脱产时间一般不会很长,用人单位更多地采取非脱产方式的专业技术培训。如果法律硬性规定必须脱产培训一定时间以上才能约定服务期,在许多接受培训的劳动者不履行约定的服务期而离职时,会给用人单位造成较大的损失。这样规定,表面上看是保护了劳动者的培训利益,实际上会使用人单位在劳动者培训上产生顾虑,不利于劳动者的发展。一般情况下,越是不可或缺的人才,单位越不可能使其脱产培训很长时间,而是采用非脱产的方式。

总之,不管采取何种形式,对于需要用人单位在国家规定提取的职工培训费用以外,专门花费较高数额的费用让劳动者进行定向专业技术培训的,用人单位才可以与该劳动者订立培训协议,约定服务期。

11.1.2 实践中如何界定专业技术培训

判例 11-1:专业技术培训界定判例——成都神钢起重机有限公司劳动争议案[①]

劳动者:杨某,男,汉族,以下简称 X;

用人单位:成都神钢起重机有限公司,以下简称 Y 公司。

① 案情简介。

1. 2011 年 7 月 26 日,Y 公司与 X 签订《劳动合同》,合同期限为 2011 年 7 月 26 日至 2014 年 7 月 30 日,X 在 Y 公司从事现场工作,具体为质量检测。该劳动合同约定 Y 公司有义务负责对 X 进行业务技术、劳动安全卫生及有关规章制度的教育和培训。

2. 2011 年 9 月 22 日,Y 公司、X 签订《培训协议》1 份,约定 Y 公司出资派遣 X 自 2011 年 9 月 25 日至 10 月 22 日赴日本大久保神钢起重机株式会社接受专项技术培训,培训期满后 X 应为 Y 公司连续工作不少于 5 年,X 如违反该工作期约定,应向 Y 公司支付未履行义务工作年限占本合约规定工作年限比例的培训费用为违约金。Y 公司由此为 X 支付出差补助及交通费 5 600.60 元、机票费 8 654 元、保险费 411 元、签证费 600 元,合计 15 265.60 元。2013 年 4 月 3 日,Y 公司、X 再次签订《培训协议》1 份,约定 Y 公司出资派遣 X 自 2013 年 4 月 7 日至 4 月 20 日再次赴上述地点接受专业技术培训,培训期满后 X 应为 Y 公司连续工作不少于 5 年,X 如违反该工作期约定,应向 Y 公司支付未履行义务工作年限占本合约规定工作年限比例的培训费用为违约金。Y 公司由此为 X 支付食宿费 8 283 元、出差补助及交通费 2 394 元、机票费及保险费 7 204 元、签证费 400 元,合计 18 281 元。上述《培训协议》签订后,Y 公司依约将包括 X 在内的多名员工派遣到约定地点,先后接受了图纸识别、各部件

---

① 成都神钢起重机有限公司与杨小强劳动争议二审民事判决书,四川省成都市中级人民法院民事判决书(2015)成民终字第 4695 号,裁判日期为 2015 年 10 月 14 日。

性能及安装说明、各测量机器的使用方式及各部件检测方式等培训。

3. 2013年7月31日,X不同意续签劳动合同,向Y公司提出离职。2014年11月26日,Y公司向成都市龙泉驿区劳动人事争议仲裁委员会申请仲裁,请求裁决X支付两次培训费32 531元。该仲裁委于2015年1月16日裁决驳回Y公司的仲裁请求。Y公司不服该仲裁裁决,在法定期限内向法院提起诉讼。

② **法院裁判要旨(一审)**。

1. 本案不属于《中华人民共和国劳动合同法》规定的由用人单位提供专项培训费用对劳动者进行专业技术培训的情形,Y公司、X关于服务期及违约金的约定,违反了法律关于用人单位不得与劳动者约定违约金的强制性规定,应属无效。Y公司要求X支付两次培训的违约金,于法无据,法院依法不予支持。

2. 据此,依照《中华人民共和国劳动法》第六十八条、《中华人民共和国劳动合同法》第二十五条、《中华人民共和国民事诉讼法》第一百四十二条的规定,驳回Y公司的全部诉讼请求。案件受理费减半收取5元,由Y公司负担。

③ **法院裁判要旨(二审)**。

1. 根据本案已查明的事实,X在进入Y公司工作前,已经取得了相关部门颁发的"无损检测项目"资质证书,其入职Y公司从事的系质量检测工作,在入职后,Y公司两次将X送往日本神钢起重机株式会社培训,从X两次学习、培训的内容看,其均系为了更好地熟悉、掌握与其自身工作岗位相关的技能,从而胜任自身的工作岗位,而非以此获得某项专门技术或取得某种专门资质,同时,从Y公司与神钢起重机株式会社签订的《实习生接受合同》内容也可知,X等人实际上是以实习生的身份进入神钢起重机株式会社,学习相应的工作流程、工作技能,该种"培训"也有别于用人单位需支付专项费用由专门机构针对特定的专项技能进行的培训。

2. 本案中,Y公司为X进行培训应当认定为职业培训而非专项技术培训。Y公司与X签订《培训协议》约定的违约责任,违反了劳动合同法的禁止性规定,应属无效。综上,Y公司要求X支付违约金的上诉理由不能成立,本院不予支持。原审判决认定事实清楚,适用法律正确,本院予以维持。据此,依照《中华人民共和国民事诉讼法》第一百七十条第一款第(一)项之规定,判决驳回上诉,维持原判。

④ **案件评析**。

本案中Y公司为X进行的两次培训均应当认定为职业培训,而非专项技术培训,主要基于以下理由:

《中华人民共和国劳动法》第六十八条规定:"用人单位应当建立职业培训制度,按照国家规定提取和使用职业培训经费,根据本单位实际,有计划地对劳动者进行职业培训。从事技术工种的劳动者,上岗前必须经过培训。"《中华人民共和国劳动合同法》第二十二条规定:"用人单位为劳动者提供专项培训费用,对其进行专业技术培训的,可以与该劳动者订立协议,约定服务期。"《劳动法》和《劳动合同法》的以上条文分别提出了职业培训和专业技术培训概念。职业培训与专项技术培训是两个相对应的概念。职业培训专指对准备就业和已经就业的人员,以开发职业技能为目的而进行的技术业务知识和实际操作能力的教育和训练。

专项技术培训是为了满足特殊岗位的需要,对员工进行的专业操作技能和专业知识的培训。用人单位根据《劳动法》的规定提取职业培训经费用于劳动者日常的职业培训,此系其法定义务,用人单位不能约定服务期、违约责任等,而专项技术培训费用是用人单位为劳动者提供专项培训而专门支出的费用,用人单位可以与劳动者订立培训协议,约定服务期、违约责任等。

由上述判例可见,需要在实践中界定清楚什么是专业技术培训。企业出资培训有两种类型:一种是用人单位应尽的义务,如用人单位的入职培训、上岗培训、常规培训;另外一种是为劳动者进行专业技术培训。在实践中,专业技术培训的界定要求满足以下条件:第一,与其所从事的专业有关;第二,不是所有的从事此项工作的人都有这项培训,只是特定的人员接受培训,如对特定的营销人员进行的营销技巧的实战培训、对特定管理人员的 MBA 教育等。从以上案例可以看出,岗前培训不是专业技术培训,服务期协议不可滥用。用人单位企图通过弄虚作假、滥用服务期协议,损害劳动者的合法权益的行为是行不通的。用人单位只有为劳动者提供了专业技术培训,才可以与劳动者约定一定期限的服务期,如果只是一般性的岗前教育且没有支付相应培训费用的相关证据,不得与劳动者约定服务期。如果约定服务期,服务期依法应为无效。

11.2 实践二:培训协议中服务期的处理

11.2.1 培训协议

专项协议是指劳动关系双方当事人在劳动合同履行过程中,为明确特定的权利和义务而签订的协议。在劳动合同履行中会出现一些特殊情况,就特殊情况作出特殊约定,这就是专项协议。培训协议就是一种常见的专项协议。员工专项培训协议,是指用人单位和员工就专业技术培训具体事项达成一致而签订的协议,包括正式签订劳动合同前签订的专项培训协议和劳动关系存续期间企业和员工签订的专项培训协议。专项技术培训协议对很多劳动者来说并不陌生,与此同时,关于专项技术培训协议的各种法律问题也越来越凸显,其中涉及最多的就是在劳动者向用人单位提出解除劳动关系时,用人单位要求劳动者赔偿专项技术培训费用所出现的劳动纠纷。《劳动合同法》对专项技术培训协议的问题作了相关规定,作为劳动者在解除与用人单位间因签订专项培训协议后服务期未满解除劳动合同关系时维护自身合法权益的法律依据。签订培训协议的原则主要有:

(1) 统一原则。专项协议的内容必须与劳动合同的内容统一,不能矛盾。

(2) 具体原则。专项协议必须就特定情况下的具体权利与义务作出规定,内容必须具体明确。

(3) 合法原则。关于专项协议的内容,相关法律中有特殊规定的,如《劳动合同法》对服务期协议有相应的规定,不得违反。

在法律性质上劳动合同是主合同,专项协议是附件,专项协议具有劳动合同的属性,属于劳动合同的组成部分,是对劳动合同的补充,与劳动合同具有同等的法律效力。与劳动合同相比,法律并未强制规定企业必须就专项技能培训等问题专门签署相关协议。培训协议的内涵就是用人单位与员工双方约定的由用人单位提供专项技能培训,劳动者同意在一定的服务期内为用人单位提供劳动并可约定违约金的特殊劳动合同。目前关于培训协议的争议主要发生在服务期和违约金两个方面。

11.2.2 服务期

法律之所以规定服务期,是因为用人单位对劳动者有投入并导致劳动者获得利益。用人单位为劳动者提供培训费用,并支付劳动报酬和其他待遇,使劳动者学到了技能和知识。同时,用人单位使劳动者接受培训的目的在于使劳动者培训后为单位提供约定服务期期间的劳动,劳动者服务期未满离职会使用人单位受到损失,通过约定服务期,可以大体上平衡双方利益。规定服务期的一个重要的前提是,由用人单位通过出资培训等途径提供特殊待遇的劳动者在劳动力市场上具有与用人单位谈判的能力。在这一前提下,应当鼓励用人单位给予员工特殊待遇,加大对劳动者技能培训的资金投入力度,同时,允许企业获得相应的权利,从而促进劳动关系和谐稳定。

劳动者接受用人单位付费的在职培训后,用人单位可以与劳动者约定接受专业技术培训以后的服务期。目前并没有关于服务期的年限的具体规定,应当理解为服务期的长短可以由劳动合同双方当事人协议确定,但是用人单位在与劳动者协议确定服务期年限时要遵守两点:第一,要体现公平合理的原则,不得滥用权力;第二,用人单位与劳动者约定的服务期较长的,用人单位应当按照工资调整机制提高劳动者在服务期间的劳动报酬。要正确理解关于服务期的规定,必须处理好两个关系:第一,约定与法定的关系;第二,调动用人单位提供培训的积极性与保护劳动者合法权益的关系。[1]

(1) 服务期以及服务期的目的。

服务期是指用人单位因公司发展需要,在与劳动者协商一致的前提下,先由用人单位向劳动者提供一定费用的专项培训,而后劳动者向用人单位履行特定义务的期限。劳动者违反服务期约定,应向用人单位支付违约金。设立服务期的目的是避免员工在经过专项技术培训后任意离职而给用人单位造成损失。

(2) 用人单位与劳动者签订服务期的条件。

① 用人单位与劳动者存在劳动关系。服务期存在的前提就是用人单位与劳动者具有劳动关系,由于劳动关系的人身属性,只有劳动者先属于用人单位的一员,向用人单位提供合格的劳动,签订服务期才具备适格条件。

② 用人单位与劳动者就专项培训及服务期限、违约金支付协商一致。服务期的产生是双方合意的结果,因此,双方必须就服务期的履行达成协议而不能强制约定。

③ 用人单位为劳动者提供了专业技术培训。虽然劳动者与用人单位具备劳动合同关系,但约定服务期必须满足两个条件:一是为其提供专项培训费用;二是该培训费用的支出

---

[1] 劳动合同法解读二十二:服务期,http://www.110.com/falv/laodonghetongfa/ldhtfjd/2010/0713/92432.html。

目的是为劳动者提供专业技术培训。

(3) 服务期与劳动合同期限。

劳动合同期限是任何一个劳动合同都具有的,是劳动关系双方约定的劳动关系存续期限。服务期期限是指用人单位在提供专项培训后,与劳动者协商一致确定的由劳动者向用人单位提供符合等价交换原则的特定劳动时间。培训协议中的服务期不等同为劳动合同期限,如果用人单位对同一劳动者进行了多种培训,则可能不同的培训服务期叠加存在于同一个劳动者身上,比如在航空公司对飞行员的培训中这种情况非常普遍。如果服务期限短于劳动合同期限,则对劳动合同没有影响;如果服务期长于劳动合同期限,则相当于原劳动合同自动延长到服务期满。但是,劳动合同期限和服务期并不能等同:第一,在性质上,劳动合同期限是为了规范用人单位明确劳动条件、保护劳动者而订立的,而培训协议中的服务期是在双方自愿的基础上约定的;第二,在签订时间上,服务期协议是为了某种特别的培训而有针对性地签订的,往往是在签订劳动合同之后、在培训之前订立的;第三,在期限上,劳动合同有无固定期限的,服务期则必须有明确的期限。事实上,服务期的长短与培训的具体内容、技术更新率、对劳动者以及单位的重要程度都有一定的相关性,需要双方根据培训的具体内容协商确定。

法律对于专项培训服务期长短未作规定,具体期限可以由用人单位与劳动者协商确定。服务期只有在符合法律规定的情况下才能约定,是以当事人双方劳动关系的存在为前提的,如果双方不存在劳动关系,就谈不上有服务期的约定。培训约定的服务期与劳动合同期限不是一个法律概念,有时候并不一致。当培训的服务期与劳动合同期限不一致时,该如何处理?

案例 11-1:合同期与服务期期限不一致,按哪个为准?①

2014 年 3 月初,公司准备派遣刘某赴北京参加国家点心工程师的培训,公司与其签订了一份《培训协议》,协议主要内容为:刘某参加为期 3 个月的业务培训,公司承担培训费用及培训期间的交通费、食宿费、津贴与培训相关的其他费用,并约定刘某培训结束后为公司的服务期为 5 年。2017 年 6 月,双方劳动合同届满,公司认为按照培训协议,服务期应至 2019 年 2 月底,故要求刘某按服务期约定继续履行劳动合同;刘某不愿再与公司履行合同,而要求终止劳动合同,并在 2017 年 6 月底后离职。为此,双方发生争议,公司向劳动人事争议仲裁委员会申请劳动仲裁,要求刘某支付违约金。仲裁委经审查依法予以受理。

案例分析: 这个案例中出现了劳动合同期限到了而服务期尚未满的情况,以哪个为准呢?服务期既可以长于劳动合同期限,也可以短于劳动合同期限。《劳动合同法实施条例》第十七条规定:"劳动合同期满,但是用人单位与劳动者依照《劳动合同法》第二十二条的规定约定的服务期尚未到期,劳动合同应当续延至服务期满;双方另有约定的,从其约定。"

---

① 合同期与服务期期限不一致,按哪个为准? https://www.sohu.com/a/298491209_670207。

11.3 实践三：培训费用与违约金

11.3.1 培训费用违约金的具体内容

用人单位提供专业技术培训，与劳动者依法约定违约金，主要包含两层意思：第一，违约金是劳动合同双方当事人约定的结果。劳动者违反服务期约定的，应当按照约定向用人单位支付违约金。这体现了合同中的权利义务对等原则。所谓对等，是指享有权利的同时就应承担义务，而且彼此的权利义务是相应的。这要求当事人所取得财产、劳务或工作成果与其履行的义务大体相当。第二，用人单位与劳动者约定违约金时不得违法，即约定违反服务期违约金的数额不得超过用人单位提供的培训费用。违约时，劳动者所支付的违约金不得超过服务期尚未履行部分所应分摊的培训费用。

虽然可以约定由劳动者承担培训违约金，但并不是说培训费需要由劳动者承担。现实中，很多用人单位在遇到此类争议时，主张要求劳动者返还培训费是没有法律依据的，只有将其转化为未履行服务期内的违约金，才可能得到支持。当然，用人单位也需要提供为劳动者进行培训的费用花费证明，如培训协议等。我国《劳动合同法实施条例》第十六条明确规定："《劳动合同法》第二十二条第二款规定的培训费用，包括用人单位为了对劳动者进行专业技术培训而支付的有凭证的培训费用、培训期间的差旅费用以及因培训产生的用于该劳动者的其他直接费用。"从内涵上看，专项培训费用是用人单位为了对劳动者进行专业技术培训而支付的费用，上岗前关于安全生产、操作流程等的培训不在此列。从外延上看，用人单位为劳动者支付的专项培训费用既包括直接费用（如培训费），也包括间接的费用（如培训期间的差旅费等）。

判例11-2：培训违约金范围判例——内江市中医医院劳动争议案①

劳动者（一审被告、二审上诉人）：邓某，男，汉族，以下简称X；

用人单位（一审原告、二审被上诉人）：内江市中医医院，以下简称Y。

① 案情简介。

1. 2012年7月X到Y处工作，工作岗位为专业技术岗，双方签订了书面劳动合同，约定劳动合同期间为2012年7月2日至2017年6月30日。终止和解除劳动关系时，X的人事档案被Y移交当地政府人事部门所属的人才交流中心。

2. 2012年7月，Y与X签订《外出参加住院医师规范培训人员协议书》，该协议书约定：X在规培结束后在Y处工作时间不得少于6年，否则，将补回其规培期间的所有费用。该协议签订后，Y履行协议约定的义务，派遣X于2012年7月至2015年6月期间到泸州医学院附属医院进行培训，该期间X未向Y提供任何劳动，但Y向X发放了工资86 725元、奖金35 710元、年终奖13 200元、福利费用2 280元、交通费用3 600元、取得职业医师证奖励费

---

① 上诉人邓杰与被上诉人内江市中医医院劳动争议纠纷二审一案民事判决书，四川省内江市中级人民法院民事判决书(2018)川10民终506号，裁判日期为2018年7月9日。

1 000元、培训费3 000元、规培培训合格奖励金500元。

3. 规培结束后X回到Y处工作,2017年5月24日X向Y提出书面辞职申请,要求解除劳动合同。

4. 2018年1月19日,X向内江市劳动人事争议仲裁委员会申请劳动仲裁,请求:(1)Y为X办理档案和社会保险关系转移手续;(2)支付解除劳动合同的经济补偿金11 000元。2018年1月29日,Y向内江市劳动人事争议仲裁委员会提出仲裁反诉,请求:(1)X返还规培期支付的培训费用63 915元;(2)X返还培训借款2 000元。

② 仲裁裁决。

2018年2月12日,内江市劳动人事争议仲裁委员会作出内劳人仲案[2018]18号仲裁裁决书,裁决:一、Y于本裁决生效之日起十五日内为X办理档案和社会保险关系转移手续;二、X于本裁决生效之日起十五日内支付Y服务期违约金4 733元;三、X于本裁决生效之日起十五日内支付Y借款2 000元;四、驳回Y的其他诉讼请求。

③ 法院裁判要旨(一审)。

1. Y为X支付的培训费用为工资66 222元(已扣除社会保险费20 503元)、奖金35 710元、年终奖13 200元、规培费3 000元、交通费3 600元,以上共计121 732元。因X在规培结束后2015年7月1日至2017年6月30日的两年期间在Y工作,故X应当支付Y的违约金为:121 732元÷6年×(6年−2年)=81 155元,Y提出的要求X支付规培期间支付的费用63 915元的诉讼请求,未超过法定金额,符合法律规定,依法对Y的该诉讼请求予以支持。

2. 依照《中华人民共和国劳动法》第二十二条、第二十五条、《中华人民共和国劳动合同法实施条例》第十六条、《最高人民法院关于适用〈中华人民共和国民事诉讼法〉的解释》第九十条之规定,判决如下:一、Y于本判决生效之日起十五日内为X办理档案和社会保险关系转移手续;二、X于本判决生效之日起十五日内支付Y违约金63 915元;三、X于本判决生效之日起十五日内返还Y借款2 000元。

④ 法院裁判要旨(二审)。

双方当事人没有提交新证据。本院二审查明的事实与一审查明的事实一致,本院予以确认。

⑤ 案例评析。

(一)是否应当支付违约金的问题。

《中华人民共和国劳动法》第二十二条规定:"用人单位为劳动者提供专项培训费用,对其进行专业技术培训的,可以与该劳动者订立协议,约定服务期。劳动者违反服务期约定的,应当按照约定向用人单位支付违约金。违约金的数额不得超过用人单位提供的培训费用。用人单位要求劳动者支付的违约金不得超过服务期尚未履行部分所应分摊的培训费用。用人单位与劳动者约定服务期的,不影响按照正常的工资调整机制提高劳动者在服务期期间的劳动报酬。"Y派遣X进行住院医师规范化培训,属专项培训。基于此培训,双方在《内江市市中医院外出参加住院医师规范化培训人员协议书》中约定服务期限符合法律规定。根据《中华人民共和国劳动合同法》第二十五条"除本法第二十二条和第二十三条规定的情形外,用人单位不得与劳动者约定由劳动者承担违约金"之规定,Y、X在《内江市市中医院外出参加住院医师规范化培训人员协议书》中:"对该协议中约定的X在住院医师规范化培训结束后在Y处工作时间不得少于6年,否则将补回其住院医师规范化培训期间的所有费用"之约定,虽名为补回培训期间费用,但其实为Y、X对于违反该协议书的违约金之约定,该违约金符合劳动合同法第二十二条之规定。

本案中,Y基于对X以专项培训所取得之专项技术更好地为Y提供劳动之愿景,不但支付时间成本派遣X进行了长达三年的全脱产培训,而且在X未为Y提供任何劳动的期间内,仍向X支付了工资、奖金及年终奖等。X在培训结束后未按约全部履行服务期间,使得Y的愿景落空,而X基于此三年脱产培训,使得自身在劳动力市场上获得了与其他用人单位更强的议价能力。X在服务期限届满前向Y提出辞职属于违约,Y要求X补回规培期间Y支付费用的诉讼请求,符合法律规定,依法予以确认。但该违约金不得超过服务期尚未履行部分所应分摊的培训费用。

(二)约定违约金的组成范围。

如前所述,X在住院医师规范化培训结束后在Y处工作时间不得少于6年,否则,将补回其住院医师规范化培训期间的所有费用,虽名为返还培训期间的所有费用,但其实为违约金条款,即X一旦违约,即应按照《内江市市中医院外出参加住院医师规范化培训人员协议书》中双方合意之违约金条款向Y支付违约金,故本案争议之焦点并非X应否返还住院医师规范化培训期间Y已经向X支付的工资、奖金、培训费等费用,而是该违约金条款约定的返还培训期间的费用是否符合《中华人民共和国劳动合同法实施条例》第十六条中法律规定的范围。根据《中华人民共和国劳动合同法实施条例》第十六条"《劳动合同法》第二十二条第二款规定的培训费用,包括用人单位为了对劳动者进行专业技术培训而支付的有凭证的培训费用、培训期间的差旅费用以及因培训产生的用于该劳动者的其他直接费用"之规定,Y在规培期间向X支付的培训费用,分别认定如下:

对于支付的交通费3 600元及培训费用3 000元,其属于法律明确规定的培训费用,依法予以确认。

对于2012年7月至2015年6月期间工资、奖金、年终奖及福利发放是否属于培训费用的问题,该期间为X参加规培期间,Y系基于培训后X为其提供不低于六年的服务之愿景而在X未向其提供任何劳动的情况下支付X该期间工资、奖金、年终奖,该费用系Y用于X之培训成本,X的违约行为使得Y的愿景落空,该费用属于《劳动合同法实施条例》第十六条中因培训产生的用于该劳动者的其他直接费用,故此期间的工资、奖金及年终奖属于培训费用,但Y支付X的工资中包含社会保险费用,而社会保险费用属Y、X建立劳动关系后,Y依法应当履行的义务,该法定义务不以X是否向Y提供实际劳动为前提,故社会保险费用不属于《劳动合同法》第二十二条第二款规定的培训费用,对工资86 725元中的社会保险费20 503元应当予以扣除。

对于福利费2 280元,此系X作为工会会员享有的福利待遇,而非Y基于X提供劳动而给付之对价,不属于培训费用。对于Y向X发放的执业医师考试的奖励1 000元及规培合格的奖励500元,其属于Y对于X之奖励,不属于因培训产生的直接费用,该两笔费用依法认定为不属于培训费用。

故 Y 为 X 支付的培训费用为工资 66 222 元(已扣除社会保险费 20 503 元)、奖金 35 710 元、年终奖 13 200 元、规培费 3 000 元、交通费 3 600 元,以上共计 121 732 元。因 X 在规培结束后的 2015 年 7 月 1 日至 2017 年 6 月 30 日的两年期间在 Y 处工作,故 X 应当支付 Y 的违约金为:121 732 元÷6 年×(6 年－2 年)＝81 155 元,Y 提出的要求 X 支付规培期间 Y 支付的费用 63 915 元的诉讼请求,未超过法定金额,符合法律规定,依法对 Y 的该诉讼请求予以支持。

11.3.2 试用期员工的违约金

案例 11-2:服务期违约金在试用期内无效[①]

某公司通过猎头公司的推荐,面试且录用张先生为设计部经理,并与他签订了为期三年的劳动合同,试用期为 6 个月。张先生的工作能力很快得到了公司高层管理者的赏识,在他进入公司工作 3 个月后,公司决定派他到国外参加为期 1 个半月的培训。考虑到公司需要承担的培训费用金额比较大,同时也希望能留住张先生这样的人才,双方在培训之前签订了一份《培训协议》,约定张先生在培训回国后必须为公司服务五年,否则,就要支付 6 万元的培训费。张先生在 1 个半月培训结束后,回到公司继续工作 2 个星期后提出了辞职申请。公司要求张先生根据双方事先签订的《培训协议》支付 6 万元的培训费,但张先生不同意。公司能否要求张先生支付 6 万元培训费用?

案例解析:

《劳动部办公厅关于试用期内解除劳动合同处理依据问题的复函》规定:

(1) 用人单位出资对职工进行各类技术培训,职工提出与单位解除劳动关系的,如果在试用期内,则用人单位不得要求劳动者支付该项培训费用。

(2) 如果试用期满,在合同期限内,则用人单位可以要求劳动者支付该项培训费用……员工在试用期内不用支付公司的培训费,是因为劳动者在试用期内享有对合同的任意解除权。

上述案例中的员工无须支付违约金。企业为员工出资培训后,员工在试用期内离职与试用期过后提前离职所承担的责任完全不同。为避免劳动者在试用期内接受培训后离职又不用支付赔偿,企业应避免在试用期提供专业技术培训,或者如果非常必要,则应当将处在试用期内的员工提前转正,再提供专项技能培训。

11.3.3 培训费的计算

判例 11-3:培训费支付计算——汕头航空有限公司劳动争议案[②]

劳动者:沈某,男,汉族,以下简称 X;

用人单位:汕头航空有限公司,以下简称 Y 公司。

---

① 劳动仲裁案例分析:服务期违约金在试用期内无效,http://www.doc88.com/p-042804523667.html。
② 汕头航空有限公司与沈长劳动争议一审民事判决书,广东省汕头市龙湖区人民法院民事判决书(2011)汕龙法民一初字第 244 号,裁判日期为 2013 年 2 月 19 日。

① **案情简介**。

1. X 于 2000 年 9 月由中国南方航空股份有限公司招录并出资送往北京航空航天大学飞行学院以及南航西澳飞行学院就读,2004 年 7 月毕业后,该公司将 X 转让给其下属公司的 Y 公司。

2. 2004 年 8 月 5 日,Y 公司与 X 签订《劳动合同书》,合同约定:本合同为无固定期限的劳动合同,合同期从 2005 年 8 月 5 日起至法定或约定的解除(终止)合同条件出现时止,2004 年 8 月 5 日至 2005 年 8 月 4 日为见习期;X 在职期间(含转岗),由 Y 公司出资对 X 进行职业技术培训的,X 在 Y 公司约定的服务年限内要求解除本合同,Y 公司可按照双方有关协议向 X 收取培训费用;X 应遵守 Y 公司依法制定的各项规章制度;X 的工资项目随 Y 公司的工资制度确定。此后,Y 公司出资对 X 进行培训。

3. 2011 年 5 月 17 日,X 向 Y 公司提交《解除劳动合同通知书》,提出因 Y 公司存在未依法支付劳动报酬、缴交社会保险和依法安排疗养等违法违约的行为,对其工作和生活造成了极大的损害和影响,故要求解除与 Y 公司的劳动合同。同月 24 日,Y 公司复函 X,不同意 X 解除劳动合同。同日,Y 公司以空防安全为由,安排 X 参加飞行部地面工作。X 自 2011 年 5 月 17 日后,没有到 Y 公司上班。

4. X 提出仲裁申请,请求汕头市劳动争议仲裁委员会裁决:(1)确认 X 与 Y 公司的劳动关系于 2011 年 5 月 18 日解除,并由 Y 公司出具解除劳动合同的证明,办理 X 的劳动人事档案、社会保险关系、空勤人员体检档案、飞行技术履历档案等相关手续的移交;(2)Y 公司支付 2010 年至 2011 年期间未依法足额支付的法定节假日加班工资 7 363.28 元及 25% 的经济补偿金 1 840.82 元;(3)Y 公司支付因未安排疗养而应支付的 2005 年和 2010 年疗养费用共 7 200 元;(4)Y 公司支付解除劳动合同的经济补偿金 145 580.82 元;(5)Y 公司支付违法不办理解除劳动关系手续而造成 X 误工损失 41 594.52 元。

仲裁裁决:

1. Y 公司向 X 支付 2010—2011 年法定节假日加班工资 7 363.28 元;
2. 确认双方于 2011 年 5 月 18 日起解除劳动关系;
3. Y 公司向 X 支付解除劳动合同的经济补偿金 48 552 元;
4. Y 公司为 X 出具解除劳动合同的证明并办理人事档案和社保关系转接手续;
5. X 的飞行执照由 Y 公司交中南地区航空管理局暂存保管,飞行记录本和航空人员健康记录本由 Y 公司封存 6 个月,6 个月后由 Y 公司交中南地区航空管理局暂存保管;
6. 驳回 X 的其他仲裁请求。

Y 提出仲裁申请,请求裁决:(1)X 申请解除劳动合同的理由不成立,双方应继续履行劳动合同;(2)如果劳动合同不能继续履行,则应裁决 X 支付 Y 公司赔偿金 4 861 044.62 元。

仲裁裁决:

1. X 向 Y 支付培训费用 1 645 000 元;
2. 驳回 Y 公司的其他仲裁请求。Y 公司、X 均不服上述仲裁裁决书,向本院提起诉讼,请求判准上述诉讼请求。

② **法院裁决要旨(一审)**。

1. 关于培训费的问题。用人单位为劳动者提供专项培训的费用,劳动者提前解除劳动合同,不再服务用人单位,劳动者应支付用人单位相应的培训费。

2. 根据公平、公正原则,因 Y 公司未能提供相关单位收取培训费的法定凭证等证据,故宜参照最高人民法院转发的《中国民用航空总局、人事部、劳动和社会保障部、国务院国有资产监督管理委员会、国务院法制办公室关于规范飞行人员流动管理保证民航飞行队伍稳定的意见》第一条关于"对招用其他航空运输企业在职飞行人员的,应当与飞行人员和其所在单位进行协商,达成一致后,方可办理有关手续,并根据现行航空运输企业招收录用培训飞行人员的实际费用情况,参照70万—210万元的标准向原单位支付费用"的规定,以及原中国民用航空总局为贯彻上述"意见"所下发的《关于贯彻落实规范飞行人员流动管理保证民航飞行队伍稳定意见有关问题的通知》第一条关于"在确定具体补偿费用标准时,原则上以飞行人员初始培养费70万元为基数,从飞行员参加工作开始,综合考虑后续培养费用,以年均20%递增计算补偿费用,最高计算10年,即最高补偿费用为210万元。45岁以后再从210万元开始,以70万元为基数,以年均20%递减计算补偿费用"的规定,确定 X 应支付给 Y 公司的培训费用。X 自2004年8月5日在 Y 公司工作至2011年5月17日,故可按七年计算培训费用,因此,X 应支付 Y 的培训费用为 1 680 000 元(700 000+700 000×20%×7)。

3. 综上,依照《中华人民共和国劳动法》第十七条第二款、《中华人民共和国劳动合同法》第二十二条、第三十八条第一款第(三)项、第四十六条第(一)项、第四十七条、第五十条第一款,《中华人民共和国民事诉讼法》第六十四条第一款的规定,判决如下:

X 与 Y 公司于2011年5月18日起解除劳动合同关系;X 应于本判决发生法律效力之日起十日内向 Y 公司支付培训费用 1 680 000 元。

③ **案例评析**。

《劳动合同法》第二十二条规定,用人单位为劳动者提供专项培训费用,对其进行专业技术培训的,可以与该劳动者订立协议,约定服务期。劳动者违反服务期约定的,应当按照约定向用人单位支付违约金。违约金的数额不得超过用人单位提供的培训费用。在本案中,劳动者与用人单位直接签订无固定期限劳动合同,并没有签订培训协议约定服务期,用人单位为劳动者提供专项培训费用,劳动者提前解除劳动合同,不再服务用人单位,劳动者应支付用人单位相应的培训费。由于用人单位未能提供相关单位收取培训费的法定凭证等证据,培训费用直接按照行业相关规定计算。

11.3.4 由于用人单位过错解除劳动合同与违约金

案例 11-3:服务期内用人单位未给劳动者缴纳社会保险费,劳动者单方解除劳动合同需要支付违约金吗?[①]

2011年1月1日,申请人某有限责任公司与被申请人刘某签订了为期5年的书面劳动合同,合同期限为2011年1月1日至2015年12月31日。被申请人刘某在申请人处工作

---

① 山东省人力资源和社会保障厅、山东省劳动人事争议仲裁委员会联合发布7起2015年度全省劳动人事争议典型案例之二。

后,申请人某有限责任公司安排被申请人刘某到相关培训机构参加了培训,并支付了2万元的培训费用。双方还自愿签订了《培训协议》,约定了服务期为5年,即自2011年1月1日至2015年12月31日。2012年12月,被申请人刘某以申请人未为其缴纳社会保险费为由提出辞职,没有按照《培训协议》的约定赔偿申请人某有限责任公司剩余服务期费用。另查明,被申请人刘某为申请人工作期间,申请人没有为其缴纳各项社会保险费,且被申请人工作期间,多次要求申请人为其缴纳未果,被申请人据此离职。申请人提起仲裁申请,请求被申请人刘某支付其剩余服务期的培训费用12 000元。刘某是否需要支付违约金呢?服务期内用人单位违法,劳动者真的要忍气吞声吗?

案例解析:这是一个用人单位不依法缴纳社会保险,服务期内劳动者要求提前解除劳动合同的案例。《劳动合同法实施条例》第二十六条规定:"用人单位与劳动者约定了服务期,劳动者依照劳动合同法第三十八条的规定解除劳动合同的,不属于违反服务期的约定,用人单位不得要求劳动者支付违约金。"第三十八条规定:"用人单位有下列情形之一的,劳动者可以解除劳动合同:(一)未按照劳动合同约定提供劳动保护或者劳动条件的;(二)未及时足额支付劳动报酬的;(三)未依法为劳动者缴纳社会保险费的;(四)用人单位的规章制度违反法律、法规的规定,损害劳动者权益的;(五)因本法第二十六条第一款规定的情形致使劳动合同无效的;(六)法律、行政法规规定劳动者可以解除劳动合同的其他情形。"

社会保险具有国家强制性,用人单位应当依照有关法律、法规的规定,负责缴纳各项社会保险费用,并负有代扣代缴本单位劳动者社会保险费的义务。如果用人单位没有依法为员工缴纳社会保险费,属于用人单位的违法行为,员工有权与用人单位解除劳动合同,用人单位违法,处于服务期内的劳动者解除合同不用支付违约金,这是为了保护服务期内劳动者的合法权益。案例中的公司以各种理由拖延逃避为职工缴纳养老保险费用,没有依法履行为员工缴纳社会保险的法定义务,因此,员工有权要求解除劳动合同且不用向用人单位支付违约金。

11.3.5 由于劳动者过错解除劳动合同与违约金

案例11-4:员工被企业反索赔之不辞而别①

某企业职工吴某与企业签订了为期5年的劳动合同,合同执行了3年半时,企业送吴某进行业务培训,双方签订了培训协议作为劳动合同的补充,其中规定:"吴某结业后在企业服务的年限不得少于3年,原劳动合同的期限随之延长。结业3年内吴某要求解除劳动合同,应支付企业违约金。"吴某结业后,为企业服务一年多就不辞而别。企业多次找他谈话,要求他继续履行合同,吴某拒不接受企业的意见。企业遂向吴某发出了一份解除劳动合同通知书,其中写道:"吴某擅自离职,经企业再三劝说,仍不回原单位上班,至今已有月余,严重违反了企业的规章制度和双方签订的合同。为此,特作如下决定:一、从即日起,对吴某予以除

---

① 员工被企业反索赔之不辞而别,https://www.lawtime.cn/info/jingjizhongcai/anli/2011072025879.html。

名,劳动合同自行解除;二,吴某在接到本通知之日起一个月内向企业支付违约金 10 000 元。"吴某不服,认为如果是自己提出解除劳动合同,可以付违约金,现在是用人单位提出解除合同,不应赔偿。

案例评析: 员工培训结束后理应回到单位继续工作,但是该员工培训后想跳槽,为了不支付这笔违约金,便故意违反用人单位的规章制度、无所事事等,目的是想让用人单位辞退他。对于上述类似问题,《劳动合同法实施条例》规定了劳动者被辞退属于违约的情形,其第 26 条第 2 款规定,有下列情形之一,用人单位与劳动者解除约定服务期的劳动合同的,劳动者应当按照劳动合同的约定向用人单位支付违约金。

(1) 劳动者严重违反用人单位的规章制度的;
(2) 劳动者严重失职,营私舞弊,给用人单位造成重大损害的;
(3) 劳动者同时与其他用人单位建立劳动关系,对完成本单位的工作任务造成严重影响,或者经用人单位提出,拒不改正的;
(4) 劳动者以欺诈、胁迫的手段或者乘人之危,使用人单位在违背真实意思的情况下订立或者变更劳动合同的;
(5) 劳动者被依法追究刑事责任的。

分析《劳动合同法实施条例》的规定可知,在案例 11-4 中虽然吴某被单位辞退,但是由于吴某属于严重违反单位的规章制度而被辞退,所以应承担违约责任。

在本章的案例 11-3 和案例 11-4 中,同样都是在服务期内解除劳动合同,但在违约金支付方面,两个案例的结果截然不同。可见《劳动合同法》在对约定服务期的合同的解除上遵循的是利益平衡原则,即无论是用人单位还是劳动者,任何一方在服务期内因为主观过错损害了另一方的合法权益,另一方都有权单方面解除劳动合同。不同的是,由于劳动者的过错导致的合同解除,劳动者需要承担违约金的赔偿责任;由于用人单位的违法行为导致的合同解除,劳动者不必承担违约金的赔偿责任。

参考文献:
[1] 陈维政,李贵卿,毛晓燕. 劳动关系管理. 北京:科学出版社,2010,230-232.

12 灵活用工管理

国家信息中心发布的《中国共享经济发展年度报告(2019)》显示,2018年,我国共享经济市场规模和就业保持较快增长,提供个体服务的灵活就业人数达7 500万人,同比增长7.1%,相当于全国每12个劳动者中就有一个是灵活就业者。灵活用工在各个行业的比例逐渐增加,将成为我国未来的用工趋势,但由于现行法律和行业规则并未对灵活用工进行就业保护和劳动关系的界定,灵活用工管理中产生了很多管理问题和争议纠纷,其中具有代表性和广泛性的是互联网平台共享经济下的劳动关系认定问题、劳务派遣用工管理中的问题和大学生实习用工问题。

12.1 实践一:互联网平台经济用工中的用工问题处理

12.1.1 互联网平台经济用工问题

灵活用工在我国传统经济下已大量出现,它是指非全日制、劳务派遣、退休返聘、实习、业务外包等用工形态,是不同于典型劳动关系的用工关系,它可以为企业提供专业而灵活的用工服务,满足企业在周期性、季节性、临时性事务上的员工需求和业务运行,是传统用工模式的补充。随着互联网的发展和新经济的产生,共享平台中的平台就业者与平台间的新型劳务形式出现,造成传统的劳动关系认定、劳动权益保护等问题延续并加剧,用工问题的处理面临更大的挑战。

共享经济借助互联网平台,搜集整理大量用户数据,将其提供给平台就业者,以此实现业务的众包,是一种新型的互联网运营形式。同时,共享经济中,平台整合多方市场资源,提高了资源的利用率,推动了市场发展和新兴业务的兴起。据数据统计,2017年我国共享经济平台企业员工数约716万人,平台经济创造了大量的就业岗位,使得这类灵活就业群体逐渐成为一种趋势化大群体。在"互联网+"形势下,平台经济与用户衣食住行等各类生活消费的交互加深,吸纳了大量的平台用户和劳动力,而共享经济用工人员的极速增长也使得平台与其劳动者之间的争议愈发增多,不成熟的平台法律保护体系在应对诸多争议时缺乏灵活解决的能力,这也使得平台方、第三方公司和劳动者三方在劳动责任划分上存在问题。共享平台为追求利益最大化,通常将风险转移给平台就业者自身,不愿意与平台就业者建立劳动关系,不愿承担用工成本。现实生活中,平台就业者一旦发生意外事故,三方责任无法进行精确地划分,尤其是在比较重大的事故或工伤处理中,平台、第三方公司和平台就业者互相推诿责任,导致问题处理的周期较长,处理的难度和成本较高,最终即使纠纷解决,仍挫伤了平台就业者的积极性和主动性,对平台也有不利影响,降低了消费者对平台和平台就业者的信任。

平台经济用工中平台就业者社会保障覆盖不全也是突出问题之一。现在我国逐渐将社会保险从劳动体系中剥离出来,使其成为社会保障体系中的重要部分。对于企业来说,社会保险的征缴新政提高了用工成本,增加了用工风险。为了应对新政实施,企业往往选择更为灵活的用工方式,建立劳动关系之外的其他合作关系,如劳务派遣、众包等。在这些弹性用工方式中,平台企业选择不与平台就业者签订传统的劳动合同,而是用合作协议代替,或者签订排除自身义务的劳动合同,来规避作为用人单位主体方的责任,降低运营成本。在员工社会保险方面,用人单位并未为其全部缴纳和投保,员工的合法权益受到了损害。

平台就业者劳动用工还存在政府监管困难的问题。基于互联网技术的共享经济形势下,企业经营形式不同于传统业态,用工方式十分灵活,传统的劳动关系管理方法和行政干涉对于数字化、跨区域化的共享经济并不适用,且现行法律对于灵活用工的应对比较僵化,相关制度的建设并未形成完整的体系,这就使得平台就业者的部分劳动权益难以得到保障。政府监管部门与各部门、消费者等方并未建立起信息交互体系,消息流动不畅,各方缺乏有效沟通和联动体系,使得政府监管部门难以进行适度的监管。

12.1.2　互联网平台经济用工的劳动关系认定问题及其实例

随着互联网的普及和飞速发展,共享平台经济逐渐崛起,利用互联网平台展开运营的行业越来越多。在就业环境不确定的情况下,"互联网+"新业态下的新型劳动关系逐渐成为主流,员工与企业之间的雇佣关系开始被新型的合作关系所取代,这种新型用工方式的转变以及劳动报酬方式的灵活性和多样化,使得共享企业与平台就业者的关系界定对劳动关系认定标准提出了挑战。一旦有事故或纠纷发生,平台就业者与平台间模糊的劳动关系便不能保障劳动者的合法权益。

我国现行法律并未对劳动关系有明确的定义,在实践中主要依据原劳动与社会保障部于 2005 年发布的《关于确立劳动关系有关事项的通知》中规定的事实劳动关系认定条件,对劳动关系采取三性标准,即人格从属性、经济从属性和组织从属性来进行界定。这种判定标准满足传统劳动关系的判定需求,但对于新型平台经济灵活用工中的劳动关系不能很好地判定。平台经济中用工关系十分灵活,大多数企业并未与平台就业者签订书面劳动合同,而是签订劳务合同或采取其他用工形式。一些平台就业者本身法律意识淡薄,入职时并未对行业、企业进行充分了解,对社保、薪酬等方面一无所知,没有与平台公司签订书面劳动合同,使得平台与平台就业者之间并无明确的劳动关系,在纠纷发生后平台就业者申请判定其与平台公司或第三方公司存在劳动关系难上加难。

判定平台就业者与平台是否存在劳动关系,在没有明确签订劳动合同的情况下,所面临的困难主要体现在平台就业者自身身份认定上。平台就业者并不像传统劳动关系中从属性强,他们的身份认定模糊不清,仅满足劳动关系的部分特征。现行法律并未对平台经济这种灵活用工方式作出特殊规范,在遇到平台就业者与平台产生劳动关系认定纠纷时应对僵化。

共享经济中平台就业者与平台间松散的就业关系使两方的法律关系趋于平等。由于现在并没有专门的平台经济下平台就业者与平台劳动关系判定法律，或者可以作为范例的案例，现行的判断平台与平台就业者劳动关系的标准为传统劳动关系中的"三性"标准。

从人格从属性和组织从属性来看，平台就业者仅通过互联网与平台取得联系进行用户信息的交互，除此之外，平台就业者可以自主选择工作时间、工作地点、工作量和是否提供服务，不需要按时上班、考勤打卡，没有固定的工作地点和工作量的限制，不必接受规章制度的管理，其工作中使用的交通工具等工作用具由平台就业者自己提供，这使得平台就业者有较强的自主性，但在劳动关系方面存在模糊性，从属性弱。值得一提的是，在一定程度上，是否为全职工作者也逐渐作为判断平台就业者与平台是否存在劳动关系的标准之一，若平台就业者在平台做全职工作者，其在平台产生的劳动报酬为其主要经济来源，与兼职平台就业者比，全职平台就业者与平台间的从属性强。

在经济从属性方面，互联网平台与平台就业者之间的报酬结算并不像传统劳动关系中那样以约定底薪或者最低工资的方式进行，而是有多种形式来结算报酬。在平台就业者完成平台交给的相应业务后，平台会向他提供劳动报酬。但在完成平台要求的业务后，平台就业者可以直接向服务对象收取服务费，即平台就业者的劳动报酬来源可以为服务对象，平台不直接支付平台就业者报酬，还会收取信息费用。在这种情况下，互联网平台与从业者之间就不存在劳动报酬的直接经济结算往来，所以，双方在经济从属性方面关系模糊。

如何判定平台经济劳动关系成为平台经济下的重要问题，也是解决平台、第三方公司、平台就业者的争议纠纷重要的手段和方式。

判例12-1：认定为劳动关系——上海易即达网络科技有限公司与平台骑手劳动关系认定案[①]

劳动者：陈某某，女性，以下简称 X；

用人单位：上海易即达网络科技有限公司，以下简称 Y 公司；安徽伯渡劳务服务有限公司，这里简称 M 公司；北京三快科技有限公司，这里简称 N 公司，其中涉及陈某某的同事，外卖送餐员王燕，以下简称 A；外卖送餐员李江，以下简称 B。

① **案情简介**。

1. 2018年5月10日，X 在58同城看到 Y 公司发布的 N 公司旗下美团外卖高薪招聘配送员广告后，X 通过58同城与客服通话，按客服人员要求于2018年5月17日带银行卡、身份证至北屯美团千峰站点培训后，到新开南巷东瑞小区西院美团外卖富力城站点报道，注册美团骑手 App 账号，至东太堡仓库领取工作牌、工衣等开始送餐。

2. 2018年8月12日晚，X 在配送一单外卖的过程中与一辆机动车相撞发生交通事故，因伤情较重在太原市中心医院急救中心住院30天，出院后发现名下美团骑手 App 账号已被用人单位删除并无法登录，后 X 就劳动合同继续履行问题和工伤赔偿问题与 N 公司和 Y 公

[①] 骑手认定劳动关系判决书(山西)上海易即达网络科技有限公司与陈红遐劳动争议二审民事判决书，太原市中级人民法院(2019)晋01民终6687号，裁判日期为2019年12月3日。

司协商后均未果,于是,向太原市杏花岭区劳动仲裁委员会申请确认 X 与 N 公司存在劳动关系。

3. 期间,Y 公司向 N 公司出具一份情况说明,内容如下:"X(身份证号:×××),于 2018 年 5 月 21 日入职我公司,从事外卖配送业务,系我公司的员工。对于 X 给第三人造成的伤害,并导致贵公司被列为机动车交通事故责任纠纷案件的被告,我公司深表歉意。同时,我公司承诺会妥善处理该事件,将影响降低到最低程度。特此说明,2019 年 5 月 8 日。"

4. 之后,Y 公司向太原市劳动人事争议仲裁委员会申请确认与 X 存在劳动关系,Y 公司太原负责人向 X 承诺提供签订的劳动合同,X 因此申请撤销仲裁。而在仲裁被撤销后,Y 公司向 X 提供的劳动合同方是 M 公司,且为复印件。

5. 2019 年 6 月 28 日,X 再次向太原市劳动人事争议仲裁委员会申请仲裁,同日,该仲裁委员会以劳动人事争议仲裁委员会已经针对申请人的同一事实、理由和仲裁请求依法作出处理为由,作出并劳人仲不字(2019)第 21 号不予受理通知书。此后,X 请求人民法院确认 X 与 Y 公司之间存在劳动关系。

② **法院裁判要旨(一审)**。

本案中,X 提交的招聘信息、工作牌、招商银行账户历史交易明细表、情况说明等证据已形成证据链,可以证明 X 在 Y 公司处从事工作的基本事实,且 Y 公司给 N 公司出具的情况说明已被 N 公司作为证据向太原市杏花岭区劳动仲裁委员会提供,该说明明确记载 X 系 Y 公司的员工及其入职的时间与岗位,证明 Y 公司已自认与 X 之间存在劳动关系。

③ **法院裁判要旨(二审)**。

1. Y 公司认可其与 N 公司系合作关系,美团是 N 公司的网络平台。Y 公司给 N 公司出具的情况说明明确记载 X 系 Y 公司的员工及其入职的时间与岗位,证明 Y 公司已自认与 X 之间存在劳动关系。X 提交的招聘信息、工作牌、工资支付信息等证据,结合 Y 公司给 N 公司出具的情况说明,也能证明 X 与 Y 公司之间具有劳动关系。

2. Y 公司虽提供了《安徽伯渡劳务服务有限公司劳动合同》,但 X 及同为美团送餐员的证人 A、B 均表示未曾与 M 公司签订过劳动合同,并对曾签订过合同的形成过程做出说明。Y 公司未能对劳动合同签订过程是否遵循平等自愿、协商一致、诚实信用等原则做出合理说明,对其上诉理由不予采纳。综上所述,Y 公司的上诉请求不能成立,应予驳回,应维持一审判决。

④ **判例评析**。

在本案中,平台、第三方公司和平台就业者之间的从属关系较为模糊,平台就业者在入职时并未与平台、第三方公司任意一方签订劳动合同,导致在工伤后无法及时找到用人单位承担赔偿责任。在现实中,有很多的用人单位与平台就业者并不签订劳动合同,或者采取签订合作协议等其他形式的用工方式,这使得法律意识淡薄的劳动者的合法权益受到了损害,在发生意外事故后,三方互相推诿责任,权责不清,处理事件周期长、难度大。本案中第三方公司在仲裁时出具其与劳动者的劳动关系证明来帮助平台脱责,而在劳动者撤销仲裁后否认与劳动者存在事实劳动关系,而伪造了其他公司与劳动者的劳动合同,这种行为是极其不负责任的,也暴露了我国在平台经济劳动关系方面的法律缺失,一定程度上纵容了用人单位对待劳动者不讲信用,企图脱责不承担相应责任的行为。

判例 12-2：不认定为劳动关系——北京三快科技有限公司与平台骑手劳动关系认定案①

劳动者：沈某某，男性，以下简称 X；

用人单位：北京三快科技有限公司常州分公司，以下简称 Y 公司；北京三快科技有限公司，这里简称 M 公司；博悦人才服务（宁波）有限公司，这里简称 N 公司；上海三快科技有限公司，这里简称 S 公司。

① **案情简介**。

1. 2018 年 1 月，X 在 Y 公司旗下的美团外卖从事外卖员工作，Y 公司具有固定的办公地点，位于常州市钟楼区大庙弄口新闻大厦 1006、1007 室，X 去该地点接受 Y 公司的培训及业务管理，在 Y 公司领取工作服和保温箱，其上均有"美团外卖"的标志。

2. 2018 年 3 月 10 日，X 在送餐过程中发生交通事故。因 Y 公司未给 X 缴纳工伤保险，也并未给 X 申请工伤，X 将 Y 公司和 M 公司诉至法院，请求确认 X 与 Y 公司自 2018 年 1 月 26 日至今存在劳动关系。

3. 起初，M 公司辩称 Y 公司为网络平台的运营者，Y 公司是出于网络监管的需要设立的，不参与运营，M 公司主张与 X 不存在劳动关系，并提交了美团众包 App 注册界面、众包平台服务协议、劳务协议等相关证据，证明美团众包属于平台，是为用户、劳务公司和众包员之间提供互通信息的平台，不参与任何的实际交易。当用户按照注册页面提示填写信息、阅读并同意协议且阅读完全部注册协议程序后，即与 N 公司达成一致，成为 N 公司的劳务人员，众包员与众包平台之间不存在任何劳动关系或劳务关系。

4. 其次，M 公司的合作公司 S 公司与 N 公司签订了平台服务协议，提供劳务需求平台服务和劳务服务平台服务；N 公司同意并认可劳务协议将通过众包平台予以展示，相关人员一旦按照相应的流程完成众包平台注册并确认劳务协议，即与 N 公司达成劳务协议，成为其劳务人员。

5. 期间，系 N 公司向 Y 公司及 M 公司作出情况说明，载明 X 与 N 公司签署劳务协议，N 公司按时向 X 支付送单费用，支付方式为 X 自行在 N 公司钱袋宝账号进行提现，即薪酬是由 N 公司支付的，同时，业务培训是由 N 公司进行的，并不是由 Y 公司或 M 公司进行的培训，配送员所穿的衣服均是由 N 公司向 M 公司采购，送餐车辆系配送员自行购买。

② **法院裁判要旨（一审）**。

1. M 公司作为互联网企业，经营美团外卖业务，对外使用印有"美团外卖"字样的统一样式的工作服、送餐箱等，符合品牌建设和品牌推广的需要，X 作为美团外卖的配送人员，自然可以领到上述工作装备，但不能据此作为其与 Y 公司或 M 公司存在劳动关系的必然结论。

2. 确认是否存在劳动关系，还应从劳动关系的本质和构成要件出发，对建立劳动关系的合意、提供劳动情况、用人单位是否对劳动者进行管理、劳动报酬的支付等方面进行考量。

---

① 美团骑手没有认定为劳动关系（北京）沈文亚与北京三快科技有限公司等劳动争议一审民事判决书，北京市海淀区人民法院（2019）京 0108 民初 17207 号，裁判日期为 2019 年 11 月 6 日。

本案中,X 在注册众包骑手时的平台服务协议和劳务协议的协议主体并非 Y 公司,X 虽主张与 Y 公司存在劳动关系,但其未举证证明 Y 公司对其进行管理、向其支付劳动报酬,故 X 应当承担举证不能的不利后果,本院对 X 要求确认与 Y 公司存在劳动关系的请求不予支持。

③ **判例评析**。

本案中 X 在确认注册 Y 公司外卖员时并未认真阅读其相关知情协议,即 X 完成平台注册并确认劳务协议,即与 N 公司达成劳务协议,成为其劳务人员,而与 Y 公司并无劳务关系。这种情况在现实生活中很常见,很多平台利用其与劳动者之间不平等的地位关系,在注册时设置需要签订知情相关协议来使得劳动者必须签订协议才能进入平台从事相关工作,而大多数劳动者想要注册成功都会同意签订协议,但并不会仔细阅读。在发生纠纷后,平台会以劳动者自愿签订协议为理由脱责。所以,在现实中劳动者在签订任何协议之前均需仔细阅读,找到用工主体,在事故或纠纷发生后找到相应的主体承担责任。法律部门应尽快发布平台经济相关限制法律,平衡劳动者、平台和第三方公司之间的平等关系,保障劳动者的合法权益。

12.2 实践二:劳务派遣用工管理中的问题处理

12.2.1 劳务派遣用工管理问题浅析

劳务派遣是企业正式用工形式的补充,具体是指劳动者与具备劳务派遣资格的用人单位签订劳动合同,由用人单位(派遣单位)将其派遣到需要人员的用工单位,劳动者接受用工单位的指挥和领导,其中,与劳动者建立劳动关系的是派遣单位,劳动者为用工单位付出劳动。劳务派遣可以减少企业的用工成本,提高市场竞争力,相较于正式的劳动关系,其在人员招用和管理方面更有优势,各个行业对劳务派遣工的需求旺盛。

劳务派遣有诸多优势。在招用人员方面,劳务派遣打破了传统的劳动关系与人事关系一体化的管理方式,采用用工单位用工、用人单位管理的协作模式。这样一方面可以省去用工单位招聘员工的步骤,不需要给其办理入职、签订劳动合同、缴纳保险、转递户口等繁杂的操作,派遣工也不占编制;另一方面也缩短了用工单位的管理链条,将企业从人员管理流程中解放出来,使人力资源管理更加高效,提高了企业的运作效率。在人员增减方面,劳动派遣不受正式劳动关系的限制。法律上规定劳动派遣只允许在临时性、替代性、辅助性的岗位上实施,这些岗位通常人员流动性大,可替代性和季节性更替比较强,仅在一定时期内需求量大。若企业定期正常招聘,员工的辞职会产生很大的培养成本和用工成本,而劳务派遣的用工方式灵活、弹性大,可以根据公司的需求派遣合适工作岗位的人员,人员数量的增加或减少都可以得到有效的控制。对于企业来说,这解决了"招工容易辞退难"的问题,而且增加和减少派遣人员的手续较为简便,时间周期短、见效快,提高了员工管理的效能。国家规定劳务派遣过程中,劳动者拥有同工同酬的权利,但在现实中,企业往往不会按照规定给予派遣工与体制内员工一样的岗位津贴和社保缴纳,存在劳务派遣人员只购买"五险",没有购买公积金的情况,使得企业的管理成本降低,提高了企业的经济效益。且劳务派遣的用工风险较低,由于用工单位与派遣工之间不存在劳动关系,用工单位在辞退员工时需要考虑和顾忌的因素比较少,减少了因劳动关系而产生劳动纠纷的用工风险。

在2008年1月1日起实施的《劳动合同法》中,我国第一次对劳动派遣制度作出了明确的规定,为劳动派遣制度进入市场作出了规范和保障。2012年修订的《劳动合同法》进一步明确了劳务派遣制度的立法意图和规制措施,即劳务派遣仅为主流劳动用工形式的补充。之后颁布实施的《劳务派遣行政许可实施办法》对劳务派遣制度的实时运行规制进行了明确。劳务派遣制度不只在中国实行,其在国际上也被广泛运用,在全球主要的发达国家中,目前劳务派遣工占总就业人数的3%以下,其中,在美国占2%,在日本占3.4%,在英国占2.6%,在德国占1.2%,我国的劳务派遣工所占比例却很大。根据全国总工会劳务派遣问题课题组发布的《当前我国劳务派遣用工现状调查》中的数据显示:上海有40%的劳务派遣工在主营业务、一线岗位上连续工作时间超过4年。山西省总工会的调查发现,在用工单位主营业务岗位工作的劳务派遣工占70.2%,工作年限达2年以上的劳务派遣工占74.6%。《劳务派遣暂行规定》第四条规定:"用工单位应当严格控制劳务派遣用工数量,使用的被派遣劳动者数量不得超过其用工总量的10%。"但上述数据显示,很多企业在实际使用劳务派遣时,将其安置在不具有"三性"的岗位,甚至在一些企业中派遣工的数量超过了体制内员工,这使得劳务派遣失去了其本身作为辅助性工作的意义,对劳动者的权益造成损害,超出了国家的发展预期。

当今我国劳务派遣实践存在诸多问题,劳务派遣用工不规范,劳动合同签订不合法是引起劳动争议的重要原因。《劳动合同法》第五十八条规定:"劳务派遣单位应当与被派遣劳动者订立二年以上的固定期限劳动合同,按月支付劳动报酬。"但在我国,劳务派遣合同中有22%的劳动合同签订的是1年及以下的合同,很多用人单位通过这种行为或在劳动派遣中签订不明确的派遣协议来规避其应承担的法律责任。派遣协议是为维护派遣工和用工单位的利益而存在的,一旦用工单位与派遣工发生争议纠纷,往往会出现因签订的派遣协议不规范,或用工单位本身不具备成为劳务派遣机构的资格的情况,导致本该由双方承担的责任全由用工单位承担,大大提升了企业劳务派遣用工的风险性。其次,派遣工难以获得同工同酬待遇也是劳务派遣用工管理过程中的一大问题。《劳动合同法》第六十三条规定:"被派遣劳动者享有与用工单位的劳动者同工同酬的权利。用工单位无同类岗位劳动者的,参照用工单位所在地相同或者相近岗位劳动者的劳动报酬确定。"《劳务派遣暂行规定》第九条规定:"用工单位应当按照劳动合同法第六十二条规定,向被派遣劳动者提供与工作岗位相关的福利待遇,不得歧视被派遣劳动者。"这些法律都规定用工单位应维护派遣劳动者的合法权益,派遣工在用工时间、绩效考核、薪酬制定及奖金发放等方面应享受和体制内员工同等的待遇,但在现实中,很多企业为获取更高的经济效益和降低用工成本,往往忽视派遣工同工同酬的法律规定,派遣工在岗位津贴、社保缴纳、培训、晋升机会等方面仍不能和体制内员工一样,在这种同工不同酬的体制下,派遣工往往积极性受挫,缺乏安全感,对于企业没有归属感,派遣工的合法权益被侵害。

12.2.2 劳务派遣用工管理实例

劳动派遣用工中的事实劳动关系的认定是引发争议的风险来源。在法律上,事实劳动关系的认定是影响最广泛的,也是解决劳动争议中很重要的手段。在劳务派遣的定义中,同劳动者建立劳动关系的是派遣单位,即用人单位,劳动者与用工单位并无劳动关系,仅为用工关系。但用工单位直接向劳动者发放劳动报酬、进行相关社保缴纳,或招聘过程中没有明确招聘方为用人单位还是用工单位的行为会使劳动者误以为与用工单位直接签订了劳动合同,与用工单位形成了事实劳动关系,在劳动者需要与其建立劳动关系的单位承担责任时,争议和纠纷就会发生,用工单位就会处在与劳动者形成事实劳动关系的法律风险中。

判例 12-3:违反"三性"岗位的派遣合同无效判例——江苏省矿业工程集团劳务派遣纠纷案①

劳动者:朱孝贤,以下用 X 表示;

用人单位一:江苏省矿业工程集团有限公司建井工程处,以下简称 Y1;

用人单位二:徐州永盛劳务有限公司,以下简称 Y2。

① **案情简介**。

1. X 于 2004 年 2 月到 Y1 工作,从事井下采掘工作。2009 年 12 月 1 日,Y2 作为派遣公司与 X 建立了劳动关系,约定将 X 派遣至 Y1 工作。2011 年 12 月 1 日,Y2 与 X 签订了为期两年(2011 年 12 月 1 日至 2012 年 11 月 30 日)的劳动合同,并将 X 劳务派遣至 Y1 继续从事井下采掘工作。Y2 给 X 办理了包括失业保险在内的社会保险。X 的工资由 Y1 发放,其离开前的月均工资为 4 292 元。

2. 2012 年 12 月 25 日,Y2 向 X 送达了劳动合同到期终止及办理社会保险转移手续的通知。Y2 主张 X 是主动离职。X 主张是 Y2 不愿续签劳动合同,强制终止合同,相关通知是 Y2 事先打印好的,不签就不给 X 养老保险手册及办理失业保险手续。2014 年 1 月 15 日,X 在社保关系转移及手册领取明细表上签字办理交接。

3. 之后,X 向 Y1 要求支付经济补偿金。X 主张公司以 X 年龄过大为由不愿与 X 续签劳动合同,并且提出,其自 2004 年 2 月入职以来,一直从事井下采掘工作,并没有离开 Y1 工作岗位,主张与 Y1 之间存在劳动关系,其经济补偿金年限应从 2004 年 2 月计算至 2012 年 12 月。

4. Y1 主张 X 系主动离职,或合同期满后 X 不愿再续签,因此,X 不应享受经济补偿金。Y1 还主张,Y1 的主业是建筑施工,建井对 Y1 而言是一个辅助性的业务,X 的工作岗位是临时性、辅助性或替代性的工作岗位,劳务派遣合同有效。

5. Y2 主张,《中华人民共和国劳动合同法》第六十六条规定,劳务派遣一般在临时性、辅助性或替代性的工作岗位上实施,其实施的时间是 2008 年 1 月 1 日,而对此条款的修改进一步对"三性"进行规定,生效的时间是 2012 年 7 月 1 日,而涉案派遣合同在此修改之前已经签订,应该按照 2008 年 1 月 1 日实施的《中华人民共和国劳动合同法》第六十六条规定执行。因此,劳动合同及劳务派遣协议合法有效,应当受到法律的保护。Y2 还主张,X 系主

---

① 朱孝贤与江苏省矿业工程集团有限公司建井工程处、徐州永盛劳务有限公司劳动合同纠纷二审民事判决书,江苏省徐州市中级人民法院(2015)徐民终字第 755 号,裁判日期为 2015 年 5 月 7 日。

动离职,符合《中华人民共和国劳动合同法》第四十六条第五项的情况,不应享受经济补偿金。

6. X向徐州某区劳动争议仲裁委员会申请劳动仲裁,请求认定X与Y1的劳动关系,支付解除劳动合同经济补偿金等费用。该委裁决Y2向X支付存在劳务派遣期间的经济补偿金。X不服该裁决,诉至法院。一审法院判决Y1支付X自入职以来的经济补偿金,Y2在派遣期间的范围内负连带责任。二审法院维持原判。

② **法院裁判要旨(一审)**。

1. 劳务派遣应在临时性、辅助性或者替代性的工作岗位上实施,否则,应认定劳务派遣无效,劳动关系仍存在于原用人单位与劳动者之间。根据查明的事实,X在与Y2建立劳务派遣合同关系前后,一直在Y1从事井下采掘工作并由后者管理考核和支付工资,结合Y1的经营项目范围,该岗位不具有临时性、辅助性或者替代性,故应认定本案所涉劳务派遣无效,X与Y1之间仍存在劳动关系。

2. 2012年12月25日后,X不再到Y1上班,双方的劳动合同关系实际解除。Y1作为用人单位没有充分有效的证据证实系X主动离职。X在本案中诉请经济补偿金,视为对解除效力的确认,符合协商一致解除劳动合同的情形。计算年限从2004年2月起计算。

3. Y2在劳务派遣无效、造成劳动者权利受到侵害方面存在过失,在17 168元(2009年12月份以后的经济补偿金)范围内与Y1承担连带赔偿责任。

③ **法院裁判要旨(二审)**。

1. 关于Y1与Y2签订的劳务派遣协议是否有效的问题,根据《劳动合同法》第六十六条之规定:"劳动合同用工是我国的企业基本用工形式。劳务派遣用工是补充形式,只能在临时性、辅助性或者替代性的工作岗位上实施。前款规定的临时性工作岗位是指存续时间不超过六个月的岗位;辅助性工作岗位是指为主营业务提供服务的非主营业务岗位;替代性工作岗位是指用工单位的劳动者因脱产学习、休假等原因无法工作的一定期间内,可以由其他劳动者替代工作的岗位……"在本案庭审中,Y1陈述X的工种是掘进班长,X自认从事的是采掘工作。从Y1的经营范围来看,无论是掘进班长还是采掘工作,都不符合临时性、辅助性或者替代性的性质,应当认定为主营业务,故应认定劳务派遣无效,劳动关系仍存在于原用人单位与劳动者之间。

2. 修订前的《劳动合同法》第六十六条规定劳务派遣一般在临时性、辅助性或替代性的工作岗位上实施,这里的"一般"就是原则性规定,劳务派遣单位除非有特殊情况,否则,应当按照此规定履行劳务派遣行为,Y2不能证明将X派遣至Y1从事采掘工作是基于特殊的正当理由。何况,《劳动合同法》修订后,Y2没有按照劳务派遣的硬性规定纠正自身的违法劳务派遣行为,而依然继续履行其与Y1之前签订的劳务派遣协议,导致X继续留在Y1从事采掘工作。因此,对于Y2诉称法律适用问题不予支持。

3. 关于Y1应否向X支付经济补偿金以及Y2应否承担连带责任的问题。本案中,双方合同期满前,X主张是Y2不愿续签劳动合同,强制终止合同,"通知"是Y2事先打印好的,不签就不给被上诉人养老保险手册及办理失业保险手续,而通过Y2举证的"通知"来看,形式上确系事先打印,结合X的年龄和在Y1工作的实际情况,其不愿续签劳动合同的可能性极低,X的陈述具有合理性,应当认定非劳动者自身原因不愿意续签劳动合同,故应当支付经济补偿金。我国《劳动合同法》第九十二条规定:"劳务派遣单位、用工单位违反本法有关劳务派遣规定的……用工单位给被派遣劳动者造成损害的,劳务派遣单位与用工单位承担连带责任。"Y1基于和Y2之间的无效劳务派遣协议应向X承担连带责任。

④ 判例评析。

本判例中关于X在与Y2之间存在劳动合同的情况下,能否认定其与Y1之间存在劳动关系的问题,关键看劳动关系的确认标志。《劳动合同法》第七条规定:"用人单位自用工之日起即与劳动者建立劳动关系",即以"用工"这一事实状态来判断劳动关系的存在与否。至于如何进一步界定用工,一般认为,用工事实应包含以下三点:对劳动者进行指挥命令、向劳动者支付劳动报酬、将劳动者纳入组织中。这从《劳动合同法(草案)》对劳动关系的界定中也可以得到确认,即"劳动关系是指用人单位招用劳动者为其成员,劳动者在用人单位的管理下提供有报酬的劳动而产生的权利义务关系"。本案中,X自2004年起一直在Y1从事工作,符合用工事实的特征,即使在2009年X与Y2签订了关于派遣的劳动合同后,X的工资依然是由Y1发放的,也就是这时依然是Y1对其进行管理、为其发放工资,其工作也纳入Y1的组织中,完全符合劳动关系的本质特征。况且,X所从事的岗位并不是临时性、辅助性或者替代性的工作岗位。因此,虽然X与Y2签订了关于劳务派遣的劳动合同,法院依然认定了X与Y1属于劳动关系。

与此类似,在西安彩虹资讯有限公司劳务派遣案中,同样是劳动者在某公司工作长达十余年,接受该公司管理,而后该公司将劳动者交与某派遣公司签订劳动合同,转为派遣,劳动者在派遣期满时向用工单位提出权利诉求。该案法官认为,该公司将劳动者交与派遣公司签订劳动合同,再由其将劳动者派遣回该公司的这一行为免除了自己的法定责任,属于规避法律义务的行为,违背了劳动法的立法精神,应属无效行为。确认该公司与劳动者的劳动关系仍然存续。而这时对《劳动合同法》的修改还没有启动。

在本案中,修改后的《劳动合同法》已经生效,本案中将劳务派遣的岗位"三性"规定认定为强制性规定,根据岗位"三性"原则否定了派遣关系,保护了劳动者的合法权益。由于本案的派遣合同签订于新法生效前,对于其效力,二审法院提出,修订前的《劳动合同法》第六十六条规定的"劳务派遣一般在临时性、辅助性或替代性的工作岗位上实施",这里的"一般"是原则性规定,劳务派遣单位除非有特殊情况,否则,应当按照此规定履行劳务派遣行为。《劳动合同法》修订后,劳务派遣"三性"修订为硬性规定,用人单位更应严格遵守并及时纠正违法行为。因此,劳动者X与Y2之间的劳务派遣无效,与Y1确认为劳动关系。

12.3 实践三:实习生用工管理中的问题处理

12.3.1 实习生用工管理中的劳动争议问题

实习生是指在用人单位处学习实际工作经验的某一专业高年级或刚毕业的大学生和中职生,属于非正式雇用的劳工。就业实习期间的大学生已修完学分即将毕业,其学籍仍在学校且未拿到毕业证书,户籍关系和档案等都未转出,与学校仍存在教育管理的关系。大学生实习的目的也不相同,可以划分为教学实习、带薪实习和就业实习,其中,就业学习主要指以就业为目的而进行的实习。新时代下大学生群体数量庞大,在就业过程中与用人单位能否建立劳动关系成为能否获得实习单位缴纳社会保险和获得福利的权利的依据和前提。2018年,教育部、财政部联合印发《高等学校勤工助学管理办法(2018年修订)》,对勤工助学的大学生作出概念的界定,并提出对此类学生的保护措施,但勤工助学的大学生并不能涵盖所有的实习大学生,其仅为实习大学生中的一部分,因此,对于实习大学生,法律上的权益保障仍不完善。

大学生实习时间短,实习单位能提供给大学生的工作机会往往属于基层工作,学校的合作单位就职机会少,导致大学生实习地位低,且在实习过程中,很多大学生的创意和作品被用人单位剽窃,其相关的劳动权益保护并不到位。对于企业来说,培训和培养实习大学生的人力和物力成本较高,实习生并不一定会有转正或毕业就职的意愿,导致其培训资源浪费。在大学生实习用工期间,很多企业往往不会对实习生安排针对性的培训,而是交代其负责基础性、技术含量不高的工作,使得大学生的实习质量差,学不到有用的专业知识,白白浪费实习机会。高校在大学生实习方面的应对并不灵活,很多高校限制大学生的实习时间、地点、专业岗位,企业在一段时间内会接收到大量的大学生实习生,"岗少人多"使得企业想找到合适的人选并不容易,而在企业真正需要大学生实习生时,往往又接收不到大学生。

在大学生实习期间,由于大学生特殊的身份地位,其相关法律的保障体系并未完善,大学生与用人单位之间产生的很多争议纠纷,无法得到合理解决,其法律身份一直存在争议,大学生是否与实习单位形成了事实劳动关系,是目前争议的焦点和难点。在很多企业中,大学生实习生的用工管理并不规范,企业认为实习大学生与其并不是劳动关系而是劳务关系,不与实习大学生签订劳动合同,在对待实习大学生的待遇方面也并不与其体制内员工相同。企业没有对实习大学生适用最低工资标准,也并不承认其享有工伤保险待遇,实习大学生的合法劳动权益被侵害,在需要用人单位承担责任时,双方就会产生纠纷,而实习大学生在实习体系中地位低下,并不能拿起法律武器维护好自己的合法权益。在这种情况下,用人单位和实习大学生的矛盾更加尖锐。

判定就业实习大学生与用人单位是否建立劳动关系,最重要的是进行劳动者主体资格的认定。在理论界和实务界,有一种观点认为就业实习的大学生在人身和经济双重属性上符合劳动关系标准。在法律层面上,大学生符合劳动关系实质标准,以就业为目的的实习从性质上属于就业,而大学生如果已完成学校课程,其人身就不再受到学校的管制,其人身从属于实习公司,接受实习公司的管制。在经济理论层面,大学生付出劳动力,是为了换取劳动报酬,而公司也会提供给劳动者相应的报酬,这体现了劳动关系中的经济从属性。现行法律也未明文规定满16岁的大学生没有作为劳动关系的主体资格,所以,满16岁的大学生可以与用人单位形成劳动关系。对于就业大学生身份是否能作为劳动关系的主体受到劳动法的保护,我国在现行法律上并没有明确界定,也没有明文禁止大学生不能作为劳动者与用人单位建立劳动关系,由此引发了很多争议纠纷案件。

12.3.2 实习生工伤问题认定的实例

我国近年来就业形势严峻,毕业实习的规模扩大,大学生的实习形式也多种多样。在这种情况下,实习生的劳动权益如何得到切实的保障仍然是一大难题。目前,我国尚未建立起实习大学生权益保护的相关保障体系。在大学生实习期间,大学生与用人单位间产生的很多争议纠纷无法得到相应的法律支持和解决。大学生实习期间的法律身份一直存在争议,是否与实习单位形成了事实劳动关系是争议的要点,是否形成劳动关系是实习大学生是否适用最低工资标准及享受工伤保险待遇的前提。

判例 12-4:技校生顶岗实习受伤案——李帅帅诉上海通用富士冷机有限公司、上海工商信息学校人身损害赔偿纠纷案[①]

实习生:李帅帅,以下简称 X;

用人单位:上海通用富士冷机有限公司,以下简称 Y 公司。

① 案情简介。

1. X 系上海工商信息学校 2011 级模具专业学生。2012 年 7 月 8 日,X 与上海工商信息学校、Y 公司三方签订《学生实习协议书》一份,约定经 X 与 Y 公司双向选择,X 自愿到 Y 公司实习,期限自 2012 年 7 月 8 日起至 2014 年 6 月 25 日止;实习期间,Y 公司支付 X 的实习津贴按国家规定的每周不超过 40 小时计每月人民币 1 800 元至 2 000 元,超过规定时间的加班及因工作需要安排的中班、夜班和特殊岗位的工作,与 Y 公司职工享受同等待遇;Y 公司在安排实习生上岗前,应先对实习生进行企业文化、岗位要求、专业技能、操作规范、安全生产、劳动纪律等方面的培训教育,安排到相应的部门和岗位从事与国家劳动保护法规相符合的对人身无危害、对青少年身心健康无影响的工作,并指派带教师傅对实习进行指导评价;对易发生意外工伤的实习岗位,Y 公司在实习生上岗前除了加强安全生产教育外,还应提供应有的劳动保护措施,学校为实习生购买学生实习责任保险。协议另约定了其他内容。

2. 2012 年 11 月 2 日上午 11 时许,X 在 Y 公司处加班操作数控折边机,在更换模具时不慎踩到开关,致使机器截断其右手第 2—5 指。X 随即被送至医院急诊治疗,后于次日住院行植指术。后 X 多次门诊治疗,截至 2014 年 3 月 5 日,X 共花费医疗费 88 001.76 元。2014 年 10 月 9 日,经法院委托,司法鉴定科学技术研究所司法鉴定中心对 X 伤势出具鉴定意见书:X 右手部等处因故受伤,后遗右手功能障碍等,相当于道路交通事故九级伤残。

3. X 称,实习前上海工商信息学校对 X 作过安全教育培训,上岗前 Y 公司也对 X 做过岗前培训,工作时发放了劳动保护手套。其自 2012 年 8 月起开始操作折边机。事发前一晚是周五,X 上晚班,因 Y 公司规定周六需要加班,X 选择连着上周六的早班,但原先带教 X 的师傅不加班,于是 X 自己操作折边机。Y 公司有其他班长在,可以指导 X。模具本来应该由班长来换,因 X 上卫生间后着急回来换模具继续工作,就想自己换模具再找其他班长帮忙换模式,结果在更换模具的过程中误踩了开关,模具上抬将 X 的手指夹断。Y 公司称 X 受

[①] 生效判决:上海市第二中级人民法院,审结日期为 2015 年 9 月 7 日,《最高人民法院公报》2015 年 12 期。

伤时候可以独自操作简单的工序,且其他班长在场也与师傅在场一样指导;上海工商信息对 X 也负有安全保障义务。上海工商信息则称不清楚 X 能否独立操作,学校确实对 X 负有安全保障义务。

② 法院裁判要旨(一审)。

1. Y 公司作为实习单位,是实习生劳动工具的提供者和工作内容的指挥者,对实习生负有日常管理、保护之责,也应尽到必要的安全保障义务。由于 Y 公司提供的工作设备有一定的危险性,要求 X 在实习期操作机器却未安排带教师傅在旁指导,对 X 受伤存在过错。

2. X 作为具有完全民事行为能力的成年人,又经过相关专业知识的学习及实习培训,对操作设备的危险性应具有一定的认知,X 作为实习生在从事实习劳动时也应保持必要的谨慎,但 X 在无带教人员陪同指导的情况下自行更换模具,又未遵循正确操作规程,未尽审慎注意义务,对损害后果的发生也负有一定的过错。

3. 现有证据不足以证明上海工商信息学校在本起事故中有过错,故对于 X 要求上海工商信息学校承担损害赔偿责任的诉讼请求,难以支持。

4. 结合本案实际情况,一审法院确认 Y 公司对 X 本次受伤造成的经济损失承担 80% 的责任,X 自负 20% 的责任。

③ 法院裁判要旨(二审)。

1. 本案中 X 作为中等职业学校在校学生,其通过与上海工商信息学校、Y 公司签订《学生实习协议书》后到 Y 公司实习,该法律关系的三方当事人除受该协议约定的约束外,还应受到中等职业学校学生实习相关法律法规的约束。

2. 教育部、财政部发布的《中等职业学校学生实习管理办法》及《教育部办公厅关于应对企业技工荒进一步做好中等职业学校学生实习工作的通知》有规定,学校及相关企业"不得安排学生每天顶岗实习超过 8 小时;不得安排学生加班"。国务院部门的规范性文件虽然不宜作为法院裁判的直接法律依据,但在本案中可以作为法院评判学校是否有过错的依据。本案中,依据三方当事人庭审中的一致确认,事发当日 X 确实系周六加班,且带教老师未陪同加班。对于 X 在此次加班过程中因操作危险工作设备所受之伤害,各方承担责任如下:

首先,Y 公司系 X 实习期间的直接管理人,对 X 如何从事实习工作能够支配和安排,并能够对工作过程实施监督和管理。X 虽为实习生,但其所从事的劳动客观上系为 Y 公司创造经济利益,X 仍然享有劳动保护的权利,而 X 此次受伤的危险来源仍属于其所从事之劳动的正常风险范围内。综合考量 Y 公司与 X 之间支配与被支配的地位、劳动所创造经济利益的归属、Y 公司应当承担的劳动保护以及劳动风险控制与防范的职责和义务,Y 公司应当对 X 所受之损害承担主要赔偿责任。

其次,上海工商信息学校作为 X 实习期间的间接管理人,应就学生在实习中的安全防范和权益依法提供必要的保障。上海工商信息学校虽无法直接支配 X 的工作,但其作为职业教育机构应当清楚学生参与实习工作的危险性,其应通过对学生的安全教育以及与企业的沟通协商,控制和防范风险。然而,上海工商信息学校在清楚实习单位不得安排实习生加班的相关规定的情况下,未通过加强对学生的安全教育以及与企业明确约定等方式予以防范,实际上却放任实习生加班情形的存在,因此,上海工商信息学校未尽到其防范督促的职责。

考虑到上海工商信息学校无法直接支配 X 在 Y 公司的具体工作,故上海工商信息学校应当对 X 所受损害承担次要责任。

最后,X 作为实习生,技能尚处于学习阶段,劳动报酬也区别于 Y 公司的正常员工。因此,X 在劳动过程中所应尽到的谨慎注意义务不能以 Y 公司正常员工为标准。X 事发当日在没有带教老师陪同加班的情况下所出现的操作不当尚不足以构成重大过失,相较于 Y 公司、上海工商信息学校对风险防范所应承担的义务,X 自身的一般过失不能减轻 Y 公司及上海工商信息学校所应承担的赔偿责任。况且,正常建立劳动关系的员工即便因自身过错发生类似本案的工伤事故,员工能够获得的工伤赔偿也不因其自身过错而减少,对于尚在实习工作的 X 而言,更不能因其自身一般性过错而减轻相关侵权方应负的赔偿责任。故一审法院要求 X 自负 20% 的人身伤害损失有所不当。

3. 鉴于上海工商信息学校在本案中存在一定的过错,一审判令 Y 公司对损害后果承担 80% 赔偿责任并无不当,剩余 20% 的赔偿责任应由上海工商信息学校承担,二审对此予以改判。

④ **判例评析**。

在本案中,上海工商信息学校、X、Y 三方均负有对事故的责任。Y 的过错在于 Y 可以对 X 实施直接管理和监督,但是在事故发生当天,并未有带教班长指导 X 进行操作,X 受伤属于从事该劳动的正常风险,且 Y 对实习生安排加班,违反了教育部、财政部发布的《中等职业学校学生实习管理办法》及《教育部办公厅关于应对企业技工荒进一步做好中等职业学校学生实习工作的通知》的规定,对于该事故负主要责任。上海工商信息学校的过错在于并没有对于 X 进行学生的安全教育以及与企业的沟通协商,控制和防范风险,在清楚 Y 不应该安排 X 加班的前提下并未对于 X 进行告知和提醒,实际上是放任了 Y 对 X 权益的侵害。在现实中,大学生就业实习前应认真参加学校和企业安排的安全教育培训,熟知相关规定,在受到劳动权益侵害时应积极维权,而不能放任用人单位安排加班等不合法的行为,在从事劳动中也需要接受和企业安排的带教员工,在没有完全熟悉操作的情况下不独自操作。学校应该加强对学生的安全教育培训,并且采取对企业明确约定等方式进行提醒,确保学生对实习工作和用人单位的了解,使其有能力保护自己的合法权益。用人单位安排实习生的工作时不能违规违法,要为实习生提供合法的劳动保护,谨防发生意外事故。

13 社会保险管理

《中华人民共和国社会保险法》第二条规定："国家建立基本养老保险、基本医疗保险、工伤保险、失业保险、生育保险等社会保险制度,保障公民在年老、工伤、失业、生育等情况下依法从国家和社会获得物质帮助的权利。"第七条规定："国务院社会保险行政部门负责全国的社会保险管理工作,国务院其他有关部门在各自的职责范围内负责有关的社会保险工作。县级以上地方人民政府社会保险行政部门负责本行政区域的社会保险管理工作,县级以上地方人民政府其他有关部门在各自的职责范围内负责有关的社会保险工作。"《中华人民共和国劳动法》第七十二条规定："社会保险基金按照保险类型确定资金来源,逐步实行社会统筹。用人单位和劳动者必须依法参加社会保险,缴纳社会保险费。"第七十三条规定："劳动者享受的社会保险金必须按时足额支付。"

从纵向上看,社会保险管理包括立法管理、行政管理、业务管理和基金管理。社会保险立法管理即根据《社会保险法》及各项单独法律的规定对社会保险的各个方面,如费用征缴、保险金给付、基金营运与管理、社会保险业务的监控等依法进行管理,并根据法律条款的变更进行及时的调整。社会保险行政管理是指制定社会保险政策、解释法令,检查和监督社会保险政策法令的正确实施,受理社会保险业务中出现的申诉和争议、调解并依法裁决社会保险的各种纠纷。社会保险业务管理是指对社会保险计划的登记、建卡、审查,社会保险费用征缴,保险待遇计发与审查,组织协调与社会保险机关的各种业务活动和相应的有关社会服务工作。社会保险基金管理则是对各项社会保险基金的运行条件、基金管理模式及资产负债实行全面规划和系统管理的总称。

从横向上看,社会保险管理包括对各项保险业务的管理。具体包括:(1)养老保险管理:包括对养老保险的个人建账、基金营运、保险金给付等一系列的管理。作为一项长期性的社会保险业务,养老保险管理最为复杂,是各项管理的重中之重;(2)医疗保险管理:包括对医疗保险计划缴费、津贴发放、医疗费用报销、费用控制等项目的管理。由于医疗保险涉及各方利益,其管理也具有相当难度;(3)工伤保险管理:包括对工伤保险费用征缴、伤残资格与等级审查、津贴发放、费用管理等内容;(4)失业保险管理:包括对失业保险费用征缴、失业资格审查、津贴发放、基金等项目的管理,同时还包括再就业培训、职业介绍等方面的管理内容。

13.1 实践一：养老保险待遇认定问题引发的争议处理

13.1.1 养老保险待遇认定

《中华人民共和国社会保险法》第十条规定："职工应当参加基本养老保险,由用人单位和职工共同缴纳基本养老保险费。无雇工的个体工商户、未在用人单位参加基本养老保险的非全日制从业人员以及其他灵活就业人员可以参加基本养老保险,由个人缴纳基本养老保险费。公务员和参照公务员法管理的工作人员养老保险的办法由国务院规定。"

如果用人单位没有为劳动者缴纳养老保险,短期内对劳动者似乎没有影响,而一旦劳动者达到退休年龄时,却会因为劳动者无法获得养老金或者养老金较少而产生争议。所以,养老保险损失赔偿的争议往往具有滞后性,易在劳动者临近退休时爆发出来。而在这时,如果用人单位能够为劳动者进行补缴,且劳动者能够符合领取养老金的年限等要求,争议就可以以投诉补缴的方式得到解决,劳动者退休后依然可以按月领到养老金。但是如果由于各种原因,比如劳动者已经达到退休年龄,用人单位无法为劳动者补缴,导致劳动者不能领取养老金,就涉及劳动者向用人单位主张损失赔偿的问题,这个损失该如何计算,将涉及劳动者过往的养老保险缴费基数、缴费年限、是否在多家单位工作、未来预期寿命等复杂问题,目前还无定论。

13.1.2 养老保险待遇认定问题引发的争议处理实例

判例 13-1：董凤宇与国药健坤(北京)医药有限责任公司养老保险待遇纠纷一审民事判决书[①]

劳动者:X,女,1967 年 8 月 14 日出生,住北京市通州区,以下简称 X;

用人单位:国药健坤(北京)医药有限责任公司,以下简称 Y 公司。

① **案情简介**。

1. X 于 1988 年 2 月入职 Y 公司,为合同制工人身份,于 1992 年 4 月调离 Y 公司。2017 年 8 月 15 日,Y 公司向西城区人力资源和社会保障局提交基本养老保险补缴确认申请表,申请为 X 补缴 1988 年 2 月至 1992 年 4 月期间的养老统筹,表格上 Y 公司的法定代表人签字由 Y 公司的职工牛琳代签。由 X 先行垫付补缴养老统筹金额 14 609.56 元,其中,个人缴费 74.64 元,单位应缴纳 14 534.92 元。

2. 后 X 向北京市西城区劳动人事争议仲裁委员会申请仲裁,要求 Y 公司返还其垫付缴纳的养老保险金 14 534.92 元。

3. 2017 年 8 月 29 日,北京市西城区劳动人事争议仲裁委员会作出京西劳人仲字(2017)第 463 号不予受理通知书,以申请人的仲裁请求不属于劳动人事争议受案范围为由决定不予受理。

[①] 董凤宇与国药健坤(北京)医药有限责任公司养老保险待遇纠纷一审民事判决书,北京市西城区人民法院(2017)京 0102 民初 26644 号,裁判日期为 2017-10-17。

4. X不服,于法定期限内诉至法院。

② **法院裁判要旨(一审)**。

本院认为,上述事实,有双方当事人陈述、补缴确认申请表、社会保险费补缴汇总表、社会保险费补缴明细表、招收考审批表、银行存根、社会保险基金专用票据、不予受理通知书等材料在案佐证。劳动者的合法权益受法律保护。当事人应就自己所主张的事实承担举证责任。没有证据或证据不足以证明当事人的主张的,由负有举证责任的当事人承担不利的后果。

本案中,对于X的在职时间和身份双方并无异议。2017年X办理退休时发现缺失养老基金的缴费记录,Y公司以单位的名义申请补缴,并由X个人先行垫付。依法为职工缴纳养老保险是用人单位的法定职责,Y公司未能提交证据证明已经为原告缴纳过养老基金,故应当承担不利后果,X所欠缴的养老保险费用中应由Y公司承担的部分以及滞纳金理应由Y公司缴纳。故本院支持原告的诉讼请求,Y公司应向X支付由X垫付补缴的养老保险金14 534.92元。

13.2 实践二:医疗保险待遇认定问题引发的争议处理

13.2.1 医疗保险待遇认定

《中华人民共和国社会保险法》第二十三条规定:"职工应当参加职工基本医疗保险,由用人单位和职工按照国家规定共同缴纳基本医疗保险费。无雇工的个体工商户、未在用人单位参加职工基本医疗保险的非全日制从业人员以及其他灵活就业人员可以参加职工基本医疗保险,由个人按照国家规定缴纳基本医疗保险费。"《社会保险费征缴暂行条例》第四条规定:"缴费单位、缴费个人应当按时足额缴纳社会保险费。征缴的社会保险费纳入社会保险基金,专款专用,任何单位和个人不得挪用。"基本医疗保险是国家规定的企业应为职工办理的社会保险之一,其目的就是保障职工的合法权益,缴纳基本医疗保险金是用人单位的法定强制性义务。

如果用人单位没有依法为劳动者缴纳基本医疗保险费,导致劳动者在看病就医时无法享受医保报销待遇,劳动者可以向单位主张损失赔偿,下面两起判例就是劳动者向用人单位主张医疗保险损失而得到法院支持的案例。案例中劳动者的工作时间都不长,应缴纳的医疗保险数额都不高,但是由于没有依法缴纳,单位不得不承担本该由社会保险基金承担的劳动者的医疗支出,而由于劳动者疾病的不确定性,这种支出更增大了用人单位的经营风险。所以,从分担风险的角度出发,用人单位应该依法足额为劳动者缴纳社会保险。

13.2.2 医疗保险待遇认定问题引发的争议处理实例

判例13-2:梁祖寿与北海市铁山港区南康糖厂、北海市铁山港区工业和信息化局医疗保险待遇纠纷二审民事判决书[①]

劳动者:梁祖寿,男,1948年4月15日出生,汉族,住所地北海市海城区,以下简称X;

---

① 梁祖寿与北海市铁山港区南康糖厂、北海市铁山港区工业和信息化局医疗保险待遇纠纷二审民事判决书,北海市中级人民法(2015)北民二终字第202号,裁判日期为2016-05-30。

用人单位:北海市铁山港区南康糖厂,以下简称 Y1;北海市铁山港区工业和信息化局,以下简称 Y2。

① 案情简介。

1. Y1 为全民所有制企业,X 于 1984 年 10 月至 2003 年 8 月在 Y1 工作,X 为 Y1 的职工。Y1 生产区的财产于 2003 年 4 月被广西壮族自治区高级人民法院依法拍卖清偿债务。2003 年 8 月 31 日,Y1 与 X 签订《解除劳动合同关系协议书》,双方约定自 2003 年 9 月 1 日起解除劳动合同。

2. 合同签订后,Y1 按约支付了 X 经济补偿金,并为 X 补缴了养老保险和失业保险费,但未为 X 办理接续、补缴职工基本医疗保险金,X 自行补缴了 2000 年 7 月至 2003 年 8 月解除劳动合同时止共 38 个月的基本医疗保险金 6 498 元后,X 始终未停止要求 Y1 返还其已代为缴纳的单位应承担部分的基本医疗保险金 5 198 元,并在每年不定期地向被告港区工信局等相关主管部门要求解决其职工基本医疗保险金返还问题,但始终未能得到处理。

3. 2013 年 6 月 5 日,港区人社局作出《关于对原南康糖厂职工补缴基本医疗保险问题的答复》,认为北海市在 2004 年 1 月前基本医疗保险没有补缴政策,职工可以用解除劳动合同的经济补偿金参加基本医疗保险。

4. 2014 年 5 月 20 日,X 及其他 88 人就其与 Y1 支付基本医疗保险金等争议一案向北海市劳动争议仲裁委员会申请劳动争议仲裁,该仲裁委员会经审查认为,申请人的仲裁请求超过仲裁申请时效,据此,于 2014 年 5 月 23 日作出北劳人仲字(2014)419-506 号不予受理通知书。

5. X 不服北海市劳动争议仲裁委员会的处理决定,遂向一审法院提起诉讼,请求法院判令:第一、二被告连带返还 X 代为缴纳的 2000 年 7 月至 2003 年 8 月共 38 个月的基本医疗保险金共计 5 198 元;第一、二被告承担本案的诉讼费用。

② 法院裁判要旨(一审)。

1. 关于本案诉讼是否超过时效的问题。一审法院认为,诉讼时效即消灭时效,是指民事权利受到侵害的权利人在法定的时效期间内不行使权利,当时效期间届满时,人民法院对权利人的权利不再进行保护的制度。X 与 Y1、Y2 双方形成劳动关系后,应严格遵守《中华人民共和国劳动法》有关规定主张权利,履行义务。《中华人民共和国劳动法》第七十七条规定:"用人单位与劳动者发生争议,当事人可以依法申请调解、仲裁、提起诉讼"。第八十二条规定:"提出仲裁要求的一方应当自劳动争议发生之日起 60 日内向劳动争议仲裁委员会提出书面申请。"

2. 从 2003 年 9 月 1 日起,X 与 Y1、Y2 解除合同,双方终止劳动关系,至 2014 年 5 月 20 日,X 向北海市劳动争议仲裁委员会申请劳动争议仲裁,上述行为虽已超过 60 日仲裁申请期限,但《中华人民共和国民法通则》第一百四十条规定:"诉讼时效因提起诉讼、当事人一方提出要求或者同意履行义务而中断。从中断时起,诉讼时效期间重新计算。"对 X 提出其在解除劳动合同及自行补缴基本医疗保险金后一直向 Y1、Y2 及相关部门主张权利,形成诉讼时效中断,申请请求没有超过诉讼时效的意见,因 X 举证港区人社局《关于对原南康糖厂职工补缴基本医疗保险问题的答复》、北海市委、市政府信访回执、港区工信局出具的证明证实,X 在 2003 年 9 月企业改制后至今,每年均不定期地到被告港区工信局要求解决其代

Y1、Y2缴纳的职工基本医疗保险金问题,但一直未能得到处理,上述事实属于《中华人民共和国民法通则》第一百四十条规定的"当事人一方提出要求"的情形,产生诉讼时效中断的效力,应作为认定X向Y1、Y2主张权利的依据,故本案诉讼没有超过时效。被告辩称X已超过诉讼时效的意见,不予支持。

3. Y1、Y2连带返还X垫付缴纳的2000年7月至2003年8月共38个月的基本医疗保险金,共计5 198元。案件受理费10元,由Y1、Y2负担。

③ 法院裁判要旨(二审)。

驳回上诉,维持原判。

1. 根据国务院《社会保险费征缴暂行条例》第四条"缴费单位、缴费个人应当按时足额缴纳社会保险费"、北海市人力资源和社会保障局北人社阅(2013)1号《医疗保险工作会议纪要》"全市所有用人单位和职工从建立职工医保制度起,应参保并按规定缴纳基本医疗保险费。市本级即三区和涠洲管委会建立职工医保制度的时间为2000年7月"、"2012年12月31日(含)前已参保的用人单位和职工基本医疗保险费的补缴办法:1.在职转退休时,累计缴纳基本医疗保险费年限不满25年(其中实际缴费年限须满5年以上)的,由用人单位和个人一次性缴纳不足缴费年限的基本医疗保险费。2.职工与用人单位解除劳动合同时,该用人单位不按规定为职工参加职工基本医疗保险的,由用人单位和个人一次性缴纳应参保而未参保年限的基本医疗保险费"的规定,Y1作为用人单位,应及时为X缴纳基本医疗保险金。

2. 经Y1和X共同确认,Y1于2003年9月1日与X解除劳动合同后,为X补缴了养老保险和失业保险,但未为X办理接续、补缴职工基本医疗保险金。结合北海市建立职工医保制度的时间为2000年7月的事实,Y1与X未按时缴纳基本医疗保险金的期限为2000年7月至2003年8月。

3. X提交了北海市社会保险事业局出具的医疗保险金缴费收据证实其已补缴2014年2月至2019年1月的医疗保险费用,根据该收据记载,按照北海市上年度社会平均工资标准的60%的作为缴费基数,缴费期间共60个月的医疗保险费用为10 253.4元,即每月应缴的医疗保险费应为10 253.4元÷60个月≈171元/月。故X已自行补缴了2000年7月至2003年8月期间共38个月的基本医疗保险金为171元/月×38个月=6 498元。结合《北海市城镇职工基本医疗保险制度实施办法(试行)》第七条关于基本医疗保险费由参保单位和职工个人按比例共同负担,参保单位、职工每月分别按本单位职工缴费基数的8%、本人缴费基数的2%缴纳基本医疗保险费的规定,用人单位应当承担医疗保险缴费基数的80%,故Y1应承担X自2000年7月起至2003年8月共38个月的基本医疗保险费总额的80%,即为6 498元×80%=5 198.4元。

13.3 实践三:工伤保险待遇认定问题引发的争议处理

13.3.1 工伤保险待遇认定

工伤保险是指劳动者在工作中或在规定的特殊情况下,遭受意外伤害或患职业病导致暂时或永久丧失劳动能力以及死亡时，劳动者或其遗属从国家和社会获得物质帮助的一种社会保险制度。劳动者因工负伤或因职业病暂时或永久失去劳动能力以及死亡时，工伤不管什么原因，责任在个人或在企业，都享有社会保险待遇，此即补偿不究过失原则。根据《工伤保险条例》的规定，工伤保险的适用范围包括中华人民共和国境内的企业、事业单位、社会团体、民办非企业单位、基金会、律师事务所、会计师事务所等组织和有雇工的个体工商户。公务员和参照公务员法管理的事业单位、社会团体的工作人员因工作遭受事故伤害或者患职业病的，由所在单位支付费用。具体办法由国务院社会保险行政部门会同国务院财政部门规定。

工伤是指职工在工作过程中因工作原因受到事故伤害或者患职业病的情形。根据《工伤保险条例》第十四条的规定，职工有下列情形之一的，应当认定为工伤：在工作时间和工作场所内，因工作原因受到事故伤害的；工作时间前后在工作场所内，从事与工作有关的预备性或者收尾性工作受到事故伤害的；在工作时间和工作场所内，因履行工作职责受到暴力等意外伤害的；患职业病的；因工外出期间，由于工作原因受到伤害或者发生事故下落不明的；在上下班途中，受到非本人主要责任的交通事故或者城市轨道交通、客运轮渡、火车事故伤害的；法律、行政法规规定应当认定为工伤的其他情形。

根据《工伤保险条例》第十五条的规定，职工有下列情形之一的，视同工伤：在工作时间和工作岗位，突发疾病死亡或者在 48 小时之内经抢救无效死亡的；在抢险救灾等维护国家利益、公共利益活动中受到伤害的；职工原在军队服役，因战、因公负伤致残，已取得革命伤残军人证，到用人单位后旧伤复发的。

职业病是指《职业病防治法》中授权卫生部会同劳动保障部制定的职业病目录中的疾病。按照《职业病防治法》的规定，职业病是指企业、事业单位和个体经济组织（以下统称用人单位）的劳动者在职业活动中，因接触粉尘、放射性物质和其他有毒、有害物质等因素而引起的疾病。根据《职业病防治法》的这一规定，结合《工伤保险条例》中关于适用范围的有关规定，可以看出条例中规定的职业病，主要是指条例覆盖范围内的所有用人单位的劳动者在职业活动中所患的疾病。根据《工伤保险条例》第十七条的规定，职工发生事故伤害或者按照职业病防治法规定被诊断、鉴定为职业病，所在单位应当自事故伤害发生之日或者被诊断、鉴定为职业病之日起 30 日内，向统筹地区社会保险行政部门提出工伤认定申请。遇有特殊情况，经报社会保险行政部门同意，申请时限可以适当延长。

《中华人民共和国社会保险法》第三十六条规定："职工因工作原因受到事故伤害或者患职业病，且经工伤认定的，享受工伤保险待遇；其中，经劳动能力鉴定丧失劳动能力的，享受伤残待遇。工伤认定和劳动能力鉴定应当简捷、方便。"

用人单位未按前款规定提出工伤认定申请的，工伤职工或者其近亲属、工会组织在事故伤害发生之日或者被诊断、鉴定为职业病之日起 1 年内，可以直接向用人单位所在地统筹地区社会保险行政部门提出工伤认定申请。

13.3.2　工伤保险待遇认定问题引发的争议处理实例

判例 13-3：Y 与 X 工伤保险待遇纠纷一审民事判决书[①]

劳动者：佟亚伶，女，1967 年 1 月 22 日出生，汉族，农民，住北京市平谷区，以下简称 X；

用人单位：北京嘉正天成纸塑包装有限公司，以下简称 Y 公司。

① **案情简介**。

1. 2013 年 12 月 2 日，X 入职 Y 公司，担任车间生产工人。X 工作期间，Y 公司为其缴纳了工伤保险。

2. 2015 年 3 月 14 日，X 在工作中受伤。2015 年 6 月 1 日，北京市平谷区人力资源和社会保障局认定，X 所受伤害为工伤。2016 年 4 月 8 日，经北京市平谷区劳动能力鉴定委员会鉴定，X 达到职工工伤与职业病伤残等级标准十级。

3. 2016 年 11 月 25 日，X 与 Y 公司解除劳动关系。2016 年 12 月 13 日，经社保经办机构核算，X 的一次性伤残补助金为 27 146 元，一次性工伤医疗补助金为 21 258 元，X 已经领取该两项费用。

4. 2017 年 1 月 12 日，X 向北京市平谷区劳动人事争议仲裁委员会申请仲裁。2017 年 4 月 5 日，该仲裁委裁决 Y 公司支付 X 一次性伤残就业补助金 21 258 元。

5. 上述事实，有双方当事人陈述、认定工伤决定书、劳动能力鉴定、确认结论通知书、京平劳人仲字[2017]第 813 号裁决书等予以证明。

② **法院裁判要旨（一审）**。

1. Y 公司于本判决生效后七日内，支付被告 X 一次性伤残就业补助金 21 258 元。

2. X 在 Y 公司工作期间发生工伤，有权依法享受工伤待遇。依照《工伤保险条例》，职工因工致残被鉴定为七级至十级伤残的，职工本人提出解除劳动合同的，由工伤保险基金支付一次性工伤医疗补助金，由用人单位支付一次性伤残就业补助金。依照本市的相关规定，用人单位应当支付的一次性伤残就业补助金按照一次性工伤医疗补助金的标准执行。本案中，经社保经办机构核算，X 的一次性工伤医疗补助金为 21 258 元。因此，Y 公司应当支付 X 一次性伤残就业补助金 21 258 元。

判例 13-4：振兴煤矿与李长春工伤保险待遇纠纷二审民事判决书[②]

劳动者：李长春，男，1972 年 3 月 6 日出生，汉族，农民，住织金县金凤街道办事处，以下简称 X；

用人单位：织金县振兴煤矿，以下简称 Y。

① **案情简介**。

1. 2004 年 2 月至 2011 年 2 月期间，X 被 Y 招用为采煤工，X 自此连续在 Y 工作，

[①] Y 与 X 工伤保险待遇纠纷一审民事判决书，北京市平谷区人民法院(2017)京 0117 民初 3690 号，裁判日期为 2017-05-03。

[②] 振兴煤矿与 X 工伤保险待遇纠纷二审民事判决书，贵州省毕节市中级人民法院(2015)黔毕中民终字第 900 号，裁判日期为 2015-08-13。

2011年3月,X因感觉呼吸困难等,于同年3月29日至6月1日在贵阳市第五人民医院住院治疗,经诊断其病情为煤工尘肺一期,X在该院住院治疗64天,医疗费10 083.84元系X支付。住院中,系由X家属护理。

2. 2011年11月9日,X向织金县人力资源和社会保障局提出工伤认定申请,因Y不认可与X存在劳动关系,X申请劳动仲裁,经劳动仲裁部门审查不予受理后,X向原审法院提起要求确认与Y存在劳动关系的诉讼,2013年6月26日原审法院以(2013)黔织民初字第681号民事判决确认X与Y存在事实劳动关系,Y不服该判决,向本院提起上诉,本院于2013年12月17日以(2013)黔毕中民终字第972号民事判决"驳回上诉,维持原判"。

3. 2014年4月9日,织金县人力资源和社会保障局以织人社工认字(2014)123号工伤认定书认定"X因工作原因受到职业病危害导致的'煤工尘肺'属工伤"。2014年6月11日,毕节市劳动能力鉴定委员会评定X所受劳动能力伤害为七级伤残,停工留薪期3个月。因进行劳动能力伤残鉴定,Y支付鉴定费520元。

4. 由于Y未履行赔偿义务,经X提起仲裁申请,2014年9月10日,织金县劳动争议仲裁委员会以织劳仲案字(2014)第128号仲裁裁决:一、申请人与被申请人解除劳动关系;二、由被申请人Y一次性支付申请人一次性伤残补助金26 000元、一次性工伤医疗补助金28 027.2元、一次性伤残就业补助金28 027.2元、停工留薪期工资6 000元、住院期间护理费3 900.16元、住院期间伙食补助费640元,共计92 594.56元。Y收到前述仲裁裁决书后,在法定期限内向原审法院提起诉讼。

5. Y对X的职业病诊断、工伤认定和劳动能力鉴定并未在法定期限内主张权利。诉讼中,Y、X认可对被告X的月工资以2014年度统筹地区职工平均工资3 404.5元计算,X因治疗和鉴定产生的交通费为300元。

② **法院裁判要旨(一审)**。

1. 贵阳市第五人民医院系本省职业病的诊断治疗机构之一,该医院对被告X所患职业病的诊疗活动合法,Y对被告X所患职业病的诊疗结论已在工伤认定过程中获知,工伤认定结论作出后,Y并未依法主张权利,同时,劳动能力鉴定委员会对被告X的劳动能力等级评定后,Y没有在法定期限内提出再次鉴定的申请。因此,Y主张被告X职业病诊断不具有法律效力和仲裁过程中剥夺其重新鉴定的权利无相应的事实根据,依法不予采信。

2. X与Y成立劳动关系后,X在接受Y的用工管理和为原告提供劳动的过程中患职业病,已被依法认定为工伤,因工伤可获赔偿的工伤保险待遇,依法应由Y承担赔偿义务,故X要求解除与Y之间的劳动关系,同时要求由原告支付一次性工伤待遇的主张合法,依法予以支持。依照《工伤保险条例》第三十条、第三十三条、第三十七条、第六十二条第二款的规定,解除Y与X之间的劳动关系。

3. 由Y于本判决生效后10日内支付一次性伤残补助金44 258.5元(3 404.5元/月×13个月)、一次性工伤医疗补助金40 854元(3 404.5元/月×12个月)、一次性伤残就业补助金40 854元(3 404.5元/月×12个月)、停工留薪期工资10 213.5元(3 404.5元/月×3个月)、住院期间护理费4 928元(28 224元/年÷365天×64天)、住院期间生活补助费640元(64天×10元)、医疗费10 083.84元、鉴定费520元、交通费300元。以上各项费用共计 152 651 元。案件受理费 10 元,减半收取 5 元,由原告 Y 负担。

③ 法院裁判要旨(二审)。

驳回上诉,维持原判。

虽然《中华人民共和国社会保险法》第三十八条规定:"因工伤发生的下列费用,按照国家规定从工伤保险基金中支付:(一)治疗工伤的医疗费用和康复费用;(二)住院伙食补助费;(三)到统筹地区以外就医的交通食宿费;(四)安装配置伤残辅助器具所需费用;(五)生活不能自理的,经劳动能力鉴定委员会确认的生活护理费;(六)一次性伤残补助金和一至四级伤残职工按月领取的伤残津贴;(七)终止或者解除劳动合同时,应当享受的一次性医疗补助金;(八)因工死亡的,其遗属领取的丧葬补助金、供养亲属抚恤金和因工死亡补助金;(九)劳动能力鉴定费。"《工伤保险条例》第三十三条第一款规定:"职工因工作遭受事故伤害或者患职业病需要暂停工作接受工伤医疗的,在停工留薪期内,原工资福利待遇不变,由所在单位按月支付。"第三十七条第二项规定:"(二)劳动、聘用合同期满终止,或者职工本人提出解除劳动、聘用合同的,由工伤保险基金支付一次性工伤医疗补助金,由用人单位支付一次性伤残就业补助金。一次性工伤医疗补助金和一次性伤残就业补助金的具体标准由省、自治区、直辖市人民政府规定。"但法律、行政法规并未明确规定由谁进行结算。本案中,2011 年 3 月,X 因感呼吸困难等,于同年 3 月 29 日至 6 月 1 日在贵阳市第五人民医院住院治疗,经诊断其病情为煤工尘肺一期,2011 年 2 月 23 日,X 虽被申报为工伤参保人员,被上诉人 X 的相关工伤保险待遇是否能到社会保险部门核算报销不能确定,为充分保护弱势群体的利益,原审判由上诉人支付被上诉人全部工伤保险待遇并无不当。上诉人认为自己是煤矿企业,是以年生产量标准计缴工伤保险费,被上诉人是其单位职工,与其有劳动关系,因工受伤被鉴定为工伤,可以享受工伤保险待遇,其只应承担被上诉人停工留薪期工资,停工留薪期间护理费及一次性就业补助金,其余待遇均应由保险基金支付的主张,应向相关社会保险经办部门申请解决。本案中,若社会保险经办部门根据法律及相关行政法规的规定审核,认为被上诉人的工伤保险待遇中部分项目可由社会保险基金支付,上诉人在一次性支付被上诉人全部工伤保险待遇后,可以到相关社会保险经办部门结算,并未损害上诉人的利益。故对上诉人称原审判决由其支付被上诉人全部工伤保险待遇错误的上诉主张,本院不予采纳。

13.4 实践四:失业保险待遇认定问题引发的争议处理

13.4.1 失业保险待遇认定

失业保险是指国家通过立法强制实行的,由用人单位、职工个人缴费及国家财政补贴等渠道筹集资金建立失业保险基金,对因失业而暂时中断生活来源的劳动者提供物质帮助以保障其基本生活,并通过专业训练、职业介绍等手段为其再就业创造条件的制度。失业保险待遇是由失业保险金、医疗补助金、丧葬补助金和抚恤金、职业培训和职业介绍补贴等构成。失业保险待遇中最主要的是失业保险金,失业人员只有在领取失业保险金期间才能享受到其他各项待遇。失业人员同时具备以下条件,即可享受失业保险待遇:(1)按规定参加失业保险,所在单位和个人已按规定履行缴费义务满1年;(2)非因本人意愿中断就业的;(3)已办理失业登记,并有求职要求的。属于非本人意愿中断就业的情况:(1)终止劳动合同的;(2)被用人单位解除劳动合同的;(3)被用人单位开除、除名和辞退的;(4)因用人单位以暴力、威胁或者非法限制人身自由的手段强迫劳动、与用人单位解除劳动合同的;(5)因用人单位未按照劳动合同约定支付劳动报酬或者提供劳动条件,与用人单位解除劳动合同的;(6)法律法规另有规定的。

《中华人民共和国社会保险法》第四十六条规定:"失业人员失业前用人单位和本人累计缴费满一年不足五年的,领取失业保险金的期限最长为十二个月;累计缴费满五年不足十年的,领取失业保险金的期限最长为十八个月;累计缴费十年以上的,领取失业保险金的期限最长为二十四个月。重新就业后,再次失业的,缴费时间重新计算,领取失业保险金的期限与前次失业应当领取而尚未领取的失业保险金的期限合并计算,最长不超过二十四个月。"

13.4.2 失业保险待遇认定问题引发的争议处理实例

判例13-5:魏峰与河南瑞麦食品有限公司郑州分公司失业保险待遇纠纷一审民事判决书①

劳动者:魏峰,男,1979年12月18日出生,汉族,住河南省安阳市殷都区,以下简称X;用人单位:河南瑞麦食品有限公司郑州分公司,以下简称Y公司。

① 案情简介。

1. 2016年6月6日,X与Y公司签订《劳动合同书》一份,约定Y公司聘用X从事营销工作,合同类型为有固定期限合同,自2016年6月6日起至2019年6月30日止。双方劳动关系存续期间,Y公司为X缴纳了社会保险费。

2. 2019年6月14日,Y公司向X邮寄了《通知函》,通知X双方的劳动合同期限即将届满,X应于2019年6月30日前到Y公司处就劳动合同的续签/终止/变更等相关事宜进行沟通。

3. 2019年6月16日,X收到该《通知函》。后X与Y公司电话沟通续签劳动合同事宜,Y公司拒绝续签合同。

4. 2019年7月12日,Y公司停止为X缴纳社会保险,并向失业保险机构进行了报备。2019年9月4日,Y公司向X支付了经济补偿金。后X向社会保险部门申请领取失业保险金,被告知自停止缴纳失业保险之日起已经超过60日,不能领取失业保险金。

5. 2019年9月27日,X向郑州市劳动人事争议仲裁委员会(以下简称仲裁委)申请劳动仲裁,请求:1.Y公司支付X失业金损失13 680元,并协助办理失业金申领手续;2.Y公司支付X由此产生的差旅费1 600元。

6. 仲裁委于2019年11月7日作出郑劳人仲案字[2019]第0593号仲裁裁决书,认为Y

---

① 魏峰与河南瑞麦食品有限公司郑州分公司失业保险待遇纠纷一审民事判决书,郑州市管城回族区人民法院一审案号:(2019)豫0104民初18342号,裁判日期:2020-01-14。

公司已依法为 X 缴纳社会保险费,且在双方劳动合同期满后,已向失业保险经办机构为 X 报备,X 要求 Y 公司支付失业金损失的请求,无事实依据,不予支持;要求 Y 公司协助办理失业金申领手续不属于劳动争议受案范围,不予审理;要求 Y 公司支付差旅费无法律依据;驳回了 X 的仲裁请求。X 对该仲裁裁决不服,起诉至本院。

② **法院裁判要旨(一审)**:

本院认为,根据 X、Y 公司签订的《劳动合同书》,双方的劳动合同至 2019 年 6 月 30 日到期。后 Y 公司拒绝与 X 续签劳动合同,且 X 对此知情,双方的劳动关系至 2019 年 6 月 30 日终止。在双方劳动关系存续期间,Y 公司已依法为 X 缴纳社会保险费。劳动关系终止后,Y 公司没有继续为 X 缴纳社会保险的义务。X 系因自身原因导致无法申领失业保险金,现 X 主张 Y 公司擅自为其停缴社会保险应当向其支付失业金损失 13 680 元,并要求 Y 公司支付差旅费 1 600 元,无事实和法律依据,本院不予支持。综上,依照《中华人民共和国劳动合同法》第四十四条第一项,《中华人民共和国民事诉讼法》第六十四条第一款规定,判决如下:

驳回原告魏峰的诉讼请求。

判例 13-6:江苏徐钢钢铁集团有限公司与高文健失业保险待遇纠纷一审民事判决书①

劳动者:高文健,以下简称 X;

用人单位:江苏徐钢钢铁集团有限公司,以下简称 Y 公司。

① **案情简介**。

1. 2017 年 10 月 5 日,X 入职 Y 公司处,从事机修工工作,双方签订了劳动合同。在 X 工作期间,Y 公司未给 X 缴纳社会保险费,至 2019 年 6 月 17 日。2019 年 8 月 13 日,X 向 Y 公司邮寄送达了解除劳动关系通知书,内容为因 Y 公司未依法为其缴纳社会保险费,没有节假日,要求 Y 公司支付各项赔偿费用,Y 于当日收到解除劳动关系通知书。

2. X 2018 年 8 月的工资为 419.35 元,10 至 12 月的工资分别 4 907.67 元、4 364.52 元、4 216.67 元。2019 年 1 月的工资为 4 174.52 元、3 至 8 月的工资分别为 2 944.13 元、6 746.86 元、4 852.94 元、4 600 元、4 735.9 元、3 640 元。

3. X 于 2019 年 2 月 25 日向徐州市铜山区劳动人事争议仲裁委员会申请劳动仲裁。2019 年 11 月 8 日,该仲裁委员会作出铜劳人仲案字(2019)第 549 号仲裁裁决书,Y 支付申请人解除劳动合同经济补偿金 9 035.6 元、失业保险金损失 3 240 元,对 X 的其他仲裁请求没有支持。

4. 以上事实,有劳动合同书、铜劳人仲案字(2019)第 549 号仲裁裁决书、解除劳动合同通知书及国内标准快递、铜山区社会保险基金管理中心出具的查询情况、邮局出具的物流详情、徐钢钢铁集团劳保发放册、工作的厂牌及 X 的庭审陈述等证据证实,本院予以确认。

---

① 江苏徐钢钢铁集团有限公司与高文健失业保险待遇纠纷一审民事判决,徐州市铜山区人民法院(2020)苏 0312 民初 2353 号,裁判日期为 2020 年 5 月 22 日。

② 法院裁判要旨(一审)：

1. Y公司未依法为X缴纳社会保险费，X可以解除劳动合同，Y公司应当向X支付经济补偿；补偿的标准应根据X在Y公司处的工作时间和工资标准，X在解除劳动合同前的十二月平均工资为4 615.91元，Y公司无异议，X主张按照月工资4 517.8元计算，本院予以支持；X工作时间超过1年零6个月，但是不足2年，应支付2个月的工资，故经济补偿金应为9 035.6元(4 517.8元/月×2个月)。

2. 关于失业金，Y公司未依法为X缴纳社会保险费，造成X无法领取失业保险金，且X提出解除劳动合同的原因是Y公司未为X购买保险，非X本人原因中断就业，X在Y公司处工作超过一年，Y公司应当赔偿X失业保险待遇损失。X工作期限不满10年，失业保险金的标准应按照其失业前月平均缴费基数的40%确定，但失业保险金不得超过当地最低工资标准。X的月平均工资的40%为1 807.12元，超出了徐州市铜山区最低工资标准1 620元/月，失业保险金应按照1 620元/月计算。X的工作年限1年10个月零9天，应享受2个月的失业保险金，故Y公司应赔偿X 3 240元失业保险金。

3. Y公司认为X擅自离职，但是X于2019年8月13日向Y公司邮寄了解除合同通知书，因Y公司未为X购买社会保险，所以X享有随时解除劳动合同的权利。因Y没有为X购买社会保险，X非本人意愿解除劳动合同，符合领取失业保险金的条件，故Y公司应当赔偿X的该项损失。Y公司认为X已经重新就业应当举证证实。

综上，依照《中华人民共和国劳动合同法》第三十八条、第四十六条、第四十七条、《中华人民共和国社会保险法》第四十五条和《中华人民共和国民事诉讼法》第六十四条之规定，Y公司于本判决生效后十日内支付X经济补偿金9 035.6元、失业保险金损失3 240元，合计12 275.6元。

图书在版编目(CIP)数据

劳动关系与人力资源管理跨专业综合实验课教程/初浩楠主编. —上海：复旦大学出版社，2023.9
劳动关系与人力资源特色专业规划教材
ISBN 978-7-309-16988-1

Ⅰ.①劳⋯ Ⅱ.①初⋯ Ⅲ.①劳动关系-高等学校-教材②人力资源管理-高等学校-教材
Ⅳ.①F246②F241

中国国家版本馆 CIP 数据核字(2023)第 168871 号

劳动关系与人力资源管理跨专业综合实验课教程
LAODONG GUANXI YU RENLI ZIYUAN GUANLI KUAZHUANYE ZONGHE SHIYANKE JIAOCHENG
初浩楠　主编
责任编辑/郭　峰

复旦大学出版社有限公司出版发行
上海市国权路 579 号　邮编：200433
网址：fupnet@ fudanpress.com　http://www.fudanpress.com
门市零售：86-21-65102580　　　团体订购：86-21-65104505
出版部电话：86-21-65642845
上海四维数字图文有限公司

开本 787×1092　1/16　印张 12.25　字数 283 千
2023 年 9 月第 1 版第 1 次印刷

ISBN 978-7-309-16988-1/F·3001
定价：59.00 元

如有印装质量问题,请向复旦大学出版社有限公司出版部调换。
版权所有　　侵权必究